D1083741

ÉTHIQUE ET
CULTURE RELIGIEUSE

Tisser des liens

MANUEL DE L'ÉLÈVE B
3ᵉ année du 2ᵉ cycle du secondaire

Simon Deraspe
Pierre Després
Isabelle Fournier-Courcy
Sylvie Tardif

Jean Dansereau
Directeur de collection

Avis aux lectrices et aux lecteurs

- Il existe d'autres façons d'écrire certains termes propres à chaque tradition religieuse et certains titres d'œuvres d'art.

LES ÉDITIONS
CEC
Une compagnie de Quebecor Media

9001, boul. Louis-H.-La Fontaine, Anjou (Québec) Canada H1J 2C5

Téléphone : 514-351-6010 • Télécopieur : 514-351-3534

Direction de l'édition
Diane De Santis
Ginette Sabourin

Direction de la production
Danielle Latendresse

Direction de la coordination
Rodolphe Courcy

Charge de projet
Alice Bergeron
Philippe-André Brière
Albane Marret

Révision linguistique
Françoise Le Grand
Mélanie Trudeau

Correction d'épreuves
Jacinthe Caron

Conception et réalisation graphique

Illustrations
François Thisdale

Réalisation des cartes
Claude Bernard

Recherche iconographique
Monique Rosevear

Les auteurs et l'Éditeur tiennent à remercier les personnes suivantes qui ont participé au projet :

Directrice adjointe à l'édition
Sylvie Richard

Rédacteurs
Philippe-André Brière
Marie-Dominique Cousineau
Christian Downs

Consultants scientifiques
Marc Debanné, Ph.D. en sciences religieuses, Université McGill

Benoit Mercier, professeur de philosophie, Collège Montmorency

Monelle Parent, philosophe-éthicienne, Université de Sherbrooke

Karine Boivin, enseignante en arts plastiques, Collège de Lévis

Consultants pédagogiques
Jacinthe Bédard, enseignante, Séminaire Saint-François

Raphaël Charrier, enseignant, C. S. des Trois-Lacs

Dominique Lacasse, enseignante, École secondaire La Camaradière, C. S. de la Capitale

Vianney Lanctôt, enseignant, C. S. de Montréal

Les Éditions CEC inc. remercient le gouvernement du Québec de l'aide financière accordée à l'édition de cet ouvrage par l'entremise du Programme de crédit d'impôt pour l'édition de livres, administré par la SODEC.

Tisser des **liens**, manuel de l'élève B
© 2010, Les Éditions CEC inc.
9001, boul. Louis-H.-La Fontaine
Anjou (Québec) H1J 2C5

Dépôt légal : 2010
Bibliothèque et Archives nationales du Québec
Bibliothèque et Archives Canada

ISBN 978-2-7617-2779-2

Imprimé au Canada
1 2 3 4 5   14 13 12 11 10

Tisser des liens

La société québécoise compte aujourd'hui une incroyable diversité de personnes venant de tous les coins de la planète. Ce mélange de cultures permet les rencontres et l'échange de différentes façons de concevoir le monde.

Pour vivre en harmonie quand des gens ont des valeurs, des normes, des croyances et des habitudes de vie différentes, il est essentiel de s'ouvrir à l'autre en respectant la liberté de conscience et de religion de chacun. C'est dans cet esprit, et dans le but de favoriser le vivre-ensemble, que l'éthique et la culture religieuse sont réunies dans un même programme.

Le programme Éthique et culture religieuse s'articule autour de trois compétences :

- Réfléchir sur des questions éthiques
- Manifester une compréhension du phénomène religieux
- Pratiquer le dialogue

Dans le manuel Tisser des liens, l'information est organisée en trois volets qui présentent les thèmes et les contenus de chacune de ces trois compétences. Cet ouvrage sera donc l'outil privilégié qui servira d'appui aux situations d'apprentissage et d'évaluation et aux autres activités en classe, favorisant ainsi la reconnaissance de l'autre et la poursuite du bien commun.

Table des matières

Volet
Éthique
2

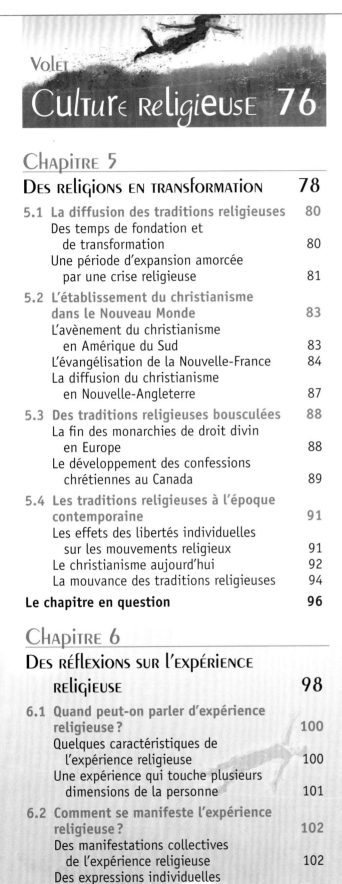

Volet
Culture Religieuse 76

Table des matières (suite)

Notions et concepts

Voici un rappel des notions et concepts tels qu'énoncés dans le programme Éthique et culture religieuse.

NOTIONS ET CONCEPTS	
Descriptions	**Remarques et exemples**
Enjeu éthique	
Valeur ou norme qui est l'objet d'une question éthique.	La question *Faut-il toujours dire la vérité ?* soulève l'enjeu éthique de l'honnêteté.
Expression du religieux	
Élément (signe, objet, geste, rite, récit, croyance, règle, etc.) appartenant à une ou plusieurs dimensions d'une religion.	La Torah, la Bible, la suerie, le minaret, le puja, la fête de Noël, les temples bouddhistes, les lieux qui portent des noms de saints.
Norme	
Exigence morale qui balise un comportement.	Un principe moral est une norme qui répond à la question *Quoi ?* Une règle morale est une norme qui répond à la question *Comment ?*
Principe moral Norme qui définit ce qu'il est nécessaire de faire ou de ne pas faire pour atteindre ce qui est tenu pour le bien.	■ *Tous les hommes sont égaux.* ■ *Aimez-vous les uns les autres.*
Règle morale Norme morale qui précise comment un principe moral devrait s'appliquer dans une situation donnée.	**Principe moral** ➡ **Règle morale** *On ne peut voler son prochain.* ➡ *Il est interdit de pirater des logiciels.*
Question éthique	
Question portant sur un sujet de réflexion ou un problème à résoudre concernant des valeurs et des normes que se donnent les membres d'une société.	■ *L'avortement* ■ *Le clonage humain* ■ *La peine de mort*
Repère	
Ressource de l'environnement social et culturel à laquelle on se réfère pour alimenter et éclairer une réflexion éthique.	Repère : ■ moral ➜ les règles de politesse ■ littéraire ➜ l'œuvre de Victor Hugo ■ religieux ➜ les fêtes religieuses ■ scientifique ➜ les biotechnologies ■ artistique ➜ le théâtre de Michel Tremblay
Valeur	
Caractère attribué à des choses, à des attitudes ou à des comportements qui sont plus ou moins estimés ou désirés par des personnes ou des groupes de personnes.	Valeurs : ■ sociales ➜ la richesse, la solidarité ■ religieuses ➜ la piété, la sincérité ■ familiales ➜ l'autonomie, l'entraide, le partage
Système de valeurs Ensemble cohérent et hiérarchisé de valeurs.	
Vision du monde	
Regard qu'on porte sur soi et sur son entourage. Ce regard forme les pensées, les sentiments et les comportements de chaque individu et se façonne à partir des expériences de vie, des relations humaines, de valeurs, de normes, de croyances ou de convictions.	La vision du monde de chaque individu est appelée à se transformer au fil du temps et de ses expériences.

PRÉSENTATION du MANUEL

Le manuel de l'élève de la collection Tisser des **liens** est un ouvrage de référence qui comporte :

- trois volets ;
- huit chapitres ;
- vingt outils ;
- une section Annexes ;
- un glossaire ;
- un index.

AU FIL DES VOLETS

Les **trois volets** du manuel correspondent aux compétences disciplinaires du programme d'Éthique et culture religieuse.

 Réfléchir sur des questions éthiques

2 Manifester une compréhension du phénomène religieux

3 Pratiquer le dialogue

Une couleur particulière est attribuée à chaque volet, ce qui facilite le repérage.

Libellé du volet et de la compétence

Présentation du volet

Sommaire des thèmes vus au 1ᵉʳ cycle

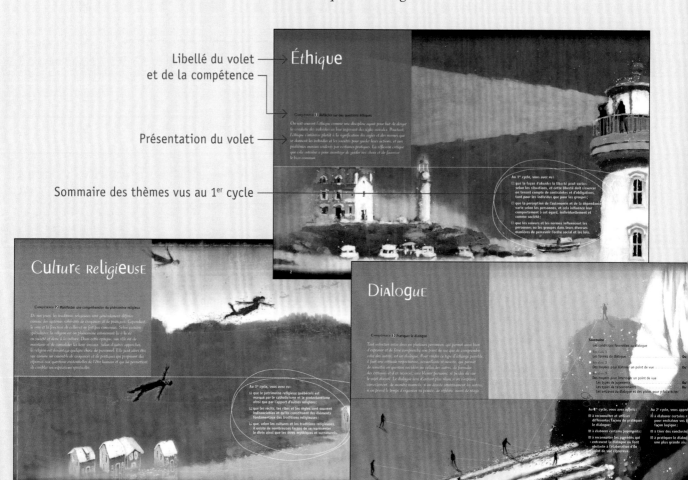

AU FIL DES CHAPITRES

Les **huit chapitres** du manuel correspondent aux différents thèmes abordés dans le programme.

Questions de réflexion qui présentent le thème à l'étude

Texte d'introduction qui présente l'angle sous lequel le sujet sera abordé

Liens à établir avec d'autres chapitres du manuel

Concepts approfondis en 2ᵉ année du 2ᵉ cycle

Portrait du chapitre comprenant les principales divisions et les différentes rubriques

Outils de dialogue proposés pour le chapitre

AU FIL DES PAGES

Chacun des chapitres est divisé en sections et ponctué de plusieurs éléments.

Documents visuels (photos, tableaux, cartes, graphiques, etc.) pour faciliter la compréhension du texte

Extraits
Reproduction de textes provenant de la littérature ou de l'actualité (pouvant être accompagnés d'une question de réflexion)

Énoncés facilitateurs
Énoncés visant à soutenir la compréhension du texte

Rubrique *Personnage*
Rubrique présentant un personnage en lien avec le thème abordé

Définition des expressions et mots difficiles (et des notions et concepts prescrits) en **bleu gras** dans le texte et repris dans le glossaire

En complément
Rubrique fournissant des informations supplémentaires sur un sujet abordé dans le texte

Le chapitre en question
Synthèse du chapitre accompagnée de questions de complexité variable, favorisant la compréhension des concepts abordés

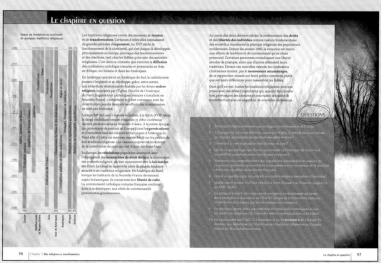

AU FIL DES OUTILS

Les **vingt outils** du manuel correspondent aux différents éléments de contenu nécessaires à la pratique du dialogue. Regroupés en **trois sections**, ils présentent chacun un exemple et une marche à suivre.

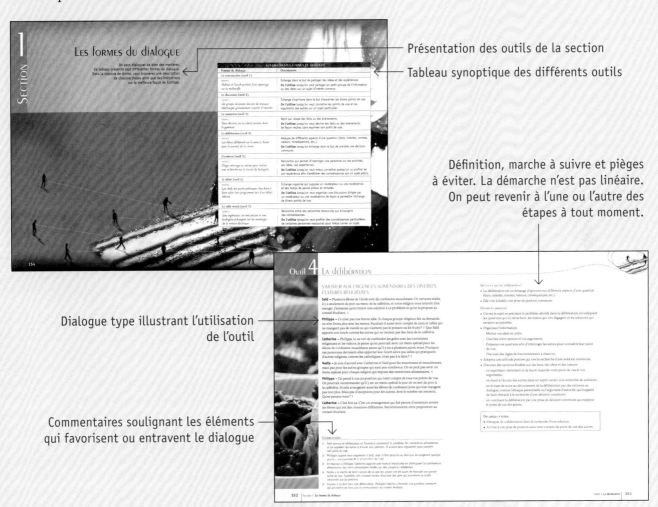

Présentation des outils de la section

Tableau synoptique des différents outils

Définition, marche à suivre et pièges à éviter. La démarche n'est pas linéaire. On peut revenir à l'une ou l'autre des étapes à tout moment.

Dialogue type illustrant l'utilisation de l'outil

Commentaires soulignant les éléments qui favorisent ou entravent le dialogue

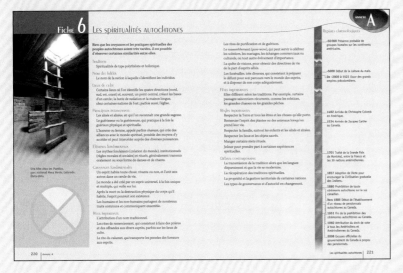

AU FIL DES ANNEXES

Les **annexes** regroupent une série de fiches signalétiques sur les principales traditions religieuses, la *Déclaration universelle des droits de l'homme*, la *Charte québécoise des droits et libertés de la personne* ainsi que la *Charte canadienne des droits et libertés*.

Éthique

COMPÉTENCE **1** Réfléchir sur des questions éthiques

On voit souvent l'éthique comme une discipline ayant pour but de diriger la conduite des individus en leur imposant des règles morales. Pourtant, l'éthique s'intéresse plutôt à la signification des règles et des normes que se donnent les individus et les sociétés pour guider leurs actions, et aux problèmes moraux soulevés par certaines pratiques. La réflexion critique que cela entraîne a pour avantage de guider nos choix et de favoriser le bien commun.

Au 1er cycle, vous avez vu :

☐ que la façon d'aborder la liberté peut varier selon les situations, et cette liberté doit s'exercer en tenant compte de contraintes et d'obligations, tant pour les individus que pour les groupes ;

☐ que la perception de l'autonomie et de la dépendance varie selon les personnes, et cela influence leur comportement à cet égard, individuellement et comme société ;

☐ que les valeurs et les normes influencent les personnes ou les groupes dans leurs diverses manières de percevoir l'ordre social et les lois.

CHAPITRE 1

VERS UNE JUSTICE POUR TOUS

Qu'est-ce qu'une justice universelle ?
Sur quels principes s'appuie-t-elle ? Quelles sont
les démarches qui permettent une universalisation
de la justice ? Quels sont les enjeux éthiques de l'aide
humanitaire lorsqu'elle se présente comme un moyen
de réaliser une justice plus universelle ?

Liens

Hyperliens

Les gens ont l'habitude de considérer la justice à partir des valeurs, des lois et des chartes de la société dans laquelle ils vivent, mais la justice a aussi une portée plus universelle lorsqu'elle nous incite à nous préoccuper du sort de l'humanité. Cependant, l'application d'une même justice à tous les humains ne se fait pas sans causer quelques difficultés. Les différences sociales, culturelles et idéologiques influencent la conception que chacun se fait de la justice, et les intérêts personnels et nationaux peuvent s'entrechoquer dans cette quête. Des gens se préoccupent de ces questions qui concernent chaque individu en tant que membre de la société. La communauté internationale s'organise et crée des règles et des structures en fonction de principes applicables tant aux sociétés et aux États qu'aux individus.

QU'EST-CE QUE LA JUSTICE UNIVERSELLE ?

Document 1.1
Une pendaison dans la ville de Hull, au Québec, en 1902
Pour certaines personnes, il est inconcevable que la peine de mort ne soit pas abolie dans tous les pays du monde.

Norme
Exigence morale qui balise un comportement.

Valeur
Caractère attribué à des choses, à des attitudes ou à des comportements qui sont plus ou moins estimés ou désirés par des personnes ou des groupes de personnes.

Utopie
Mot inventé par Thomas More en 1516, et qui signifie « en aucun lieu ». Ce mot évoque aujourd'hui un idéal politique ou social qui ne tient pas compte de la réalité.

En général, c'est dans le cadre d'une société en particulier que s'applique la justice. Et les principes sur lesquels elle repose varient selon chaque société. La justice universelle, au contraire, cherche à établir une même justice pour toute l'humanité.

LA JUSTICE IDÉALE OU LA JUSTICE UNIVERSELLE ? ■

Il peut sembler souhaitable que les **normes** et les droits qui sont reconnus comme justes dans un pays donné le soient aussi dans toutes les sociétés du monde. Par exemple, la société canadienne estime qu'il est injuste de condamner quelqu'un à la peine de mort, abolie au Canada depuis 1976 (voir **doc. 1.1**). Elle pourrait donc considérer comme nécessaire, au nom des principes sur lesquels se fonde la justice canadienne, que cette même interdiction existe dans d'autres pays. C'est ce que laisse entendre une motion du Parlement canadien, adoptée le 12 mars 2008.

> *Que, de l'avis de la Chambre, le gouvernement devrait, par principe, s'opposer de façon systématique à la peine de mort, tant au Canada que partout au monde.*
>
> Chambre des communes du Canada, 39e législation, 2e session, *Journaux*, no 65, 12 mars 2008.

Or, cette manière d'universaliser la justice constitue une justice idéale : une justice qui s'inspire des **valeurs** et des convictions personnelles d'un groupe d'individus qui souhaitent que toutes les sociétés bénéficient des mêmes droits et libertés qu'eux.

➡ ANNEXE **D**

La justice idéale est ce qu'un groupe de personnes considère comme devant être la justice pour tous.

Proposer une justice idéale pour toute l'humanité n'est pas un fait nouveau. Environ 400 ans avant l'ère chrétienne, Platon (vers -428 à -347) s'y applique dans son œuvre *La République*, et Thomas More, à la Renaissance, s'exprime sur le sujet dans *Utopie* (voir **doc. 1.2**).

Ambrosius Holbein (vers 1494-vers 1519), gravure pour *Utopia* de Thomas More, Musée de Bâle, Bâle, Suisse.

Document 1.2
L'île utopique décrite par Thomas More
Dans la société idéale imaginée par More, une justice universelle lie tous les êtres humains. Dans ce monde, la monnaie a été abolie et le gouvernement assure une juste redistribution de la richesse.

THOMAS MORE
(1478-1535)

Auteur aux multiples talents dans l'Angleterre du XVIe siècle, Thomas More est à la fois juriste, philosophe, théologien et homme politique. Après avoir étudié le droit à l'Université d'Oxford, il devient avocat, juge, puis membre du Parlement. Il conteste les taxes qu'Henri VIII veut imposer aux contribuables pour financer sa guerre contre l'Écosse. Face au mécontentement du roi, il s'exile en France, puis en divers pays européens. Lors d'un séjour dans les Pays-Bas, More rédige *Utopia*. De retour dans les bonnes grâces du roi, il devient chancelier du royaume. Mais le roi, alors en conflit avec le pape, qui refuse d'annuler son mariage avec Catherine d'Aragon, se proclame bientôt chef de l'Église chrétienne d'Angleterre. More, fervent catholique romain et déjà en opposition avec les réformes de Luther, ne peut appuyer le roi et refuse même de lui jurer fidélité. Il est mis aux arrêts, jugé, puis exécuté pour haute trahison. ■

Il peut exister autant de conceptions de justice idéale qu'il y a d'individus pour les imaginer. Ces conceptions sont très difficiles à mettre en œuvre puisqu'elles se heurtent les unes aux autres en raison des différences culturelles, philosophiques et religieuses à l'origine des divers systèmes de justice.

> *Qu'elles soient religieuses, philosophiques ou politiques, la plupart des conceptions de la justice se disent universalisables. [...] Une justice imposée à tous est certes universelle, mais elle n'a pas la légitimité que lui procure l'adhésion libre. Que la justice soit disponible pour tous est une chose, mais qu'elle soit désirée par tous en est une autre. Elle doit être désirable au sens où elle ne nuit pas aux conceptions particulières de la vie que chacun peut avoir.*

André Dorais, « Éthique libertarienne, la conception libérale de la justice », dans *Le Québécois libre*, Montréal, 25 octobre 2003, nᵒ 131.

Il semble donc que la justice universelle soit l'application d'une justice idéale, difficile à mettre en œuvre. Pourtant, à la fin de la Seconde Guerre mondiale (1939-1945), une part significative de l'humanité désire le développement d'une justice plus universelle. Lors d'un discours prononcé à Zurich le 19 septembre 1946, dont un extrait figure en page suivante, le premier ministre anglais de l'époque, Winston Churchill, exprime ce besoin lorsqu'il propose la réconciliation franco-allemande et la création d'une organisation européenne afin d'assurer la paix et la liberté sur le continent européen.

L'union pour la paix

La dernière guerre a été marquée par des crimes et des massacres tels [...] que l'histoire de l'humanité n'en avait encore jamais connu jusqu'alors. [...] Nous devons tous tourner le dos aux horreurs du passé et porter nos regards vers l'avenir. Nous ne pouvons pas continuer de porter dans les années à venir la haine et le désir de vengeance tels qu'ils sont nés des injustices passées. [...] La seule leçon de l'histoire est-elle que l'humanité est fermée à tout enseignement? Faisons place à la justice et à la liberté. Les peuples n'ont qu'à vouloir pour que leurs espoirs se réalisent.

Winston S. Churchill (1874-1965) et
George C. Marshall (1880-1969), *Points de repère*, Lausanne,
Centre de recherches européennes, 1973, p. 7-12.

Réflexion

À quels événements de l'actualité peut-on rattacher les massacres dont parle Churchill?

LES PRINCIPES SUR LESQUELS REPOSE LA JUSTICE UNIVERSELLE ■■

La justice universelle repose sur les principes de respect de la personne, d'égalité et d'équité. À l'échelle de l'humanité, l'application de ces principes se complexifie à cause des multiples différences de points de vue, parfois si grandes qu'elles peuvent être difficiles à comprendre. De plus, les principes d'égalité et d'équité, selon lesquels il faut tenir compte des besoins et des conditions particulières de chacun, demandent un grand discernement de la part de ceux qui les appliquent. En effet, bien que les **systèmes de valeurs** puissent varier d'une société à l'autre, l'application des principes de respect de la personne, d'égalité et d'équité ne devrait par varier.

En matière de justice universelle, un autre élément doit être pris en considération: l'existence des **nations**. À l'échelle de la planète, les nations agissent un peu à la manière de personnes, en relation les unes avec les autres.

Système de valeurs
Ensemble cohérent et hiérarchisé de valeurs.

Nation
Groupe de personnes qui constitue une communauté politique établie sur un territoire défini.

En complément

Les trois principes sur lesquels se fonde la justice universelle

- **Le respect de la personne** comprend trois aspects: moral, physique et juridique. L'aspect moral renvoie à la conscience de soi et des autres, et à l'aptitude de chacun à se tenir responsable de ses actes. L'aspect physique implique que le corps de toute personne mérite le respect. Enfin, l'aspect juridique prend en compte les droits et les devoirs de chaque individu dans une société.

- **L'égalité** implique la reconnaissance pour chaque individu d'un statut égal devant la loi.

- **L'équité** suppose de prendre en considération les situations particulières des personnes dans l'application du principe d'égalité.

Pour tendre vers une justice universelle, on peut donc ajouter, aux principes vus précédemment, deux autres concepts : l'égalité des nations et la justice transnationale.

L'éGaliTé dES NaTioNS

L'égalité des nations découle du principe d'égalité de droit des individus, ce dernier reconnaissant à chaque personne un statut égal devant la loi. Ainsi, les nations en relation les unes avec les autres, comme dans un forum international appliquant les règles démocratiques, bénéficient d'une égalité de droits, indépendamment de la puissance politique, économique ou militaire de chacune.

Dans plusieurs dossiers internationaux, on fait appel au principe d'équité afin de rendre compte de certaines différences entre les nations. C'est le cas dans des forums économiques, où on peut accorder des exemptions à certains pays en voie de développement. C'est aussi ce qui guide les demandes de pays émergents qui réclament des règles moins restrictives afin de soutenir leur économie (voir **doc. 1.3**).

Par exemple, à l'Assemblée générale de l'Organisation des Nations unies (ONU), chaque nation a droit à un vote, quelle que soit son importance dans le monde. En donnant un poids démocratique égal à chacune, cette assemblée incarne le principe de l'égalité des nations, sur lequel est basée la justice universelle. Toutefois, l'ONU ne fait qu'accorder une reconnaissance symbolique à l'égalité des nations, car l'Assemblée générale des Nations unies n'a qu'un rôle consultatif (voir **doc. 1.4**).

Document 1.3
Le protocole de Kyoto
Les nations signataires du protocole de Kyoto s'engagent à prendre de nombreuses mesures afin de réduire les émissions des gaz à effet de serre. Cependant, certains pays disposent de moyens plus limités que d'autres. Selon le principe d'équité entre les nations, les mesures imposées à chaque pays sont donc proportionnelles aux capacités de chacun d'entre eux.

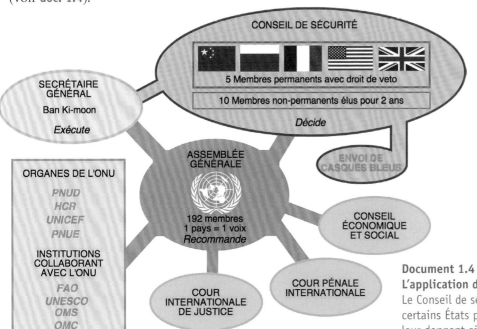

Droit de _veto_
En latin, _veto_ signifie « j'interdis », « je refuse » ou « je m'oppose ». Le droit de _veto_ sert à empêcher l'entrée en vigueur d'une loi ou d'une décision.

Document 1.4
L'application du principe d'égalité des nations
Le Conseil de sécurité de l'ONU reconnaît à certains États plus puissants un **droit de _veto_**, leur donnant ainsi un pouvoir plus grand qu'aux autres.

> Comme pour les personnes, l'égalité des nations ne peut être dissociée du principe d'équité.

Instance
Autorité, groupe qui possède le pouvoir décisionnel.

Afin de ne pas paralyser l'application de certaines décisions, il existe des **instances** telles que les tribunaux pour statuer sur les cas de désaccord entre les personnes. Ainsi, l'ONU a choisi d'instaurer un Conseil de sécurité qui joue un rôle semblable quand il y a désaccord entre les nations.

> *Les États-Unis attendent une réponse « ferme » de la part des Nations Unies après le tir d'une fusée balistique par la Corée du Nord, sans forcément souhaiter une résolution contraignante du Conseil de sécurité [...]. Le Conseil a discuté dimanche des conséquences du tir nord-coréen sans s'accorder sur un texte mais en décidant de poursuivre ses négociations. Le Conseil est divisé entre les partisans d'une ferme condamnation du tir nord-coréen et ceux qui prônent la retenue [...] Mais selon un diplomate, cinq autres pays, dont la Chine et la Russie qui disposent du droit de veto, ont plaidé pour que le Conseil fasse preuve de retenue.*
>
> Agence France-Presse Washington, « Les États-Unis pour la fermeté », dans *Cyberpresse*, 6 avril 2009.

Louise Arbour
(née en 1947)

Cette juriste canadienne contribue de manière exceptionnelle au développement d'une justice transnationale dans le monde. En 1996, elle devient procureure en chef du Tribunal pénal international pour le Rwanda et pour l'ex-Yougoslavie. Le Tribunal pénal international, dont le siège est situé à La Haye aux Pays-Bas, a été institué en 1993 par le Conseil de sécurité des Nations unies afin de poursuivre et de juger les responsables de violations graves du droit international humanitaire. Louise Arbour publie alors plusieurs articles sur les droits de l'homme et les libertés civiles. Pendant trois ans, elle poursuit sans relâche les responsables des crimes de guerre et du génocide en ex-Yougoslavie, dont l'ancien dirigeant de la Serbie, Slobodan Milosevic. En 1999, elle est nommée juge à la Cour suprême du Canada, puis, en 2004, haut-commissaire aux droits de l'homme des Nations unies, l'une des plus hautes fonctions de cet organisme. ■

La justice transnationale

L'objectif ultime d'une justice universelle est de faire respecter le droit **inaliénable** de tous les êtres humains à la dignité et à la liberté, sous quelque forme que ce soit. ➡ ANNEXE **B**

> [...] *nous sommes sur la planète Terre pour vivre, nous épanouir et faire notre possible pour rendre ce monde meilleur afin que tout le monde puisse jouir de la liberté.*
>
> Rosa Parks
> (1913-2005)

Afin d'atteindre cet objectif, la justice doit pouvoir outrepasser les frontières et les systèmes de justice en place localement. C'est ce qu'on cherche à faire par la justice transnationale. Selon ce concept, tout individu soupçonné de crime contre l'humanité, par exemple un génocide, peut être traduit devant les tribunaux internationaux malgré l'**impunité** qui le protège contre des mises en accusation provenant de son propre gouvernement ou de gouvernements étrangers.

La justice transnationale permet de traduire en justice tout individu soupçonné de crime contre l'humanité.

Le fait qu'un grand nombre de personnes et de nations s'entendent sur ce concept et sur la manière de l'interpréter permet d'établir des normes et des règles internationales. Ce sont des balises qui rendent possible l'application d'une justice plus universelle. Toutefois, les êtres humains et les gouvernements n'adhèrent pas tous à ces balises.

Par exemple, le droit de s'exprimer librement est loin d'être interprété de la même façon partout dans le monde. Il est parfois hasardeux de donner son opinion, et, dans certains pays, ceux qui le font risquent de se retrouver en prison, d'être torturés ou même d'être condamnés à mort (voir **doc. 1.5**).

Afin de promouvoir le droit universel à la liberté d'expression, des mouvements de défense des libertés civiles **mobilisent** les populations contre les abus de pouvoir. Certains organismes, comme **Amnistie** internationale, invitent les citoyennes et les citoyens du monde entier à signer des pétitions ou à envoyer des lettres pour faire connaître et soutenir les personnes qui sont opprimées après avoir exprimé ouvertement des idées s'opposant à celles de leur gouvernement.

Inaliénable
Qui ne peut être enlevé à quelqu'un d'aucune façon.

Impunité
Absence de sanction ou de punition. L'impunité est assurée dans l'exercice de certaines fonctions politiques ou juridiques dans divers pays.

Mobiliser
Rassembler, faire appel à un groupe et le préparer pour une action collective.

Amnistie
Annulation d'infractions à la loi ainsi que de leurs conséquences pénales.

Document 1.5
La répression de la liberté d'expression
Depuis 1989, Aung San Suu Kyi, lauréate du prix Nobel de la paix, vit en liberté surveillée, car elle s'est exprimée ouvertement contre les actions des militaires au pouvoir dans son pays, le Myanmar (anciennement la Birmanie).

Amnistie internationale

En 1961, deux étudiants portugais sont emprisonnés pour avoir porté un toast à la liberté. L'avocat britannique Peter Benenson (1921-2005) lance un appel à la mobilisation en faveur de ces prisonniers d'opinion, appel entendu à travers le monde. Ainsi naît Amnesty International.

Cette organisation non gouvernementale (ONG) se consacre à la défense des droits humains, tels que définis dans la *Déclaration universelle des droits de l'homme*. Elle est active dans des situations où des gens sont emprisonnés pour des raisons de croyance, d'origine ethnique, d'allégeance politique ou idéologique, et elle dénonce la torture et la peine de mort. En 1977, l'organisation reçoit le prix Nobel de la paix.

Un groupe *Jeunes* d'Amnistie internationale

Constitution
Charte, textes fondamentaux qui déterminent la forme du gouvernement d'un pays, qui régissent l'ensemble des rapports entre gouvernants et gouvernés et qui déterminent l'organisation des pouvoirs publics.

D'autres organismes se consacrent à la protection et à la défense des droits humains, même dans les pays où les droits et libertés sont inscrits dans la **Constitution**. Ainsi, en attirant l'attention publique sur des situations où les droits humains sont bafoués, ils permettent que la justice puisse s'appliquer à tous. Par exemple, Human Rights Watch intervient à Los Angeles pour que les femmes victimes de viol obtiennent justice.

« *Les femmes qui ont été violées ont le droit d'attendre de la police qu'elle fasse tout ce qu'elle peut pour enquêter de manière approfondie sur leur dossier, mais à [Los Angeles] elles se sentent souvent trahies en apprenant que leur kit de viol [des dossiers rassemblant les preuves matérielles recueillies après une agression sexuelle] n'est même pas analysé* » a déclaré Sarah Tofte, *chercheuse pour le programme États-Unis à Human Rights Watch et auteure du rapport. « Et dans certains cas, l'absence de vérification signifie qu'un violeur qui aurait pu être arrêté restera en liberté.* »

31 mars 2009, Human Rights Watch, [en ligne].

1.2
Différents chemins vers une justice plus universelle

Ultimement, la justice dans une société démocratique a pour but de faire respecter les droits de tous les individus. Cependant, cette conception de la justice n'est pas partagée par toutes les nations et n'a pas toujours eu cours en Occident. L'évolution du concept de justice, qui suit l'évolution des mentalités des communautés humaines, entraîne de nécessaires modifications dans les différents systèmes de justice.

Il existe plusieurs démarches qui permettent l'ajustement ou la transformation des systèmes de justice. Parmi celles-ci, les plus courantes sont les démarches politique, révolutionnaire et civile.

LA DÉMARCHE POLITIQUE ■

Dans la plupart des pays, les normes qui rendent possible l'exercice de la justice et les règles qui en permettent l'application sont codifiées dans des chartes, des constitutions et des lois, et il existe des moyens précis pour créer, modifier et abolir ces textes. Lorsque les politiciennes et politiciens proposent des changements, en discutent et les acceptent ou les refusent dans le cadre des procédures établies, il s'agit d'une démarche politique.

Ce type de démarche relève des parlements et des gouvernements. Au Canada, par exemple, les citoyennes et les citoyens sont représentés à la Chambre des communes (voir **doc. 1.6**) par des députés élus, qui, en leur nom, présentent des projets de lois et prennent des décisions.

Document 1.6
La Chambre des communes du Parlement canadien
Les députés de tous les partis politiques se réunissent dans cette salle pour discuter et voter des lois ou des amendements qui s'appliqueront à tous les Canadiens et Canadiennes.

Amendement
Modification à un texte de loi après l'avoir proposée à une assemblée qui en a discuté et l'a acceptée.

Référendum
Procédure permettant à l'ensemble des citoyennes et des citoyens de se prononcer sur une proposition.

Assentiment
Acte par lequel on donne son accord, son consentement à quelqu'un ou à quelque chose.

RÉFLEXION

Pourquoi une décision prise par référendum n'est-elle pas nécessairement équitable ?

Parfois, il peut arriver qu'un **amendement** et ses conséquences soient si considérables que l'avis des citoyennes et des citoyens est requis pour rendre cet amendement valide. On peut alors procéder à un **référendum**, comme cela s'est produit au Venezuela en février 2009.

> *Hugo Chávez vient de remporter ce qu'il avait perdu en 2007, soit la possibilité d'être candidat à la présidence du Venezuela pour une troisième fois, voire une quatrième, une cinquième, etc. En effet, une majorité de citoyens de ce pays vient d'approuver, par référendum, la suppression de l'article constitutionnel interdisant l'addition de plus de trois mandats. [...] Le camp Chávez a recueilli un million de voix de plus que ses adversaires, mais un million de moins, ont soulevé bien des observateurs, que lors de la présidentielle de 2006. [...] D'après des rivaux du président et des observateurs d'une ONG, ce dernier a fait un usage quelque peu abusif des ressources de l'État pour promouvoir son projet. Par exemple, les véhicules de la société pétrolière du pays ont été mis à la disposition des militants de Chávez [...], des permis de manifester demandés par les sociaux-démocrates n'ont pas été accordés [...], la police municipale a été placée sous la tutelle du ministère de l'Intérieur. Bref, une fois tous ces facteurs consolidés, [...] il y a encore et toujours un certain déficit démocratique.*
>
> Serge Truffaut, « Référendum au Vénézuela – Président à vie »,
> *Le Devoir*, mardi 7 février 2009.

Cet exemple démontre que, malgré que les référendums servent généralement à connaître l'avis des citoyens et citoyennes sur de réels projets de société, il arrive qu'ils soient détournés par des manœuvres antidémocratiques au profit du parti au pouvoir.

Par ailleurs, l'**assentiment** de plusieurs personnes, la démarche politique peut parfois être lourde et il peut se passer beaucoup de temps avant la mise en œuvre des modifications adoptées (voir **doc. 1.7**). Dans certains cas, des gens au pouvoir peuvent manœuvrer afin d'entraver les démarches ; dans d'autres, le passage très rapide de diverses formations politiques peut retarder la prise de décisions.

Document 1.7
Une démarche politique longue et ardue
Nelson Mandela a lutté pendant plusieurs décennies pour que le droit des Noirs à être considérés comme des citoyens libres et égaux soit reconnu dans son pays, l'Afrique du Sud.

LA DÉMARCHE RÉVOLUTIONNAIRE ■■

Il arrive, dans l'histoire des nations, que des groupes s'emparent du pouvoir et provoquent de brusques et profondes transformations dans la société. Il s'agit là d'une démarche révolutionnaire.

De telles démarches ont permis la fondation de nations démocratiques comme les États-Unis et la France. Par la Révolution, les 13 colonies britanniques d'Amérique du Nord proclament, en 1776, leur indépendance et établissent les fondements de leur nouvelle fédération. Le peuple français, quant à lui, avec la Révolution de 1789, abolit la monarchie et proclame l'égalité des citoyennes et citoyens devant la loi, les libertés fondamentales et naturelles des humains et la souveraineté de la nation.

> Nous tenons pour évidentes [...] les vérités suivantes :
> tous les hommes sont créés égaux ; ils sont doués par le Créateur de certains droits inaliénables ; parmi ces droits se trouvent la vie, la liberté et la recherche du bonheur.
>
> Déclaration d'indépendance des États-Unis d'Amérique,
> 4 juillet 1776.

> Les hommes naissent et demeurent libres et égaux en droits.
> Les distinctions sociales ne peuvent être fondées que sur l'utilité commune.
>
> Déclaration des droits de l'homme et du citoyen de 1789,
> Article premier.

Les changements engendrés par une démarche révolutionnaire sont la plupart du temps si importants qu'ils peuvent provoquer, au sein des populations, de vives oppositions et susciter des épisodes de violence. Cependant, tel n'est pas toujours le cas. Au Québec, par exemple, de considérables bouleversements sociaux, culturels et politiques se sont produits au début des années 1960, sans engendrer de violence. Pour cette raison, cette période est appelée la *Révolution tranquille* (voir **doc. 1.8**).

Document 1.8
Un vent de changement pour les femmes
Parmi les changements survenus au Québec dans les années 1960, l'élection de Claire Kirkland-Casgrain, première femme élue à l'Assemblée nationale, et première femme à devenir ministre, a été un événement marquant.

Fédération
Regroupement de plusieurs États en un seul. Par extension, une fédération peut désigner l'association de plusieurs sociétés ou groupes structurés sous une autorité commune.

Monarchie
Du grec *monarkhos*, qui signifie « celui qui guide seul ». Régime politique qui consiste en un État dirigé par un roi ou une reine héréditaire.

LA DÉMARCHE CIVILE ■■■

Certains estiment que les changements apportés aux systèmes de justice doivent être réclamés par le peuple. La démarche civile consiste donc à mobiliser la population pour qu'elle réclame aux autorités les modifications souhaitées.

Le **militantisme** du pasteur Martin Luther King Jr (1929-1968) est un exemple de ce type de démarche. Dans les années 1950 et 1960, aux États-Unis, il mène de nombreuses actions civiles non violentes pour faire évoluer les droits des Afro-Américains et pour défendre la paix, ce qui lui vaut le prix Nobel de la paix en 1964. Par ses discours, ce pasteur mobilise les communautés noires des États-Unis. Les boycottages et les marches de solidarité qu'il organise provoquent d'importants changements dans les perceptions, les opinions et les attitudes du reste de la population.

> *Je rêve que mes quatre enfants vivront un jour dans un pays où on ne les jugera pas à la couleur de leur peau mais à leur force de caractère.*
>
> Martin Luther King Jr

Les démarches politique, révolutionnaire et civile sont souvent liées, et il n'est pas rare qu'une d'entre elles mène à une autre. En Chine, par exemple, c'est la démarche révolutionnaire qui permet à Mao Zedong (1893-1976) de prendre le pouvoir en 1949. Puis, c'est par des actions politiques et des mesures répressives et violentes qu'il transforme le pays. En Inde, Mohandas Karamchand Gandhi (1869-1948) est reconnu pour sa méthode de désobéissance civile non violente. Mais il est aussi un avocat et un politicien actif dans les affaires d'État de son pays durant la première moitié du XXe siècle.

Militantisme
Attitudes et comportements de celles et ceux qui agissent ou luttent, habituellement sans violence, pour une idée ou une opinion, et qui tentent de rallier les autres à leur cause.

EN COMPLÉMENT

La Révolution orange

De nos jours, la démarche civile est encore souvent utilisée. Par exemple, en novembre 2004, en Ukraine, plus de 500 000 personnes se rassemblent sur la place de l'Indépendance, à Kiev, afin de protester contre les résultats du deuxième tour des élections présidentielles, qu'elles jugent entachées d'irrégularités et non démocratiques. Les manifestantes et manifestants portent alors un foulard orangé, couleur du parti politique à l'origine du mouvement, nommé *Révolution orange*. Au terme de 15 jours de manifestations populaires non violentes, le processus électoral est repris.

1.3
La justice et l'aide humanitaire

Depuis quelques siècles, la volonté de plus en plus grande d'universaliser la justice amène des individus et des groupes à créer de nouvelles structures et organisations qui tiennent compte des principes de respect, d'égalité et d'équité, tant à l'égard des nations que des individus.

LES ORGANISATIONS NON GOUVERNEMENTALES ■

Dans le but d'appliquer le concept de justice universelle, des organisations d'intérêt public ne relevant pas d'un État sont créées à l'instigation de diverses personnes ou communautés. Ces groupements sont appelés *organisations non gouvernementales* ou *ONG*.

Les ONG sont des organisations à but non lucratif, c'est-à-dire qu'elles n'ont pas pour objectif le profit de leurs dirigeants ou de leurs membres, mais l'avancement d'une ou plusieurs causes d'intérêt public. Ces causes sont très variées. Elles peuvent concerner les droits fondamentaux des hommes et des femmes, la lutte contre la famine ou les épidémies, l'accès aux ressources ou à la scolarité, la protection de l'environnement ou du patrimoine, ou le développement technologique.

Puisque de nombreuses causes que défendent les ONG concernent tous les êtres humains, leur champ d'action est souvent international. Pour demeurer impartiales, universelles et neutres, ces organisations doivent **s'affranchir** de l'influence des sociétés privées et des divers pouvoirs politiques. Elles obtiennent donc généralement leur financement de manière indépendante et comptent sur l'engagement volontaire et **désintéressé** d'un grand nombre de leurs intervenants.

> Les ONG, par leur action, visent l'application des principes de la justice universelle.

Le Comité international de la Croix-Rouge, fondé par Henri Dunant, est souvent considéré comme l'ancêtre des ONG. Cette organisation impartiale, neutre et indépendante s'est donné pour mission, exclusivement humanitaire, de protéger la vie et la dignité des victimes de guerre et de violence, et de leur porter assistance.

Henri Dunant
(1828-1910)

En 1859, Henri Dunant, homme d'affaires suisse qui éprouve des difficultés avec son entreprise coloniale en Algérie, doit rencontrer l'Empereur français Napoléon III, alors en guerre contre l'Autriche. Lorsqu'il arrive au lieu du rendez-vous à Solferino, en Italie, un affrontement vient de se terminer. Spontanément, avec l'aide volontaire des villageois, il organise les secours pour les milliers de soldats blessés gisant sur le champ de bataille. L'épisode le marque si profondément qu'en 1863, avec le juriste Gustave Moynier et trois autres partenaires, il fonde un comité international de secours aux militaires blessés, qui est bientôt nommé le Comité international de la Croix-Rouge. En 1901, Dunant est le premier récipiendaire du prix Nobel de la paix, qu'il partage avec le pacifiste Frédéric Passy. ■

Affranchir (s')
Se rendre politiquement indépendant, se libérer de tout ce qui peut gêner.

Désintéressé
Qui ne suppose aucun intérêt personnel, financier, publicitaire ou autre. Peut aussi désigner ce qui est objectif, impartial.

Document 1.9
Des femmes près du puits d'un village
Au Niger, les femmes sont traditionnellement chargées d'aller puiser de l'eau pour les besoins quotidiens de leur famille.

Question éthique
Question portant sur un sujet de réflexion ou un problème à résoudre concernant des valeurs et des normes que se donnent les membres d'une société.

Certaines ONG, comme la Croix-Rouge, se spécialisent dans l'aide d'urgence. D'autres, comme les Amis de la Terre ou Defence for Children International, se consacrent à des activités de développement en établissant des programmes à long terme. D'autres encore posent la **question éthique** du déplacement et de la commercialisation d'importantes quantités d'eau douce pour le bénéfice d'une population au détriment du bien-être d'une autre.

Parmi celles-ci, la Fondation One Drop s'est donné pour mission de lutter contre la pauvreté dans le monde en offrant la possibilité à chacun d'avoir accès localement à l'eau potable. Cette ONG soutient que l'engagement de tous, une goutte à la fois, peut mener à de grands changements.

La mise en œuvre de projets humanitaires n'est pas toujours aisée parce qu'il faut prendre en compte la culture et les habitudes de vie des populations visées par l'aide apportée. Bâtir une structure lourde et fixe pour une population nomade ou faire accomplir par des hommes une tâche traditionnellement effectuée par des femmes risquent de provoquer l'échec d'un projet pourtant bien intentionné (voir **doc. 1.9**).

LES LIMITES DE L'INTERVENTION HUMANITAIRE ■■

Au Canada, ne pas porter assistance à une personne en difficulté peut mener à des accusations et à une sentence. À l'échelle planétaire, une telle obligation légale n'existe pas : à moins d'une entente en ce sens entre deux nations, nul n'est tenu officiellement d'intervenir auprès d'une population dans le besoin. Par ailleurs, certaines nations préfèrent ne pas recevoir d'aide provenant de l'extérieur de leurs frontières et s'opposent à la venue de groupes humanitaires étrangers sur leur territoire (voir **doc. 1.10**).

Toutefois, devant une manifestation d'injustice, qu'elle soit attribuable à des catastrophes naturelles ou à des actions humaines, de plus en plus de personnes ressentent l'obligation d'intervenir. La plupart sont sensibles aux principes de justice universelle et, souvent, font partie d'ONG capables de gérer de telles interventions.

Les principes de respect, d'égalité et d'équité des individus entrent parfois en conflit avec les principes de respect, d'égalité et d'équité des nations.

Pour plusieurs, les droits individuels ont préséance sur les droits des nations, ce qui permet de reconnaître aux intervenants humanitaires un droit d'**ingérence**. Certains, comme les membres de Médecins Sans Frontières, font même de ce droit un devoir, c'est-à-dire que le défaut d'intervenir pourrait, selon les circonstances, entraîner des sanctions.

Des organismes comme l'ONU sont amenés à réfléchir sur les rapports entre les droits de la personne et le droit à la souveraineté des nations. Le Canada fait de même en créant, en 2000, la Commission internationale de l'intervention et de la souveraineté des États (CIISE), qui propose une réflexion sur l'évolution actuelle du droit humanitaire sur le plan international.

> *Les États souverains ont la responsabilité de protéger leurs propres citoyens contre les catastrophes qu'il est possible d'éviter, qu'il s'agisse de tueries à grande échelle, de viols systématiques ou de famine, mais lorsqu'ils ne sont pas disposés ou aptes à le faire, cette responsabilité doit être assumée par la communauté des États considérée au sens large. Il ne doit plus jamais y avoir de Rwandas.*
>
> *La responsabilité de protéger*, Rapport du CIISE (2003), publié par le Centre de recherches pour le développement international en 2001. Reproduit avec la permission du ministre des Travaux publics et Services gouvernementaux Canada, 2010.

Promouvoir la justice pour tous représente un défi complexe par lequel, malgré les meilleures intentions, des valeurs contradictoires peuvent s'entrechoquer. Les individus et les nations peuvent avoir des visions différentes de la justice universelle, et de grands efforts sont mis en œuvre pour parvenir à concilier ces visions.

Ingérence
Fait d'intervenir dans les affaires d'autrui sans en avoir la permission ou le droit.

← Réflexion ⌇ Comment peut-on juger si une intervention humanitaire non souhaitée est justifiée ?

Document 1.10
Une aide parfois difficile à apporter
La crainte d'un contact multiculturel, d'observatrices et d'observateurs sur leur territoire ou de la perte de contrôle sur la situation font partie des raisons invoquées par des nations qui déclinent l'offre d'ONG.

La justice a une portée universelle lorsqu'elle cherche à s'appliquer à tous les êtres humains, quel que soit l'endroit où ils vivent. Elle peut se traduire par la volonté d'une nation de faire partager à d'autres, au nom d'une **justice idéale**, sa conception de la justice, conception qui diffère selon les sociétés et les époques.

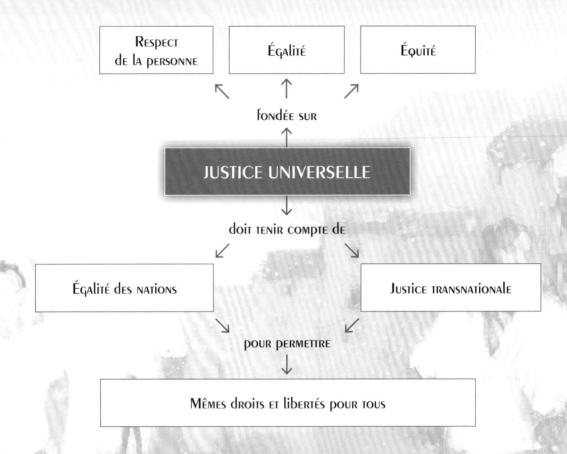

La **justice universelle**, comme toute justice, repose sur les principes de **respect de la personne**, d'**égalité** et d'**équité**, mais elle doit aussi tenir compte des concepts d'**égalité des nations** et de **justice transnationale**. Les nations et les êtres humains n'adhèrent pas tous à ces concepts et aux règles qui en découlent. Des organismes tel l'ONU tentent de prévenir les abus qui pourraient découler de cette situation et d'agir lorsqu'il s'en produit.

La **démarche politique**, la **démarche révolutionnaire** et la **démarche civile** représentent des moyens permettant d'ajuster ou de transformer les systèmes de justice, ce qui peut être nécessaire lorsque les valeurs et les modes de vie évoluent.

L'aide humanitaire internationale témoigne d'une aspiration à une **justice universelle**. Sur le plan éthique, certaines contradictions peuvent surgir dans l'application de cette forme d'aide. Une question se pose alors : une société peut-elle imposer à d'autres sa conception d'une justice universelle ? Dans le domaine de l'aide humanitaire internationale, l'application d'une justice universelle exige que soient clarifiées des notions comme celle de **droit d'ingérence** dans un contexte de **respect de la souveraineté** et d'**égalité des nations**.

QUESTIONS

1 Qu'est-ce qui distingue une justice universelle d'une justice idéale ?

2 Qu'a proposé Winston Churchill à son époque pour favoriser le développement d'une justice plus universelle ?

3 Sur quels principes s'appuie une justice qui se veut universelle ?

4 Pourquoi les organisations d'aide humanitaire sont-elles souvent non gouvernementales ?

5 En quoi la prise de position du gouvernement canadien en 2008 sur la question de la peine de mort s'inspire-t-elle d'un certain idéal de justice ?

6 Dans une démarche politique qui cherche à établir une plus grande justice, quelle forme de dialogue (voir page 155) vous semble la plus appropriée ? Justifiez votre réponse.

7 En quoi la responsabilité de protection que défend le Canada peut-elle entrer en contradiction avec la notion de souveraineté des nations ?

8 En quoi la prise du pouvoir par une démarche révolutionnaire peut-elle entraver le processus de délibération ?

9 Nommez les types de jugements (voir page 183) énoncés dans les deux phrases suivantes :
   a) Dites-nous ce que nous devons faire pour vous aider. Guidez-nous afin que nous vous soyons utiles.
   b) Nous sommes là pour vous aider. Faites ce que nous vous proposons, cela vaut bien mieux que ce que vous aviez précédemment.

10 Selon votre réflexion éthique personnelle, devrait-on venir en aide à des populations dans le besoin même si les représentants du pays concerné s'opposent à toute forme d'aide étrangère ? Justifiez votre réponse.

L'ambivalence et l'ambiguïté

Comment distinguer l'ambivalence de l'ambiguïté ?
Les individus et les États ont-ils toujours des lignes de
conduite claires et cohérentes ? Qu'arrive-t-il lorsque les valeurs
d'une personne sont différentes de celles de la société ?
Quel rôle joue la société dans la vie d'une personne ?

L'histoire nous apprend que les États, tout comme les individus, doivent quelquefois faire face à des choix difficiles, à des situations complexes. Tout serait plus simple s'il n'y avait que deux choix possibles : une bonne solution ou une mauvaise. Mais ce n'est que rarement le cas. Depuis toujours, les êtres humains ont hésité : accepter les changements ou conserver les traditions ?

Les personnes en position d'autorité peuvent elles-mêmes être parfois ambivalentes dans des situations où leurs valeurs personnelles diffèrent de celles de l'ensemble des individus. Elles peuvent donc prendre des décisions ou des orientations contraires à leurs valeurs personnelles pour le mieux-être du plus grand nombre, ou pour sauvegarder l'intégrité de l'État qu'elles dirigent. Dans tous les cas, l'ambivalence peut engendrer des ambiguïtés dans l'agir humain.

2.1
De l'ambivalence à l'ambiguïté

Il arrive que certaines situations paraissent claires, que des décisions soient faciles à prendre, mais ce n'est pas toujours le cas. Toute personne vivra, à un moment ou à un autre de sa vie, une situation où elle ne saura plus comment agir. Comment choisir entre deux ou plusieurs solutions qui paraissent toutes aussi valables les unes que les autres ? Est-ce que les sociétés, qui sont composées d'un ensemble d'individus, peuvent échapper à l'ambivalence et agir en évitant l'ambiguïté ? Y a-t-il des similitudes entre les dilemmes que peuvent vivre les individus et ceux auxquels font face les sociétés ?

LA DIFFICULTÉ DE S'ORIENTER ■

Nous pouvons éprouver des sentiments contradictoires tout au long de notre vie. Ultimement, ce sont nos valeurs qui nous feront pencher pour une solution plutôt que pour une autre. Par contre, dans certaines situations, nos propres valeurs peuvent s'opposer : nous pouvons éprouver en même temps des sentiments contradictoires, tels l'amour et la haine, ou nous pouvons nous sentir déchirés entre la raison et la passion. Il arrive aussi que, dans certaines circonstances, nous n'arrivions plus à distinguer une action juste d'une action injuste. Dans ces cas, aucune valeur ne prédomine nettement sur les autres, et nous vivons des moments de doute et de questionnement.

L'être humain est ambivalent lorsqu'il est partagé entre des valeurs divergentes. Pour orienter nos choix, il peut être nécessaire d'identifier les valeurs qui sont en conflit et les intentions qui nous animent. Qu'allons-nous privilégier et pourquoi ? Les règles morales ou les repères religieux peuvent aussi nous servir de guide, mais, ultimement, c'est avec notre conscience que nous choisirons la voie à suivre. Les décisions que nous prenons sont éthiques lorsque leurs conséquences, tant pour autrui que pour nous, sont prises en compte.

Les sociétés, comme les individus, font face à des situations qui entraînent des conflits de valeurs.

Les sociétés sont parfois aux prises avec les mêmes **enjeux éthiques** que les individus. Par exemple, elles peuvent tenter d'exploiter les ressources naturelles de leur territoire pour améliorer l'activité économique tout en essayant de respecter l'environnement. Et comme les sociétés sont dirigées par des personnes, élues ou nommées, ce sont souvent les valeurs de ces dernières qui priment. Les sociétés vivent également des moments d'ambivalence dans des situations où le bien de la collectivité à court terme s'oppose à celui à long terme (voir **doc. 2.1**). Souvent, ces situations nous semblent ambiguës, et il est parfois difficile de prendre position, de se faire une opinion.

SITUER L'AMBIVALENCE PAR RAPPORT À L'AMBIGUÏTÉ ▪▪

Comment distinguer l'ambivalence de l'ambiguïté ? Même s'ils peuvent parfois être confondus, ces deux termes sont essentiellement distincts sur un plan : l'ambivalence est quelque chose qu'on ressent, un état de conscience, alors que l'ambiguïté naît de la contradiction entre le discours et les actes ou entre les actes eux-mêmes, auxquels on peut donner plusieurs interprétations. Ainsi, il arrive qu'une personne qui vit de l'ambivalence agisse de façon ambiguë, ce qui peut perturber son entourage.

> On peut dire que l'être humain est un être ambivalent qui fait parfois des gestes ambigus, mais pas que l'être humain est un être ambigu qui fait parfois des gestes ambivalents.

L'ambivalence est un sentiment que les êtres humains peuvent ressentir toute leur vie, à divers moments. Toutefois, les sujets suscitant l'ambivalence ne sont pas les mêmes selon l'âge. Ainsi, à l'adolescence, l'être humain peut ressentir de l'ambivalence dans ses relations avec ses pairs de même qu'avec des adultes. Il peut se rendre compte que, comme chaque être humain, il est fait de contradictions, et que chaque individu peut vivre de manière très différente une même situation. Adulte, il voit d'autres situations se présenter à lui ; il peut alors être partagé entre des valeurs divergentes sur des sujets tels que la famille, le travail, l'ambition, les relations avec ses pairs, ou encore en venir à agir de manière ambiguë. C'est souvent le cas lorsqu'une personne fait des gestes qu'elle désapprouve ou qui entrent en contradiction avec d'autres de ses actions.

Document 2.1
Pour ou contre la déforestation ?
Il peut sembler facile de condamner un État qui permet la coupe à blanc des forêts pour planter des céréales. Mais quand les céréales représentent la seule possibilité de nourrir la population, ou la principale source de revenus, comment s'y opposer ?

Enjeu éthique
Valeur ou norme qui est l'objet d'une question éthique.

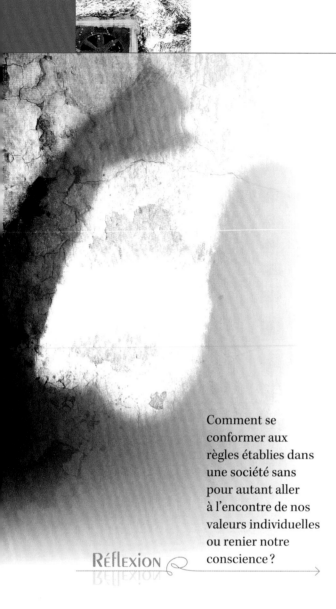

Comment se conformer aux règles établies dans une société sans pour autant aller à l'encontre de nos valeurs individuelles ou renier notre conscience ?

Réflexion

J'ignore comment j'ai pu...

*Une prostituée a été lapidée sur la place.
J'ignore comment je me suis joint à la foule
de dégénérés qui réclamait du sang.
J'étais comme absorbé par un tourbillon.
Moi aussi, je voulais être aux premières loges,
regarder de près périr la bête immonde.
Et lorsque le déluge de pierres a commencé
à submerger le [démon femelle], je me suis
pris à ramasser des cailloux et à le mitrailler,
moi aussi. J'étais devenu fou, Zunaira.
Comment ai-je osé ? Toute ma vie, je m'étais
cru objecteur de conscience. Ni les menaces
des uns ni les promesses des autres ne m'ont
convaincu de prendre des armes et de donner
la mort. J'acceptais d'avoir des ennemis, mais
je ne tolérais pas d'être l'ennemi de qui que
ce soit. [...] J'ai peur de moi, Zunaira, je n'ai
plus confiance en l'homme que je suis devenu.*

Yasmina Khadra, *Les hirondelles de Kaboul*,
Paris, Éditions Julliard, 2002, p. 31.

Objecteur de conscience
Personne qui, en temps de guerre ou de paix, fait appel au respect de la vie humaine pour refuser d'accomplir ses obligations militaires.

Dans certains cas, il arrive que nous agissions de façon spontanée : la peur, les envies, les passions, la recherche de pouvoir ou de popularité sont autant de sentiments ou d'objectifs qui peuvent modifier notre comportement. Entre nos actions, notre perception de nous-mêmes et celle qu'ont les autres de nous, des incohérences peuvent apparaître : nos gestes peuvent sembler ambigus. Par exemple, il n'est pas rare de voir des personnalités publiques qui demandent que soit respectée leur vie privée et qui décident, en même temps, d'offrir à des journaux des reportages sur leur famille et leur quotidien.

De la même façon, des États agissent parfois de manière ambiguë, ce qui alimente l'ambivalence chez certains individus. C'est notamment le cas lorsqu'un État, cédant aux pressions exercées par des groupes, s'oriente dans une direction différente de celle à laquelle on s'attend.

2.2
GRANdEURS ET MiSÈRES
de l'HUMANiTÉ

De tout temps, les États ont connu des périodes troubles au cours desquelles des décisions complexes ont dû être prises par les dirigeants. Pour prendre de telles décisions, chaque société fait appel au système de valeurs qui lui est propre. Ces valeurs sont souvent consignées dans les textes fondateurs des États – les constitutions, les chartes, certains textes de loi. Or, selon l'époque ou les circonstances, ces valeurs peuvent se retrouver en contradiction avec les décisions et mettre en lumière certaines ambiguïtés de l'agir humain.

DES DÉCISIONS QUI ENGAGENT TOUTE LA SOCIÉTÉ ■

Bien que leurs enjeux éthiques soient différents, les États peuvent être exposés aux mêmes questionnements sur le plan collectif qu'un individu peut l'être sur le plan personnel. Par exemple, au cours de la Seconde Guerre mondiale, le premier ministre anglais Winston Churchill fait face à un dilemme : doit-il négocier avec l'Allemagne nazie afin de protéger la vie et le bien-être de ses concitoyens et concitoyennes, ou leur demander de combattre l'ennemi et ainsi de risquer leur vie au nom des valeurs qu'ils défendent ? Le gouvernement anglais refuse la négociation et l'armée allemande bombarde la ville de Londres afin d'obtenir la capitulation de l'Angleterre (voir **doc. 2.2**). Bien que la Seconde Guerre mondiale se soit soldée par la défaite de l'Allemagne nazie, les bombardements sur Londres ont fait plus de 14 000 morts et quelque 20 000 blessés chez les civils.

Comment évaluer le bien-fondé de la décision de Winston Churchill ? Que sait-on des valeurs, les siennes mais aussi celles de ses conseillers, ayant influencé sa décision ? Peut-on affirmer qu'une autre décision que celle prise par le gouvernement qu'il représentait aurait eu d'autres conséquences, plus heureuses ?

De nombreuses personnes estiment que c'est l'histoire qui jugera leurs actes ou les conséquences de leurs actes. Or, c'est le récit d'événements et la mémoire collective des personnes les ayant vécus qui fondent l'histoire. Comme l'être humain est un être de contradictions qui vit dans des sociétés pas toujours cohérentes, son interprétation des événements est souvent influencée par ses propres valeurs ou celles qui ont cours dans le milieu dans lequel il vit.

Document 2.2
Londres bombardée
De septembre 1940 à mai 1941, la capitale du Royaume-Uni fait l'objet de bombardements allemands. Plusieurs millions de Britanniques évacuent la ville, mais de nombreuses autres personnes restent sur place, au péril de leur vie.

Les décisions que prennent les personnes en position de pouvoir ont souvent d'importantes répercussions du fait qu'elles engagent des populations ou des nations entières, parfois pendant plusieurs générations.

Ainsi, il arrive qu'en étudiant certains récits historiques, on se pose de nombreuses questions sur des événements qui paraissent ambigus (voir **doc. 2.3**). Pourquoi tel choix a-t-il été fait ? Pourquoi les autorités politiques n'ont-elles pas agi autrement ? Il peut sembler facile, *a posteriori*, de juger des faits et des gestes selon nos convictions actuelles. Mais pour comprendre des événements et des comportements, il est essentiel de considérer les **règles morales** de l'époque à laquelle les gens ont vécu et les circonstances ayant entouré les décisions qu'ils ont prises.

L'être humain est un être complexe dont les décisions ont des effets sur sa propre vie, effets qui peuvent ne pas trop porter à conséquence. Mais lorsqu'une personne est en position de pouvoir ou d'autorité, ses décisions ont une tout autre portée. De plus, l'État peut se retrouver devant un dilemme où sont mises en cause des valeurs sociales opposées.

Mais pour qu'on puisse parler d'ambiguïté, il faut que les gestes posés puissent être interprétés de diverses manières ou que les discours et les actes d'une personne soient contradictoires. D'ailleurs, les médias révèlent souvent de tels cas, ce qui contribue, du moins dans les sociétés occidentales, à augmenter le cynisme envers la classe politique. Parmi les exemples récemment soulevés, on trouve :

- des méthodes de financement contestées par des partis politiques qui y ont eux-mêmes recours ;
- des élus qui adoptent des codes d'éthique en matière de conflits d'intérêts, mais qui en détournent les règles d'application ;
- des gouvernements qui condamnent des États totalitaires, mais qui, par ailleurs, n'hésitent pas à leur vendre des armes ou des matériaux pour en fabriquer ;
- un État qui en condamne un autre pour avoir brimé les droits de la personne, mais qui n'hésite pas à les suspendre sur son propre territoire ;
- des parlementaires qui détournent, pour leur usage personnel, des sommes reçues pour des programmes d'aide humanitaire ;
- un pays qui réglemente l'utilisation de produits nocifs sur son territoire, mais qui en vend aux pays moins riches ;
- etc.

© The Granger Collection, New York.

René Magritte (1898-1967), *La mémoire*, 1942
Musée Magritte, Bruxelles, Belgique.

Document 2.3
Un devoir de mémoire
Bien que la mémoire ne soit pas l'histoire, c'est une façon de se rappeler les manifestations des grandeurs et des côtés sombres de l'être humain. Dans les années 1980, le travail d'historiens, d'artistes et de militants a mis en lumière les horreurs de la Seconde Guerre mondiale, mais aussi les efforts de résistance des populations.

Règle morale
Norme morale qui précise comment un principe moral devrait s'appliquer dans une situation donnée.

La guerre de Sécession

En 1861, après l'élection du président américain Abraham Lincoln, un politicien républicain opposé à l'expansion de l'esclavage, les onze États du Sud, qui rassemblent les États esclavagistes, forment une confédération et font sécession des États du Nord. Lincoln refuse cette séparation de l'Union. Les positions sont irréconciliables : une guerre civile éclate. De 1861 à 1865, 620 000 soldats meurent, et le nombre de victimes civiles reste indéterminé. La guerre de Sécession met fin à l'esclavage aux États-Unis, restaure l'Union et renforce le rôle du gouvernement fédéral. Par contre, c'est la guerre la plus meurtrière qu'aient connue les États-Unis jusqu'à ce jour.

Incidents of the War.

Une guerre médiatisée

Les premiers reportages de guerre ont lieu au cours de la guerre de Sécession. Le peuple américain peut voir, dans les journaux de l'époque, des photos, des plans, des ruines et des morts, prenant ainsi connaissance des ravages de cette guerre.

Par contre, l'ambiguïté n'est pas un phénomène nouveau : l'histoire est remplie de situations qui soulèvent encore des questions ou qui nous laissent perplexes bien des années plus tard. Dans certains cas, on a pu réaliser qu'il s'agissait de décisions stratégiques qui n'avaient qu'une ambiguïté apparente, alors que dans d'autres, il s'agissait de décisions qui ont entraîné des effets pervers ou non désirés.

Mais une chose semble évidente : tant chez les personnes en position de pouvoir que chez les citoyens ou citoyennes, les causes de l'ambivalence changent. Car, tout comme l'humanité à travers son histoire, l'être humain évolue au cours de sa vie. Et, de la même façon, ses valeurs, ses opinions, ses certitudes se transforment au fil du temps.

Si l'on tenait registre de toutes ses opinions sur l'amour,
la politique, la religion, l'instruction, etc., en commençant
par son jeune âge et en allant jusqu'à la vieillesse, quel amas
d'inconséquences et de contradictions !

Jonathan Swift

Sécession
Action par laquelle une personne ou un État se sépare de l'ensemble de la collectivité.

ENTRE COHÉRENCE ET TIRAILLEMENTS ▪▪

Les orientations d'une société exercent une grande influence sur la vie quotidienne des personnes. C'est plus particulièrement le cas lorsqu'un État, démocratique ou non, se retrouve en période d'instabilité politique ou de difficultés économiques. Dans ces circonstances, les tiraillements entre différentes valeurs peuvent devenir plus évidents et les États se retrouvent aux prises avec de nombreuses questions éthiques. C'est le cas notamment lorsque les décisions en matière de soins de santé doivent tenir compte à la fois des droits humains et des contraintes économiques.

Faire des choix

Dès que le concept de droit aux soins apparaît, l'économiste perd toute raison d'intervenir dans le domaine de la santé. Or, le financement de ce domaine représente une part toujours plus grande de la richesse nationale. Cette part doit-elle être jugée comme excessive ou comme insuffisante ? [...] Ce n'est pas à l'économiste de répondre, mais au citoyen. Il s'agit d'une décision typiquement politique, elle implique le choix de la civilisation vers laquelle tend la société. Les spécialistes peuvent faire de savants calculs pour mesurer les coûts et les conséquences pour l'économie d'un programme d'amélioration de la santé publique, de même ils peuvent évaluer l'impact d'un programme d'exploration de la planète Mars, mais c'est au citoyen de définir les priorités entre ces projets. C'est à lui, dans le cadre d'une « démocratie de l'éthique », d'orienter les décisions du pouvoir.

Albert Jacquard, *Mon utopie*,
Éditions Stock, 2006, p. 87-88.

Au Québec, l'existence d'un système public d'assurance maladie financé par la collectivité permet à tous d'avoir accès à des soins de santé. Par contre, depuis plusieurs années, des difficultés économiques et le vieillissement de la population font en sorte que le financement de ce système n'est plus assuré.

Si le droit à la santé est fondamental, comment expliquer qu'on n'interdise pas ce qui peut être nocif pour la santé, par exemple, le tabagisme ou la restauration rapide ?

Document 2.4
Une sculpture du Che à La Havane
Pour Ernesto Che Guevara (1938-1967), l'un des artisans de la révolution cubaine, la vie d'un être humain vaut plus que tout l'or de l'homme le plus riche au monde. Cette valeur a peut-être inspiré les autorités à instaurer un système de santé performant et gratuit pour tous, comparable à ceux des pays riches.

De nombreuses personnes, issues de toutes les sphères de la société, sont préoccupées par cette situation. Elles sont partagées entre deux orientations. D'un côté, la volonté de conserver ce système, de tenter de l'améliorer en augmentant les budgets qui y sont alloués, tout en risquant de le rendre déficitaire. De l'autre, le choix de ne pas fragiliser l'économie de la province en privatisant progressivement certains soins. Le dilemme pourrait s'exprimer ainsi : la société doit-elle assurer le bien-être de tous et chacun, en veillant à leur bon état de santé physique, ou favoriser une économie saine et en expansion ? Quelle orientation prendre ?

D'autres États sont également aux prises avec des enjeux éthiques qui les placent devant des choix où sont mises en cause les valeurs sociales, et où semblent s'opposer les moyens concrets et les idéaux (voir **doc. 2.4**).

Au moment de prendre des décisions, les États doivent peser le pour et le contre de chaque situation et donner priorité à des valeurs tout en sachant que leurs choix ne feront pas l'unanimité. Parfois même, selon les événements, des gouvernements devront prendre une décision qui semble aller à l'encontre de l'orientation même qu'ils s'étaient donnée jusqu'alors. Cette tension, entre ce qu'un État prône et la façon dont il agit, est une manifestation de l'ambiguïté de l'agir humain.

Albert Jacquard
(né en 1925)

Albert Jacquard est issu d'une famille française établie à Lyon. Élève brillant, il obtient en 1943 deux baccalauréats ; l'un en mathématiques élémentaires, et l'autre en philosophie. Jeune diplômé de l'Institut des statistiques et de l'École Polytechnique de France, il occupe un poste d'ingénieur, puis devient directeur adjoint du service de l'équipement au ministère de la Santé publique. Il se tourne alors vers une carrière scientifique. Il perfectionne sa formation de généticien à l'Université de Stanford aux États-Unis, où il obtient un doctorat en génétique ainsi qu'en mathématiques.

Albert Jacquard enseigne dans diverses universités européennes, tout en effectuant plusieurs voyages à travers le monde pour sensibiliser l'opinion publique aux questions qui touchent l'avenir de l'humanité : la nécessité de protéger l'environnement, les problématiques éthiques entourant les recherches d'ordre génétique, la défense des droits humains et l'aide aux plus démunis. Il a aussi été expert en génétique de 1973 à 1985 pour l'Organisation mondiale de la Santé et membre du Comité national d'éthique.

Conférencier recherché, il a publié une trentaine d'ouvrages de vulgarisation scientifique et d'essais. ■

EN COMPLÉMENT

La Convention de Genève relative au traitement des prisonniers de guerre

La Seconde Guerre mondiale a été le théâtre de nombreuses violations des droits humains. En août 1949, plusieurs États se réunissent pour adopter des textes visant à protéger les droits des individus, dont la *Convention de Genève relative au traitement des prisonniers de guerre*. Ainsi, la torture et tout acte de pression physique ou psychologique sur les personnes détenues sont strictement interdits ; leurs conditions de détention doivent être adéquates sur le plan de l'hygiène et de l'alimentation ; enfin, leurs pratiques religieuses doivent être respectées.

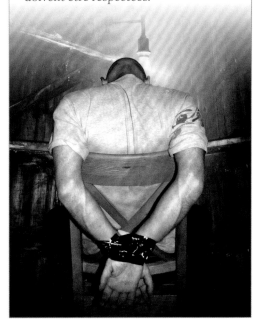

Les sociétés prennent parfois des décisions qui les mettent en contradiction avec certaines de leurs valeurs fondamentales.

Document 2.5
Des prisonniers du camp de détention de Guantánamo
Les prisonniers de guerre soupçonnés d'activités terroristes et envoyés par les États-Unis à la prison militaire de Guantánamo ont des conditions de détention échappant à tout cadre légal.

Comment certains pays défenseurs des droits de l'homme peuvent-ils, en cas de conflit armé, assurer leur sécurité nationale tout en continuant de respecter les droits fondamentaux de la population, mais aussi ceux de leurs ennemis ? Ces deux aspirations sont-elles compatibles ? À la suite de la destruction des tours du World Trade Center à New York et des attaques sur le Pentagone à Washington en septembre 2001, les États-Unis s'engagent dans une « guerre contre le terrorisme ». Cette grande puissance économique, politique et militaire, qui s'implique souvent dans la défense des droits humains et de la démocratie, fait donc le choix de renoncer à certaines ententes internationales qu'elle a signées, comme la *Convention de Genève relative au traitement des prisonniers de guerre* (voir **doc. 2.5**).

La prison militaire de Guantánamo n'est qu'un exemple d'un lieu de détention où les droits fondamentaux des personnes incarcérées ne sont pas respectés. De tels lieux ont existé et existent sous différentes formes : camps de travail forcé comme les goulags russes, camps de redressement pour cyberdépendants en Corée du Sud, etc. Dans chaque cas, on invoque la **raison d'État** pour justifier leur existence, projetant ainsi une certaine ambiguïté.

S'il faut le respect des droits humains en temps de guerre, qu'en est-il du respect de la vie humaine ?

Réflexion

Amnesty International est très vivement préoccupée par le fait que la guerre contre le terrorisme ne devienne pas un prétexte à renier les engagements pour les droits humains. Faire la guerre contre le terrorisme sans y intégrer le respect absolu des droits humains et des règles fondamentales du droit international ne peut conduire qu'à l'affaiblissement de l'état de droit et à une lente érosion des droits humains.

Déclaration d'Amnesty International France
à propos de Guantánamo, 2007 [en ligne].

D'ailleurs, s'il peut arriver à plusieurs États de contrevenir au respect des droits humains dans certaines circonstances, tous les États ne se valent pas pour autant en cette matière.

Raison d'État
Considération d'intérêt public invoquée pour justifier une action illégale.

Des valeurs qui évoluent

De tout temps, l'être humain s'est trouvé dans des situations de doutes et de déchirements du fait qu'il lui est parfois difficile de trouver un juste équilibre entre sa conscience morale, ses valeurs et le bien commun. Comme les valeurs changent au fil du temps et durant l'espace d'une vie, il est difficile de croire qu'il serait possible d'échapper un jour à l'ambivalence ou encore de faire en sorte qu'il n'y ait plus d'ambiguïté dans nos actions.

DE LA MOUVANCE DES VALEURS AU FIL DU TEMPS ET DES CIRCONSTANCES ▰

Il n'est pas rare de voir certaines personnes présenter des aspects très contrastés dans leur vie privée et dans leur vie publique. Par exemple, certaines personnalités politiques peuvent concevoir leur vie privée et leur responsabilité politique comme deux univers bien distincts, au point d'appliquer pour chacune de ces deux sphères des valeurs pouvant être contradictoires. C'est le cas lorsqu'un personnage sous le régime duquel des **exactions** ont été commises ne manifeste publiquement aucun regret, laissant ainsi penser qu'il a agi selon sa conscience et ses valeurs, et que, dans un autre contexte, il présente un tout autre aspect de lui-même (voir **doc. 2.6**).

Le fait de savoir que nos valeurs évoluent au fil du temps nous dispense-t-il pour autant de devoir répondre de nos actes passés ? Est-ce qu'une personne ayant dans le passé commis des actes répréhensibles peut ainsi jouir d'une impunité ?

Pris dans des situations complexes, qui l'obligent à choisir entre des exigences ou des désirs conflictuels, l'être humain cherche généralement une solution acceptable aux enjeux éthiques auxquels il fait face. Qu'en est-il lorsque des cas de conscience lui sont imposés par la société dans laquelle il vit ?

Exactions
Mauvais traitements, sévices.

Document 2.6
Deux images d'un même homme
Augusto Pinochet (1915-2006) a été chef de l'État du Chili de 1973 à 1990. En 1998, il est arrêté pour génocide, terrorisme et tortures. Il est libéré pour des raisons de santé en 2000. Les photographies nous le montrent comme chef d'État et avec ses petits-enfants.

Document 2.7
Quelques Refuzniks israéliens à la sortie de la cour martiale
En 2002, des centaines de soldats des Forces de défense israéliennes ont signé une lettre réitérant leur engagement à défendre la société et l'État israéliens, mais expliquant leur refus de participer aux missions dans les territoires occupés en Palestine. Ils jugeaient ces missions immorales et sans lien avec la sécurité d'Israël.

Réflexion

Est-ce qu'en temps de guerre, la fin justifie les moyens ?

Conformisme
Fait de se comporter de manière à être en accord avec les normes, les usages.

Principe moral
Norme qui définit ce qu'il est nécessaire de faire ou de ne pas faire pour atteindre ce qui est tenu pour le bien.

Dissidence
Opposition ou désaccord avec l'idéologie dominante, et division qui en résulte.

L'INDIVIDU DEVANT LES AMBIGUÏTÉS ■■

Quand nous sommes d'accord avec la société ou les décisions de l'État, nous éprouvons généralement un sentiment d'appartenance, et la conformité de nos valeurs avec celles de la société nous donnent l'impression d'être justes. Si cet accord peut être profond et véritable, il arrive aussi qu'il ne soit qu'apparence et **conformisme** de facilité ou d'inconscience, comme cela a pu être le cas pour les personnes qui ont collaboré avec des régimes tels le nazisme dans l'Allemagne d'Hitler ou la dictature de la junte militaire au Chili. Ces gens ont invoqué le devoir d'obéissance comme justification de leurs actes, se définissant davantage comme les rouages d'une machine que comme des individus libres et conscients. Également, qu'en est-il des personnes qui, par peur du pouvoir, par désir d'obéissance ou par inconscience se plient à la majorité ou aux règles du pouvoir en place, même si elles ne croient pas que ces règles soient justes ? Comment réussissent-elles à concilier leurs **principes moraux** et la politique ?

La morale, dans son principe, est désintéressée ;
aucune politique ne l'est.

La morale est universelle, ou se veut telle ;
toute politique est particulière.

La morale est solitaire (elle ne vaut qu'à la première personne) ;
toute politique est collective.

C'est pourquoi la morale ne saurait tenir lieu de politique, pas plus que la politique de morale : nous avons besoin des deux, et de la différence entre les deux !

André Comte-Sponville, *Présentations de la philosophie*, Éditions Albin Michel S.A., 2000, p. 36.

Quand une personne ou un groupe est en désaccord avec le pouvoir et l'autorité politique de la société dans laquelle elle vit, que ce désaccord porte sur l'ensemble ou sur une partie des règles et décisions prises par l'État, elle est en situation de **dissidence** ou de contestation. Généralement, une personne est dissidente ou contestataire au nom de ses valeurs et de sa conscience morale, qui entrent en contradiction avec certaines des règles imposées par l'État. C'est souvent le cas des objecteurs de conscience. L'exemple le plus connu d'objection de conscience a trait à l'engagement militaire (voir **doc. 2.7**) ou au refus de payer la part d'impôt qui va au budget militaire ; c'est le cas de certains citoyens et citoyennes du Canada, des États-Unis et d'ailleurs.

[...]

Monsieur le président
Je ne veux pas la faire
Je ne suis pas sur terre
Pour tuer des pauvres gens
C'est pas pour vous fâcher
Il faut que je vous dise
Ma décision est prise
Je m'en vais déserter

[...]

Demain de bon matin
Je fermerai ma porte
Au nez des années mortes
J'irai sur les chemins
Je mendierai ma vie
Sur les routes de France
De Bretagne en Provence

Et je dirai aux gens :
« Refusez d'obéir
Refusez de la faire
N'allez pas à la guerre
Refusez de partir »
S'il faut donner son sang
Allez donner le vôtre
Vous êtes bon apôtre
Monsieur le président
Si vous me poursuivez
Prévenez vos gendarmes
Que je n'aurai pas d'armes
Et qu'ils pourront tirer

Boris Vian (1920-1959), *Le déserteur*, © 1964
by Éditions BEUSCHER/ARPEGE pour le monde entier
excepté la France, le Benelux et la Suède. Avec l'aimable
autorisation des Éditions BEUSCHER/ARPEGE.

Réflexion

Qu'est-ce qui distingue un déserteur d'un objecteur de conscience ?

Comme dans le cas des objecteurs de conscience israéliens, il arrive que des personnes dissidentes se regroupent et tentent, au nom de certaines valeurs, de transformer la société où elles vivent. C'est le cas des divers mouvements de désobéissance civile, dont Mohandas Gandhi et Martin Luther King Jr ont fait partie au XXᵉ siècle.

La désobéissance civile inclut des actes illégaux, généralement dus à leurs auteurs collectifs, définis à la fois par leur caractère public et symbolique et par le fait d'avoir des principes, actes qui comportent en premier lieu des moyens de protestation non violents et qui appellent à la capacité de raisonner et au sens de la justice du peuple.

Jean L. Cohen et Andrew Arato, *Civil Society and Political Theory*, Cambridge, MIT Press, © 1992, p. 587.

Réflexion

Comment des gestes illégaux peuvent-ils aller dans le sens de la justice ?

Ainsi, devant une situation mettant en opposition sa conscience morale et les valeurs de la société, une personne ou un groupe d'individus peut choisir la contestation comme moyen de faire valoir ses idéaux. C'est souvent par le regroupement et l'engagement citoyens qu'on parvient à favoriser l'exercice de la démocratie.

> *Le rassemblement des citoyens dans des organisations, mouvements, associations, syndicats est une condition nécessaire au fonctionnement de toute société civilisée bien structurée.*
>
> Václav Havel

Aucun être humain ne peut vraiment se concevoir indépendamment des autres humains. Il semblerait qu'il doive alors se préoccuper de politique, car sa vie est nécessairement liée aux activités de l'univers public. Et nous retrouvons, donc, dans cette sphère publique, nos doutes, nos grandeurs, nos côtés sombres, nos ambivalences.

Hannah Arendt
(1906-1975)

Hannah Arendt, une juive allemande, fut l'élève des philosophes Heidegger et Husserl. À 22 ans, elle soutient sa thèse de doctorat sur saint Augustin. En 1933, à la suite d'une arrestation, elle doit fuir l'Allemagne nazie. Elle se réfugie alors en France, où elle côtoie Jean-Paul Sartre, Raymond Aron, et d'autres penseurs et artistes. En 1941, elle émigre aux États-Unis, et devient citoyenne américaine en 1951. Elle entame alors une carrière universitaire en tant que professeure de théorie politique et rédige de nombreux ouvrages, dont les plus célèbres sont *Les Origines du totalitarisme* (1951), *Condition de l'homme moderne* (1958) et *La Crise de la culture* (1961). En 1967, elle est nommée professeure à la New School for Social Research (New York), où elle enseignera jusqu'à sa mort en 1975.

Dans ses ouvrages, Hannah Arendt tente de comprendre comment se crée un régime totalitaire comme le nazisme ou le stalinisme, les moyens imaginés par les personnes au pouvoir pour assurer et conserver leur emprise sur une population, et les différentes réactions des personnes soumises à un tel régime. Ses ouvrages sont étudiés dans le monde entier et sa pensée politique et philosophique occupe une place importante dans la réflexion contemporaine. ■

Totalitarisme
Régime politique dans lequel un parti unique ne tolère aucune opposition afin de contrôler les pouvoirs dans la vie tant privée que publique.

LA LIBERTÉ COMME MOTEUR DE CHANGEMENT ■■■

L'exercice de la liberté ne se fait pas sans heurts. Il est souvent difficile de faire valoir sa liberté en regard des libertés individuelles d'autrui et en tant que membre d'une société. Si elle fait passer l'être humain par des périodes de doute et d'instabilité, l'ambivalence lui permet également d'évoluer, l'amène à faire des choix, à construire progressivement sa vie. Les moments d'ambivalence sont une marque de notre liberté ; et effectuer des choix est un privilège que cette liberté nous permet d'exercer.

Se vouloir libre, c'est aussi vouloir les autres libres.

Simone de Beauvoir
(1908-1986)

L'engagement politique, quant à lui, permet de prendre une part active dans la défense d'idéaux, mais aussi d'intérêts. C'est ainsi que les sociétés évoluent et se transforment sous la pression de différentes forces ou courants. Ce sont bien souvent quelques individus dont les valeurs s'opposent aux valeurs traditionnelles de la société qui, par leurs visions et actions, amènent des changements.

De tels bouleversements sociaux ne se font pas toujours dans l'harmonie ; bien souvent, des conflits en résultent. Comment résoudre ces conflits ? Souvent, la pratique du dialogue favorise les débats sur ce que nous considérons comme souhaitable et acceptable.

Quand il s'agit du vivre-ensemble, il nous faut réconcilier les valeurs personnelles et celles du bien commun.

Un petit groupe de personnes éclairées et déterminées peut changer le monde. D'ailleurs, c'est toujours de cette façon que les changements se produisent.

Margaret Mead
(1901-1978)

Tout au long de sa vie, l'être humain peut faire face à des situations qui le rendront ambivalent. Ainsi, il arrive qu'il agisse de façon ambiguë lorsqu'il est partagé entre des **valeurs divergentes**. Parfois, c'est en raison de **sentiments contradictoires** ou encore du fait que les **valeurs ne sont pas figées**, et qu'elles **évoluent** avec l'âge et selon les circonstances. Ultimement, quand nous devons faire des choix, ce sont nos valeurs qui guident notre conduite. Les choix effectués sont d'ailleurs d'excellents indicateurs de valeurs.

Tout comme les individus, les sociétés peuvent être exposées à des situations qui entraînent des **conflits de valeurs**. La **complexité de certaines situations**, tout comme l'**opposition entre les valeurs des uns et celles des autres**, pourront mener les États à agir de façon ambiguë. L'histoire est remplie de cas qui peuvent nous laisser perplexes. Pourquoi avoir agi de telle manière ? Pourquoi avoir pris telle décision ?

Pour comprendre les événements, il importe de connaître les **repères** sur lesquels les personnes ont pu s'appuyer pour agir comme elles l'ont fait.

DES VALEURS QUI ÉVOLUENT

DES SENTIMENTS CONTRADICTOIRES

DES SITUATIONS COMPLEXES

LES VALEURS DES UNS ET CELLES DES AUTRES

PEUVENT ENTRAÎNER → AMBIVALENCE — SE TRADUIT PAR → AMBIGUÏTÉ DE L'AGIR HUMAIN

S'il n'est pas toujours simple de concilier nos actions et nos valeurs dans notre vie personnelle, il n'est pas nécessairement plus simple pour des personnes en position de pouvoir ou d'autorité de faire des choix. Dans certains cas, ces personnes présenteront des **aspects très contrastés** dans leur **vie privée** et dans leur **vie publique**. Dans d'autres, elles devront accorder la priorité à **ce qui est le mieux pour le plus grand nombre de personnes**, au détriment de leurs valeurs personnelles. Dans d'autres encore, elles prendront des **décisions qui les mettront en contradiction avec les valeurs fondamentales de la société** qu'elles dirigent, ce qui créera des tensions.

Dans une société, il arrive que certaines personnes ne soient
pas d'accord avec les décisions ou les orientations prises par les
autorités. Elles peuvent alors faire des gestes de **dissidence** ou
de **contestation**. Il peut s'agir de **désobéissance civile non
violente**, mais aussi de **conflits** ou de **guerres** qui, souvent,
transformeront les sociétés.

QUESTIONS

1   En quoi l'ambivalence se distingue-t-elle de l'ambiguïté ?

2   Donnez deux exemples de situations qui ont pu susciter de l'ambivalence
    chez des personnes en position de pouvoir ou d'autorité au moment de
    prendre une décision.

3   Donnez un exemple d'ambiguïté sur le plan individuel.

4   Quels moyens l'être humain peut-il utiliser pour orienter ses choix lorsqu'il
    est ambivalent ?

5   Nommez les valeurs fondamentales qui s'affrontent dans la question des soins
    de santé au Québec.

6   Lorsque des situations d'ambivalence engagent toute une société, est-ce que les
    décisions de tous les membres de cette société ont les mêmes répercussions ?
    Justifiez votre réponse.

7   Dans le texte de Yasmina Khadra, à la page 26, le narrateur raconte comment
    il en est venu à agir contre ses valeurs. Quelles sont ces valeurs qu'il dit avoir
    défendues toute sa vie ?

8   Expliquez et commentez cette phrase de Simone de Beauvoir : « Se vouloir libre,
    c'est aussi vouloir les autres libres. »

9   En utilisant l'outil 9, *La comparaison*, et en vous appuyant sur la citation
    de la page 34, expliquez pourquoi, selon André Comte-Sponville, la morale
    et la politique s'opposent tout en étant indissociables.

3

Chapitre

Vivre la tolérance

Les sociétés modernes sont-elles plus ou moins tolérantes qu'autrefois ? Peut-on concilier l'individualisme et la vie en société ? Dans les sociétés modernes, qu'est-ce qui unit les individus et les groupes qui ont des manières de penser et d'agir différentes ? Comment faire preuve d'ouverture envers les autres sans perdre son identité ?

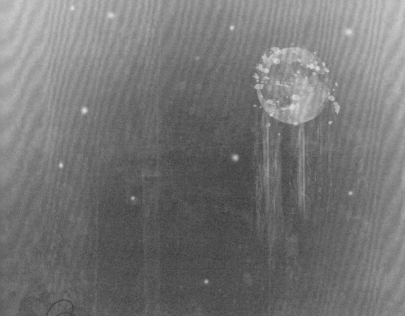

L'être humain est un être social : il dépend des autres pour sa survie. Pour cette raison, des communautés se sont développées dans plusieurs lieux, environnements et cultures, d'où la grande diversité des sociétés humaines. Si la diversité peut être source d'échanges et d'enrichissement, elle peut également engendrer de la peur et de la méfiance. Selon les époques et les circonstances, la cohabitation de diverses communautés a généré parfois de l'intolérance, parfois une ouverture à l'autre ou encore de l'indifférence.

De nos jours, avec les fréquents déplacements de populations, les êtres humains sont de plus en plus appelés à développer des conditions qui favorisent le vivre-ensemble. C'est là un des grands défis des sociétés modernes.

Contrairement à ce que nous pourrions penser, la tolérance n'est pas l'acceptation spontanée des manières de penser, d'agir ou de vivre différentes des nôtres. Il s'agit davantage d'accepter délibérément des différences chez l'autre quand celles-ci nous dérangent.

TOLÉRANCE, INTOLÉRANCE, INDIFFÉRENCE ■

S'il semble facile de décrire et de reconnaître l'intolérance, il peut être plus difficile de définir en quoi consiste la tolérance. Tolérer une situation ou le comportement d'une personne, c'est accepter d'être confronté à des valeurs, à des croyances ou à des comportements qui sont différents des nôtres, et qui heurtent nos valeurs et notre **vision du monde**. Par ailleurs, la tolérance ne doit pas être confondue avec l'indifférence : nous sommes indifférents quand nous ne nous sentons pas concernés par ce qui se passe, quand cela ne nous affecte pas. L'indifférence se rapproche donc davantage du laisser-faire que de l'ouverture consentie envers l'autre.

Il faut également distinguer la tolérance de la soumission. Pour tolérer quelque chose, il faut avoir le pouvoir de le faire. Ainsi, une personne soumise, comme un jeune enfant l'est devant ses parents, ne peut pas choisir d'accepter ce qui la dérange : elle subit la situation et n'a pas le pouvoir nécessaire pour choisir de la tolérer ou pas.

Le concept de tolérance revient donc à accepter qu'une situation ou un comportement qu'on pourrait empêcher se produise ou ait lieu (voir **doc. 3.1**). Pour cette raison, faire preuve de tolérance relève souvent d'une décision ou d'un choix délibéré d'agir dans un esprit d'ouverture et d'entamer un dialogue avec l'autre.

UNE HOMOGÉNÉITÉ APPARENTE ■■

De tout temps, les êtres humains se sont regroupés en communautés pour survivre. Dans les sociétés traditionnelles, des structures comme la famille, le village, les classes sociales ou le pouvoir religieux, souvent intégré au pouvoir politique, ont formé des communautés aux convictions et aux valeurs morales relativement homogènes.

Vision du monde
Regard qu'on porte sur soi et sur son entourage. Ce regard forme les pensées, les sentiments et les comportements de chaque individu et se façonne à partir des expériences de vie, des relations humaines, de valeurs, de normes, de croyances ou de convictions.

Document 3.1
Ces personnes qu'on ne saurait voir
Au XXe siècle, aux États-Unis, des lois interdisent aux personnes dont l'apparence est jugée choquante de se trouver sur la place publique. De nos jours, de telles lois n'existent plus, mais certaines villes adoptent des règlements pour interdire la mendicité, notamment à l'occasion de grands événements sportifs ou culturels.

> Si la différence et la marginalité peuvent être perçues comme dérangeantes, elles n'entraînent pas forcément l'exclusion.

Dans ces sociétés, les idéaux, les visions du monde et les valeurs, souvent influencés par les croyances religieuses, sont partagés par une grande partie de la population. Ainsi, pendant longtemps au Québec, l'attachement à la terre, à la famille, à la tradition religieuse, à la langue des ancêtres, au respect de l'autorité et au sens du devoir fait partie des valeurs communes. Celles-ci influencent la conduite de nombreuses personnes, leur conception du bien et du mal ainsi que leur façon de vivre ensemble. Mais de tout temps, des individus différents font partie des sociétés : celui ou celle qui ne pense pas comme la majorité, les originaux, les marginaux ou même les personnes handicapées. Comment les communautés plutôt homogènes composent-elles avec la différence ? Font-elles preuve de tolérance ?

> *Babine contribua à sa façon à l'essor culturel. [...]*
> *Les circonstances allant toujours contre lui, qui de mieux comme coupable. Toujours, tout était contre lui : la chance, les gens, la météo. Il choisissait de sortir que déjà le ciel s'obscurcissait. Et on ne se tannait pas. Plus ça allait, et plus les gens lui en voulaient.*
>
> *Il s'acquitta de ses tâches cent fois remises. En souriant. Et c'est ce sourire, toujours incrusté dans sa face, même devant la mort, qui permit au malheur d'insister. La faute à Babine : une accoutumance.*
>
> Fred Pellerin, *Il faut prendre le taureau par les contes !*, Montréal, Planète rebelle, 2003, p. 48.

Réflexion

Pourquoi les personnes différentes sont-elles parfois perçues négativement ?

L'être humain peut avoir diverses réactions devant ce qui sort de l'ordinaire : la surprise, l'intérêt, le malaise, le rejet. Malgré la curiosité ou les craintes qu'elles suscitent, des personnes comme le fou du village occupent une certaine place dans la communauté, tout en étant souvent la cible de la méfiance et de l'intolérance. Parfois, la menace qu'elles sont censées représenter pour la société peut même se traduire par leur mise à l'écart ou leur élimination (voir **doc. 3.2**). Dans certaines situations, par exemple lors de conquêtes, l'intolérance envers l'autre peut aller jusqu'à la volonté de le dépouiller de son humanité ou de le contraindre à renoncer à son identité.

Henri Beau (1863-1949), *La dispersion des Acadiens*, Université de Moncton, Musée acadien, Moncton, Canada.

Document 3.2
Une mise à l'écart
Le bannissement est une punition infligée à une personne pour une faute infâme ou un crime politique. La personne bannie est condamnée à l'exil ou à la déportation. Elle n'a plus le droit de séjourner dans son pays d'origine et peut même parfois perdre sa nationalité.

L'UN EN PRÉSENCE DE L'AUTRE ▪▪▪

La rencontre des Européens et des peuples autochtones d'Amérique illustre comment l'arrivée d'étrangers dans une communauté plutôt homogène peut déranger un certain ordre des choses. À partir du XVe siècle, la découverte du Nouveau Monde et les voyages d'exploration favorisent la rencontre entre des sociétés dont les coutumes culturelles sont très différentes.

| Les voyages d'exploration ouvrent de nouveaux horizons aux Européens.

Après quelques tentatives d'échanges commerciaux, les Européens colonisent de vastes territoires pour en exploiter les ressources. Ils arrivent en grand nombre et cherchent à implanter leurs croyances, leur culture, etc. Constatant que les autochtones sont souvent réticents à se convertir au christianisme, les colonisateurs en capturent plusieurs et les réduisent à l'esclavage. C'est ce que fait le Conseil royal espagnol, qui se justifie, entre autres, par le fait que les « Indiens » avaient déjà été sommés à maintes reprises de se convertir.

Sommation
Ordre, commandement.

> *Même s'ils connaissaient un peu notre langue, était-ce leur dire une chose toute simple [de devenir chrétien], comme par exemple que deux et deux font quatre ? Et même s'ils étaient capables de comprendre le sens de ces sommations, est-ce qu'ils étaient obligés d'y accéder aussitôt, sans raisonnement, sans réflexion ni délibération ? [...]*
>
> *Est-ce qu'aucune nation au monde peut être obligée d'accorder crédit à ceux qui l'envahissent, les armes à la main, tuant ceux qui vivaient jusqu'alors en sécurité et dont ils n'avaient reçu nulle offense, comme l'ont fait dès l'abord les Espagnols ? [...] Était-ce donc un crime pour ces gens de chercher à se défendre contre les Espagnols dont ils recevaient tant de maux, alors que même les bêtes brutes ont le droit de défendre leur vie ?*

Bartolomé de Las Casas, *L'évangile et la force*, trad. M. Mahn-Lot, Paris, Éditions du Cerf, 1991, p. 144.

Ces propos que Bartolomé de Las Casas, un missionnaire espagnol qui peut être considéré comme un pionnier de la tolérance, adresse à la reine Isabelle de Castille apparaissent étonnamment modernes. Ce début de reconnaissance de la faculté de réflexion et des droits des peuples autochtones demeure, avec quelques autres exemples, une exception dans les rapports qu'entretiennent habituellement les colonisateurs avec les populations locales.

Constantino Brumidi (1805-1880), *Bartholomé de Las Casas*, U.S. Senate wing of the Capitol, Washington, États-Unis.

BARTOLOMÉ DE LAS CASAS
(1474-1566)

Né à Séville, en Espagne, Bartolomé de Las Casas est le fils d'un des compagnons de voyage de Christophe Colomb. Très tôt, il est attiré par les nouvelles terres découvertes par les explorateurs. Il fait un premier voyage avec son père en 1498, puis un autre en 1502. Après les expéditions de reconnaissance de Colomb, des communautés commencent à s'installer dans les îles pour en exploiter les richesses. Las Casas s'établit sur une terre de l'île d'Hispaniola (aujourd'hui Haïti). En 1510, il est ordonné prêtre : c'est la première ordination dans le Nouveau Monde.

Bartolomé de Las Casas s'insurge contre les méthodes d'exploitation économique brutales et les conversions forcées des Indiens – à cette époque, on appelait l'Amérique « les Indes ». Ses sermons deviennent de véritables réquisitoires contre les privilèges que s'octroient les Espagnols. Il s'engage dans une longue lutte durant laquelle il fera plusieurs voyages entre les deux continents. Dans son *Histoire des Indes*, il décrit sans complaisance la violence et les pillages auxquels sont soumises les populations autochtones. Ses écrits susciteront de nombreuses polémiques en Europe. ■

Malgré la volonté d'occuper le territoire et d'assimiler les populations autochtones, il existe une relative reconnaissance de l'indépendance et de l'autonomie des peuples autochtones. En Nouvelle-France au XVIIe siècle, cela se traduit notamment par la signature de traités. Cependant, c'est sur le terrain qu'il est possible de voir que le contact entre cultures différentes n'entraîne pas que des changements à sens unique. Dès cette époque, des rencontres ont lieu, et ces échanges mènent à un métissage sur plusieurs plans, y compris sur le plan culturel.

> [Les colons et les Européens] *se déplaçaient maintenant en canot et en raquette, revêtaient des vêtements de cuir et adoptaient des techniques de chasse et de pêche autochtones, fumaient le tabac, cultivaient le maïs et découvraient de nouvelles plantes médicinales. Les* [Amérindiens] *adoptaient les outils en métal, découvraient l'alcool et se convertissaient plus ou moins profondément au christianisme.* [...] *Sans compter les mariages mixtes qui non seulement débouchaient sur un métissage biologique, mais allaient finir par créer une nouvelle réalité ethnique : les Métis.*

> Claude Gélinas, « Individualisme autochtone et logique de l'ancestralité au Canada », dans *Qu'est-ce qu'une société d'individus ?*, Montréal, Liber, 2007, p. 175-176.

Réflexion

Comment se manifeste le métissage de nos jours ?

Lumières sur la modernité

Bien que l'essor de l'humanisme au XVIe siècle marque les débuts de la modernité, l'évolution des sciences ainsi que la diffusion du savoir au XVIIIe siècle entraînent la rupture entre le monde ancien et le monde moderne. Un vaste mouvement culturel, scientifique et intellectuel, connu sous le nom des *Lumières*, fait surgir, partout en Europe, des idées nouvelles. La métaphore de la lumière évoque le passage de l'**obscurantisme** à une pensée et à une action libres, éclairées par la raison et données en partage à tous les êtres humains. Combattant l'irrationnel, l'arbitraire et la superstition des siècles passés, des philosophes du siècle des Lumières, tels que Voltaire, Rousseau, Hume, Kant et Locke, procèdent au renouvellement du savoir et de l'éthique de leur temps.

Pour les humanistes, tous les êtres humains appartiennent à la même espèce : ils possèdent donc tous des droits inaliénables. La reconnaissance d'une humanité douée de raison et capable de guider ses propres actions est à l'origine de la démocratie moderne.

Anicet Charles Gabriel Lemonnier (1743-1824), *Le Salon de Madame Geoffrin en 1755*, Château de Malmaison, Rueil-Malmaison, France.

Les salons littéraires accueillent les plus grands artistes, savants, gens de lettres et philosophes. C'est aussi une occasion pour les femmes de prendre une part active dans le développement et la diffusion des idées nouvelles.

Les métis, ou personnes issues du croisement de deux cultures, n'ont pas toujours été facilement acceptés par leurs deux communautés d'origine (voir **doc. 3.3**). Devant l'intolérance des uns et des autres, les familles métissées ont longtemps dû se battre pour trouver leur place dans la société.

Obscurantisme
Opinion, attitude qui s'oppose à la diffusion et à la vulgarisation de l'instruction et de la culture dans les masses populaires.

Multiethnicité
Cohabitation de personnes de diverses origines dans un lieu donné.

Document 3.3
Le métissage, source d'une nouvelle culture
La **multiethnicité** tend à devenir une caractéristique de nos sociétés occidentales modernes. Les enfants issus d'un couple mixte développent souvent une culture qui leur est propre, synthèse des multiples influences familiales et sociales.

La tolérance dans les sociétés occidentales modernes

L'entrée des sociétés occidentales dans la modernité est marquée par le déclin des valeurs et des convictions communes dans les sociétés traditionnelles. La liberté d'expression, de conscience et de religion ainsi que l'accession d'un plus grand nombre de personnes au droit de vote ouvrent l'espace social à une pluralité de croyances et de conceptions morales. Les migrations multiplient les contacts entre des personnes issues de cultures différentes.

L'INDIVIDUALISME, UN NOUVEL IDÉAL DE VIE ■

La modernité a transformé les sociétés occidentales en favorisant l'essor de l'individualisme là où, traditionnellement, la communauté avait plus de poids. Du système traditionnel, qui affirmait la domination de la collectivité sur l'individu, nous sommes passés, en Occident, à un système où l'individu est au cœur de la vie en société (voir **doc. 3.4**). C'est une véritable révolution culturelle et morale.

Si chaque individu peut orienter sa vie de façon à favoriser son épanouissement personnel, cette quête peut-elle dévier vers le refus des responsabilités et de l'engagement ? Plusieurs problèmes éthiques contemporains sont attribués à l'individualisme du fait que le souci de soi démesuré peut entraîner la disparition du souci d'autrui.

> On a souvent prétendu qu'en se coupant de ces vastes horizons sociaux et cosmiques, l'individu avait perdu quelque chose d'essentiel. [...] nous souffririons d'un manque de passion. Kierkegaard aussi définissait l'époque actuelle de cette façon. Et les « derniers hommes » de Nietzsche paraissent l'aboutissement ultime de ce déclin : ils n'aspirent plus qu'à un « minable confort ».
>
> On a lié la disparition des idéaux à un rétrécissement de la vie. Les gens auraient perdu de vue les vastes perspectives parce qu'ils se seraient repliés sur leur individualité. [...] En d'autres mots, la face sombre de l'individualisme tient à un repliement sur soi, qui aplatit et rétrécit nos vies, qui en appauvrit le sens et nous éloigne du souci des autres et de la société.

Charles Taylor, *Grandeur et misère de la modernité*, trad. C. Melançon, Montréal, Éditions Bellarmin, 1992, p. 14-15. Cet extrait a été reproduit aux termes d'une licence accordée par Copibec.

Document 3.4
Orienter sa vie comme on l'entend ?
En juillet 2009, l'autorité des parents de Laura Dekker, adolescente de 13 ans, a été remise en question par les services néerlandais de protection de l'enfance, car ils avaient permis à leur fille de faire la traversée de l'Atlantique en solitaire.

Le poids des aînés

Dans plusieurs sociétés, les aînés jouent un rôle important dans la transmission des savoirs aux générations suivantes. Ils sont perçus comme des sages et sont respectés par tous les membres de la communauté. Qu'en est-il dans les sociétés occidentales modernes ?

Avec le culte de la jeunesse et de la performance qui est très présent dans l'espace médiatique, certains se montrent insensibles envers les personnes âgées. On peut les trouver lentes, dépassées. Il arrive même qu'elles soient perçues comme un poids pour la famille et la société. L'intolérance peut alors se manifester par de la discrimination, de la maltraitance, de l'infantilisation et de la négligence à leur endroit.

Par contre, des changements démographiques et sociaux font en sorte que cette tendance s'amenuise. Ainsi, plusieurs personnes prennent maintenant soin de leurs parents vieillissants à domicile. De plus, au Québec, l'État alloue des ressources afin de permettre aux personnes âgées de vivre dans leur milieu le plus longtemps possible. ➡ ANNEXES **C** ET **D**

Une forme d'exclusion : l'âgisme
L'âgisme désigne une attitude ou un comportement visant à déprécier les individus du fait de leur âge. De nombreux pays ont adopté des dispositions législatives contre l'âgisme.

Or, dans un monde où tout se vaut, il n'y a plus de discussion possible. C'est ce qui se produit dans les sociétés qui favorisent le repli des différentes communautés sur elles-mêmes plutôt que de faire en sorte que les désaccords suscitent des débats publics. Souvent, ces sociétés multiethniques semblent exemptes de frictions. Cependant, il suffit parfois de quelques événements pour que cet équilibre apparent soit ébranlé.

L'un des défis des sociétés multiethniques modernes est donc de faire en sorte que les membres de communautés différentes puissent s'exprimer sur leurs valeurs. Ainsi, chacun peut reconnaître que la position de l'autre mérite le respect et l'écoute. Des échanges fructueux et enrichissants deviennent alors possibles (voir **doc. 3.6**), ce qui peut contribuer au partage de valeurs communes.

Document 3.6
Un langage universel
Depuis longtemps, la musique favorise le métissage des cultures. De nos jours, cette réalité est accentuée par les progrès technologiques et Internet, qui permettent une large diffusion.

Des valeurs communes ?

Contrairement à l'idée reçue, la faute [...] des puissances européennes n'est pas d'avoir voulu imposer leurs valeurs au reste du monde, mais très exactement l'inverse : d'avoir constamment renoncé à respecter leurs propres valeurs dans leurs rapports avec les peuples dominés. [...]

La première de ces valeurs, c'est l'universalité, à savoir que l'humanité est une. Diverse, mais une. De ce fait, c'est une faute impardonnable que de transiger sur les principes fondamentaux sous l'éternel prétexte que les autres ne seraient pas prêts à les adopter. Il n'y a pas des droits de l'homme pour l'Europe, et d'autres droits de l'homme pour l'Afrique, l'Asie, ou pour le monde musulman. Aucun peuple sur terre n'est fait pour l'esclavage, pour la tyrannie, pour l'arbitraire, pour l'ignorance, pour l'obscurantisme, ni pour l'asservissement des femmes. Chaque fois que l'on néglige cette vérité de base, on trahit l'humanité, et on se trahit soi-même. [...]

Un dictateur qui ne serait pas tolérable en Europe devient fréquentable dès lors qu'il exerce son art de l'autre côté de la Méditerranée. Est-ce là une marque de respect pour les autres ? Respect pour les dictateurs, sans doute ; et mépris, de ce fait, pour les peuples [...].

 Que signifie « l'humanité est diverse, mais une » ?

Amin Maalouf, *Le dérèglement du monde*,
Paris, © 2009, Éditions Grasset & Fasquelle, p. 62-64.

Amin Maalouf
(né en 1949)

Né à Beyrouth, au Liban, Amin Maalouf côtoie plusieurs traditions. Après des études en sociologie et en économie, il devient rédacteur au quotidien *An Nahar*. Pendant la guerre du Liban en 1976, il s'exile à Paris, où il devient rédacteur en chef de *Jeune Afrique*. Il écrit de nombreux romans dont *Le rocher de Tanios*, qui remporte le prix Goncourt en 1993. Ses écrits reflètent le combat qu'il mène contre la discrimination, l'exclusion, l'obscurantisme et aussi contre ce qu'il considère comme faisant partie des perversités du monde moderne, telles les manipulations génétiques hasardeuses.

À travers son œuvre, il s'attaque aux mythes et aux habitudes de pensée qui alimentent la haine. En 1998, Amin Maalouf publie un essai, *Les identités meurtrières*, qui traite de la notion d'identité et se penche sur les conflits qu'elle peut occasionner, mais aussi sur les voies qu'elle permet d'ouvrir. Amin Maalouf a présidé le *Groupe des intellectuels pour le dialogue interculturel* en 2008. ■

3.3
DE NOUVEAUX défis

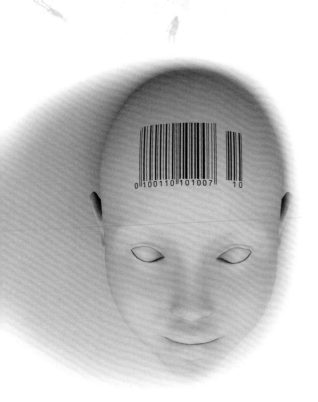

La tolérance et l'intolérance sont en jeu dans la rencontre avec l'autre, l'étranger. À différentes échelles, dans le monde d'aujourd'hui, l'autre est plus près de nous, plus visible, plus présent qu'autrefois.

LA MONDIALISATION ■

Pourquoi les enjeux de la mondialisation prennent-ils une si grande importance parmi les défis contemporains auxquels nous sommes confrontés ?

> *Ce que nous appelons mondialisation est essentiellement la conséquence directe de la révolution technique qui vient de se produire dans la rapidité des transports et des communications.*
>
> *[...] Exprimée en durée, la dimension de la terre a été fabuleusement réduite [...]. Mais, surtout, les informations sont désormais si rapidement diffusées que le temps de transmission est pratiquement réduit à zéro. Le rapport entre l'espace et le temps a été bouleversé ! [...]*
>
> *Les habitants des diverses nations, des divers continents, vivaient autrefois dans des cadres temporels indépendants ; les événements n'étaient pas perçus en référence à un même calendrier. Aujourd'hui, nous avons réalisé la concordance des temps. Les hommes doivent constater que non seulement ils occupent un même domaine spatial, une même planète, mais qu'ils partagent un même domaine temporel. Tous les humains vivants sont, au sens étymologique, « contemporains ». Plutôt que d'une mondialisation, c'est d'une interconnexion et d'une contemporanéité de tous les humains qu'il faudrait parler.*
>
> *[...] Une telle transformation des contraintes imposées aux humains est en effet si radicale qu'elle est équivalente à une mutation semblable à celles que décrivent les biologistes. Mais, contrairement aux mutations génétiques qui agissent immédiatement, cette révolution ne fait sentir ses effets dans les pensées et dans les comportements individuels que lentement. Les habitudes, et surtout les organisations sociales, ne tiennent compte du changement de la règle du jeu qu'avec un délai qui se mesure plutôt en générations qu'en années.*

[...] Cette communauté de destin doit dès à présent être considérée comme un fait, il est inutile de la nier ou de faire semblant de l'ignorer. Elle est une des données à prendre en compte dans nos réflexions sur l'organisation des rapports entre les individus et entre les groupes. Personne ne peut plus se désintéresser des actes des autres, si éloignés soient-ils.

Albert Jacquard, avec la collaboration d'Huguette Planès, *Nouvelle petite philosophie*, Paris, © Stock Éditeur, 2005, p. 141-144.

TONI MORRISON
(née en 1931)

Toni Morrison est issue d'une famille ouvrière de l'Ohio. Diplômée de l'Université Howard, une université «réservée» aux Afro-Américains, elle entreprend une carrière dans l'enseignement à l'Université de Texas Southern. En 1964, elle s'installe à New York et travaille comme éditrice chez Random House, une maison d'édition qui publiera les ouvrages d'Angela Davis et une biographie de Mohamed Ali. Elle enseignera toujours parallèlement à son travail en édition.

Elle écrit son premier roman en 1970. *Beloved*, son cinquième roman, paraît en 1987. Il obtient le prix Pulitzer en 1988 et la fait connaître mondialement. Dans son œuvre, elle tente de restituer, fragment par fragment, la mémoire de l'expérience de la communauté noire aux États-Unis. En 1993, elle devient la première Afro-Américaine à recevoir le prix Nobel de littérature. En 2005, l'Université d'Oxford lui décerne un doctorat *honoris causa* en Arts et littérature. En 2006, le jury du supplément littéraire du *New York Times* consacre *Beloved* «meilleur roman de ces vingt-cinq dernières années». ■

Depuis ces dernières décennies, nous devons donc revoir nos conceptions de l'autre. Celui ou celle qui vivait loin, avec des coutumes et des mœurs différentes, peut maintenant être un voisin, un collègue de travail, et même un membre de la famille. Ainsi, il semble que, plus que jamais, la tolérance et l'ouverture d'esprit sont des vertus essentielles au fonctionnement en société. Mais, comment faire pour que des êtres humains dont les valeurs et les intérêts sont souvent opposés puissent vivre ensemble pacifiquement et dans le respect mutuel?

DIVERSES VISIONS DE LA RENCONTRE ■■

Avec la mondialisation des échanges, de plus en plus de personnes issues de cultures différentes sont amenées à cohabiter. Les sociétés démocratiques occidentales sont devenues pluralistes et multiethniques. Dans ce contexte moderne, quels sont les enjeux de la tolérance pour l'individu? Pour les sociétés? Jusqu'où doit-on respecter la différence?

Plusieurs sont d'avis que, lorsqu'on choisit de s'installer ailleurs, il faut respecter le système de valeurs de la société d'accueil et s'y intégrer. Appliquée de façon absolue, cette attitude pourrait mener à l'assimilation, empêcher la reconnaissance de toute différence culturelle et augmenter le risque de voir les communautés culturelles se replier sur elles-mêmes. Or, une communauté contrainte à l'assimilation pourra avoir une vision d'elle-même négative et empreinte de désespoir.

Pour leur part, les sociétés occidentales se tournent parfois vers le **multiculturalisme**, dans lequel chaque communauté conserve ses caractéristiques et son identité culturelle propres pour former une mosaïque où se côtoient diverses cultures. Est-ce à dire que, dans ces cas, tout fonctionne parfaitement bien, sans aucune tension? Bien sûr que non.

Multiculturalisme
Attitude politique qui reconnaît et prend en compte la diversité culturelle.

Il arrive fréquemment que les valeurs des uns ne concordent pas avec celles des autres, ce qui peut entraîner des confrontations et alimenter la méfiance. D'ailleurs, la méfiance de l'autre n'est pas réservée exclusivement aux personnes d'origines ethniques différentes. Elle peut tout aussi bien être ressentie envers des proches qu'envers un étranger.

De plus en plus, un consensus se dégage : les changements dans une société doivent se faire en conciliant le respect des individus avec la cohésion sociale. Pour atteindre cet objectif, la famille et le système d'éducation sont souvent mis à contribution. D'une part, les valeurs d'une personne lui sont souvent inculquées en premier lieu par sa famille, pour ensuite être consolidées ou remises en question par les structures sociales. D'autre part, c'est souvent à l'école que se vivent les premiers contacts étroits avec d'autres cultures et que s'amorce le dialogue.

> *Nazira : Je m'en vais, Nawal. Pour moi, ça se termine, la lumière sera bientôt là, mais toi Nawal, toi... ça ne fait que commencer... Nous, notre famille, les femmes de notre famille, sommes engluées dans la colère depuis si longtemps : j'étais en colère contre ma mère et ta mère est en colère contre moi tout comme tu es en colère contre ta mère. Toi aussi tu laisseras à ta fille la colère en héritage. Il faut casser le fil. Alors apprends à lire, apprends à écrire, apprends à compter, apprends à parler. Apprends. Puis va-t'en. Tu entendras ma voix qui te dira : « Pars, Nawal, pars ! Prends ta jeunesse et tout le bonheur possible et quitte le village ». Tu es le sexe de la vallée, Nawal. Tu es sa sensualité et son odeur. Prends-les avec toi, et arrache-toi d'ici comme on s'arrache du ventre de sa mère. Apprends à lire, à écrire, à compter, à parler : apprends à penser. Nawal. Apprends.*
>
> Wajdi Mouawad, *Incendies*,
> Montréal, Leméac Éditeur / Actes Sud, 2003, p. 29.

Est-il toujours nécessaire de s'éloigner de ce qu'on connaît pour mieux comprendre qui on est ?

Réflexion

Apprendre à penser et à réfléchir de façon critique permet de cultiver sa liberté, de dialoguer sans entraves, de reconnaître les préjugés et le fanatisme, et de lutter contre eux. Bref, de trouver des moyens pour mieux vivre ensemble.

DES VALEURS UNIVERSELLES ? ■■■

De nos jours, des désaccords en ce qui concerne les systèmes de valeurs deviennent un enjeu important et suscitent, tant au Québec que partout ailleurs, des débats publics. Y a-t-il quelque chose de commun à toute l'humanité et qui, en matière

d'éthique et de morale, serait partagé par tous les êtres humains ? Le droit à la vie et à la sécurité, la liberté et l'égalité ne sont pas que des valeurs nord-américaines ; ce sont des valeurs humaines qui sont cependant loin d'être respectées et partagées partout dans le monde.

Pour relever les nombreux défis qui se posent à l'humanité, il nous faudra trouver ce que le sociologue Fernand Dumont appelle des « raisons communes ».

> *Des raisons communes ? On aura vu que je ne songe aucunement à quelque unanimité des esprits. J'ai assez le goût de la liberté pour me méfier des communs dénominateurs et des partisaneries claironnantes. Je crois cependant qu'une collectivité vigoureuse suppose l'accord des citoyens sur l'existence de problèmes qui dépassent leurs soucis privés et qu'elle exige leur consentement à la délibération démocratique.*
>
> *[…] Les problèmes collectifs ne disparaissent pas parce que nous en avons trop parlé ; ils subsistent parce que nous ne les avons pas résolus. Ne point céder à la lassitude et les remettre obstinément sur la place publique semblent les devoirs élémentaires de qui ne renonce pas à la réflexion.*
>
> Fernand Dumont, *Raisons communes*,
> Montréal, Les Éditions du Boréal, 1997, p. 257-258.

Il existe peut-être un regard éthique, le regard d'un être humain libre face à un autre, différent, mais libre lui aussi, chacun responsable de ses opinions et de ses valeurs, et qui donne à l'autre le droit de le contredire. Chacun devrait pouvoir se sentir reconnu et respecté dans le regard de l'autre. C'est peut-être dans cette reconnaissance d'une humanité partagée que nous pourrons accepter de voir nos identités ébranlées et poursuivre une réelle ouverture à l'autre, sans préjugé.

> *Il est plus difficile de désagréger un préjugé qu'un atome.*
>
> Albert Einstein

On confond souvent la **tolérance** avec l'**ouverture à l'autre**. Or, la tolérance, même si elle peut mener à l'ouverture, relève plutôt du **choix conscient** que nous faisons d'accepter une situation ou un comportement qui nous dérange ou qui heurte nos **valeurs**. De la même façon, **il ne faut pas confondre la tolérance avec l'indifférence**; nous sommes indifférents devant un comportement ou une situation qui ne nous atteint aucunement, qui ne nous procure ni bonheur ni indignation.

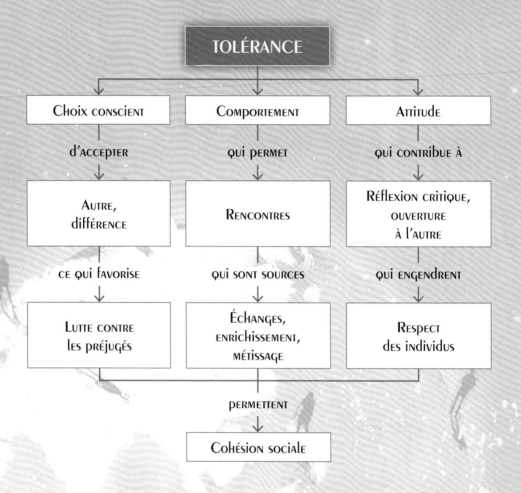

De tout temps, les êtres humains ont vécu en **communautés relativement homogènes**. Ainsi, celui ou celle qui était différent, marginal ou trop original pouvait être ostracisé, mis à l'écart, parfois même condamné à l'exil. Au besoin, comme lors de certaines conquêtes, des êtres humains en sont même venus à déshumaniser des populations entières, les soumettant à l'esclavage ou à des états de servitude. Mais toutes les **rencontres** ne se font pas nécessairement dans un tel climat. Les rencontres avec d'autres peuples peuvent aussi être une source d'**échanges**, d'**enrichissement** et de **métissage**. Cependant, à cause de leur différence, les métis ont souvent subi l'**intolérance** des sociétés mêmes dont ils étaient issus.

Dans les sociétés modernes, l'**individualisme** prend de plus en plus de place. Toutefois, le besoin d'appartenance à une communauté demeure. De nos jours, les mouvements de population amènent les sociétés à confronter leurs valeurs avec celles des nouveaux arrivants. Mais une question revient souvent, notamment au Québec : jusqu'où doit-on accepter la différence ?

Loin de prôner une uniformisation des valeurs, on tente de plus en plus de concilier le **respect des individus** avec la **cohésion sociale**. La famille et l'école sont les endroits privilégiés pour atteindre cet objectif, puisqu'elles participent à la structuration et à la transmission des valeurs, donc, au développement de l'individu. Apprendre à **réfléchir de façon critique**, à **dialoguer** avec l'autre et à en reconnaître l'humanité permet de **lutter contre les préjugés** et de **mieux vivre ensemble**.

QUESTIONS

1   Est-il possible de faire preuve de tolérance sans le vouloir ? Justifiez votre réponse.

2   Qu'est-ce qui distingue la tolérance de la soumission ?

3   Expliquez comment se manifeste l'intolérance envers les peuples autochtones dans le contexte de la colonisation de l'Amérique.

4   Pourquoi parle-t-on de plus en plus de tolérance dans les sociétés occidentales modernes ?

5   Quel passage du texte d'Amin Maalouf, à la page 51, illustre qu'on peut appliquer les droits de l'homme aux diverses sociétés ?

6   Certains pensent qu'en émigrant, il faut adopter les valeurs de la société d'accueil. Donnez un exemple de conséquence de l'application absolue d'un tel raisonnement.

7   À l'aide de l'extrait du texte de Wajdi Mouawad, à la page 54, expliquez l'importance d'apprendre.

8   Dans ce chapitre, les concepts de *pluralisme*, de *multiethnicité* et de *multiculturalisme* ont été abordés. À l'aide de l'outil 9, *La comparaison*, comparez ces concepts dans le contexte de la tolérance.

9   Quelle question éthique soulève le sociologue Fernand Dumont lorsqu'il évoque, à la page 55, les « raisons communes » ?

CHAPITRE

L'HUMANITÉ EN DEVENIR

Comment seront les êtres humains de demain ? Est-il possible
de transformer l'être humain tout en préservant sa dignité ?
Qu'est-ce qui est altérable ou non chez l'être humain ?
Devrait-on réglementer les modifications au
patrimoine humain ?

LIENS

HYPERLIENS

Depuis moins d'un siècle, notre monde et notre milieu de vie ont été grandement transformés par la science et la technologie. Nous avons maintenant accès à des façons de faire qui ouvrent de nouvelles possibilités. Par exemple, il est aujourd'hui possible de modifier le corps humain au moyen de nouvelles interventions chirurgicales ou de substances chimiques. De plus, les progrès scientifiques et technologiques nous permettront bientôt de changer le patrimoine génétique de l'être humain, redéfinissant ainsi ses caractéristiques et, peut-être, ses manières de vivre. Jusqu'où pouvons-nous aller ? Y a-t-il des seuils à ne pas franchir ?

4.1
La Terre des Humains

Document 4.1
Des microorganismes dépollueurs
La science et la technologie sont de plus en plus souvent mises à contribution pour ralentir ou freiner la détérioration de l'environnement. Par exemple, la biorestauration utilise des microorganismes présents naturellement dans les sols pour restaurer les herbiers contaminés par les hydrocarbures.

L'avenir de l'humanité a pris différents visages au cours de l'histoire : parfois sombre, parfois lumineux, parfois à la merci d'éléments qui semblaient hors de notre contrôle. Les avancées technologiques et scientifiques des dernières décennies ont permis de nombreux progrès dans plusieurs secteurs d'activités, mais elles ont également entraîné des effets néfastes. Parmi ceux-ci, la dégradation de l'environnement à l'échelle de la planète est peut-être le plus marquant. Nous en sommes arrivés à un point important de notre histoire collective : il faut désormais choisir quel milieu de vie nous désirons léguer aux générations qui nous suivent.

UNE RELATION TROUBLE ■

La domination de l'être humain sur l'environnement modifie sa relation à la Terre, la seule planète qui, pour l'instant, soit habitable. L'exploitation des ressources naturelles entraîne des conséquences qui mettent en danger des espèces vivantes, mais aussi l'humanité (voir **doc. 4.1**). La consommation actuelle des ressources et de l'énergie par l'être humain dépasse les capacités de production de la Terre (voir **doc. 4.2**).

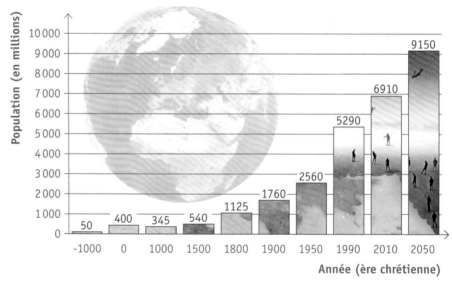

Sources : U.S. Census Bureau et Population Division of the Department of Economic and Social Affairs of the United Nations Secretariat, *World Population Prospects : The 2008 Revision*.

Document 4.2
Évolution prévue de la population mondiale
Pendant des millénaires, les ressources naturelles de la Terre ont permis aux êtres humains de s'épanouir. Or, la croissance de la population mondiale des dernières années nous oblige à nous questionner : la Terre pourra-t-elle encore nous nourrir en 2050 ?

Parce qu'il fait face à la possibilité de son extinction, l'être humain cherche des conditions susceptibles d'assurer sa survie, mais aussi d'autres façons d'entrevoir son avenir (voir **doc. 4.3**).

LA RESPONSABILITÉ D'AGIR POUR LES GÉNÉRATIONS FUTURES ▪▪

L'Assemblée générale des Nations unies veut amener les peuples à devenir des agents actifs du développement durable. Ainsi, comme moyen de sensibilisation, elle décrète en 1972 que le 5 juin de chaque année est la Journée mondiale de l'environnement. Elle espère faire en sorte que l'avenir de l'environnement concerne maintenant toutes les nations.

> La restauration de l'environnement concerne tous les êtres humains, car ils sont en grande partie responsables de sa détérioration.

Pour atteindre des objectifs de développement durable, peut-on exiger les mêmes sacrifices de toutes les populations de la Terre sans égard à leurs conditions de vie? Comment agir pour les êtres humains sans leur nuire? Les moyens utilisés pour changer l'humanité entraînent nécessairement des conséquences pour les générations futures.

> [Il] *est essentiel de comprendre que l'humanité n'est pas un palais déjà bâti mais une construction en devenir. Les plans des étages supérieurs ne sont pas encore dessinés. À nous de les inventer. Sartre a écrit que « l'homme est condamné à inventer l'homme », je préfère constater que l'humanité a la liberté d'inventer l'humanité. Le choix du pire est possible.*
>
> Albert Jacquard, avec la collaboration d'Huguette Planès, *Nouvelle petite philosophie*, Paris, © Stock Éditeur, 2005, p. 106.

Du fait qu'ils endommagent les écosystèmes, les êtres humains ont la responsabilité d'agir sur les plans individuel et social, mais aussi à l'échelle planétaire.

Gilbert Gracin, *Être maître de soi*, 1999, Steven Bulger Gallery, Toronto, Canada.

Document 4.3
Inventer l'humanité
Sommes-nous les seuls maîtres de notre destinée?

4.2

L'être Humain : une espèce en transformation

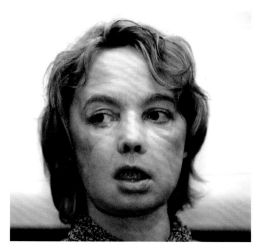

Document 4.4
Des interventions qui suscitent la réflexion
Certaines greffes entraînent des questionnements éthiques. L'identité de cette femme à qui on a greffé un visage est-elle remise en question ?

Repère
Ressource de l'environnement social et culturel à laquelle on se réfère pour alimenter et éclairer une réflexion éthique.

Réflexion

Quels enjeux éthiques le prolongement de la vie des êtres humains pourrait-il soulever ?

Conscient que sa vie a une fin, l'être humain se projette dans l'avenir et cherche à améliorer ses conditions de vie en innovant. Souvent bénéfiques, parfois néfastes, les effets de la science et de la technologie sur les espèces vivantes alimentent les réflexions sur les enjeux éthiques liés, notamment, à la recherche biologique, génétique et médicale.

UN ÊTRE CONSCIENT DE SA FINITUDE ■

Si des personnes font appel depuis longtemps à des moyens naturels pour atténuer les signes de vieillissement, stimuler leur intelligence ou leur vigilance et moduler leur état psychologique, les biotechnologies laissent dorénavant entrevoir la possibilité d'altérer la courbe de l'évolution de l'espèce humaine. Des modifications telles que le rajeunissement des corps par la chirurgie ou le remplacement de certaines articulations sont de plus en plus courantes. Or, si ces modifications semblent maintenant acceptables, d'autres interventions, comme l'accroissement de l'intelligence par des implants dans le cerveau, le clonage ou le remplacement d'organes remettent en cause les concepts d'être humain et de dignité humaine (voir **doc. 4.4**). Des découvertes sur les débuts de la vie viennent aussi brouiller certains **repères**. Par exemple, à quel moment précis une personne se met-elle à exister ? De même, la détermination de l'arrêt de l'existence a, elle aussi, évolué : dans plusieurs sociétés occidentales, c'est l'arrêt de l'activité cérébrale qui constitue le critère de la mort de l'individu.

> [...] il y en aura toujours qui verront le monde pour la première fois, verront les choses avec des yeux neufs, s'émerveilleront quand d'autres seront engourdis par l'habitude, débuteront là où ceux-ci sont arrivés. [...] Sans cette arrivée continuelle, le jaillissement de la nouveauté se tarirait, puisque ceux qui vieillissent ont trouvé leurs réponses et leur voie particulière. [...]
>
> Devrions-nous alors tenter de prolonger la vie encore plus, en manipulant et en déjouant le rythme biologique, naturellement fixé, de notre mortalité — donc en rétrécissant davantage la place pour la jeunesse dans notre société vieillissante ?

Hans Jonas (1903-1993), dans *Aux fondements d'une éthique contemporaine. H. Jonas et H.T. Engelhardt*, Gilbert Hottois, éd., Paris, © Librairie Philosophique J. Vrin, 1993, p. 49-50 [en ligne].

Les questions que nous nous posons sur la vie, la mort, la vieillesse et la procréation mettent donc en relief la **finitude** humaine. Le désir de l'être humain d'intervenir sur sa durée de vie suscite des réflexions sur le sens et la qualité de la vie tant chez les philosophes et les bioéthiciens qu'au sein des différentes traditions religieuses.

Il existe une pluralité de valeurs et de visions sur ce qui constitue une vie digne d'être vécue. Dans la plupart des cas, on s'entend pour accorder une grande importance au respect de la personne. Mais, qu'est-ce qu'une personne ?

JACQUES TESTART
(né en 1939)

Le biologiste français Jacques Testart est directeur de recherche à l'Institut national de la santé et de la recherche médicale. C'est à ce spécialiste des problèmes de procréation naturelle et artificielle chez l'animal et l'humain, qu'on doit la naissance du premier bébé-éprouvette français en 1982.

En 1990, il obtient le prix scientifique de la Ville de Paris, et, en 1993, l'Académie française lui décerne le prix Moron (philosophie). Jacques Testart est aussi administrateur de Inf'OGM et de l'association Fondation sciences citoyennes.

Il souligne l'importance de prendre du recul et de se donner le temps de réfléchir plutôt que de s'engager de manière effrénée dans la recherche et le développement de la science et de la technologie. Préoccupé des dérives de nos sociétés, il s'affirme comme citoyen qui veille à ce que la science prenne en compte la dignité humaine et la démocratie. ■

En complément

Différentes conceptions de la vie au fil du temps

Il fut un temps où les choses semblaient aller de soi : une personne vivait dès sa naissance et cessait de vivre dès sa mort. Puis, grâce aux progrès médicaux, on a pu maintenir en vie des prématurés, et des gens cliniquement morts sont revenus à la vie. Il fallait donc revoir nos conceptions du début et de la fin de la vie.

Ces conceptions, qui évoluent encore, nous obligent à tenir compte de la dignité humaine et de la qualité de la vie. Les avancées de la médecine ont permis de grands exploits, mais elles soulèvent aussi de nombreuses questions, notamment en ce qui concerne l'avortement, la manipulation des embryons et l'euthanasie. À quelles conditions devrions-nous sauver la vie d'un grand prématuré ou prolonger la vie de malades en phase terminale ?

Finitude
Fait d'être fini, limité. Caractère de l'être humain qui se sait mortel.

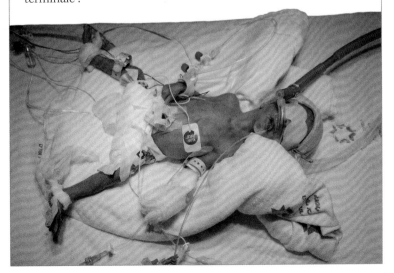

Document 4.5
Les bibliothèques : hauts lieux du savoir
Construite vers -288, la bibliothèque d'Alexandrie, en Égypte, est réputée être la plus grande de son époque. Près de 700 000 volumes sont perdus dans l'incendie qui la détruit vers 389. En 2002, une nouvelle bibliothèque, la Bibliotheca Alexandrina, a été construite sur les ruines de l'antique édifice.

Réflexion

Faudrait-il imposer des limites à l'amélioration des êtres humains ?

Prométhéen
Relatif au mythe de Prométhée. Caractérisé par la foi en l'être humain et en son action.

Posthumain
Concept issu notamment de la science-fiction, de l'art contemporain et de la philosophie désignant l'être humain de demain.

Diktat
Chose imposée, volonté dictée par une puissance étrangère.

UN ÊTRE TOUJOURS EN QUÊTE DE CONNAISSANCES ▪▪

Les humanistes prônent une morale universelle fondée sur la communauté humaine et placent au premier plan la dignité et la valeur intrinsèque de tous les individus. Si nous accordons de la valeur à la survie de l'humanité, nous ressentons de la peur devant ce qui la menace et le devoir moral d'intervenir en sa faveur. La peur nous ferait donc davantage agir que des arguments rationnels.

Or, tous n'ont pas la même vision de l'humanité. Le philosophe français Michel Onfray et d'autres penseurs du courant posthumaniste reprochent aux humanistes cette attitude alarmiste et encouragent plutôt une audace **prométhéenne**. Ils voient, dans le désir de l'être humain de s'affranchir de sa condition naturelle, l'une des caractéristiques essentielles de l'évolution de l'humanité (voir **doc. 4.5**).

> *Dépasser la nature crée l'humain. Refuser la souffrance physique ou psychique, [...] ne pas laisser faire la nature, imposer le vouloir humain, fût-il à ses premières heures, dans ses balbutiements, voilà l'essence de la médecine : une antinature.*
>
> *Que suppose dépasser l'humain ? Non pas la fin de l'humain, l'inhumain, ou le surhumain, mais le [posthumain] qui conserve l'humain tout en le dépassant. L'objectif ? Sa sublimation, sa réalisation, son perfectionnement. Le vieux corps absolument soumis aux diktats de la nature reste le même, mais on lui ajoute de l'artifice, de la culture, on lui injecte de l'intelligence humaine, de la substance prométhéenne, pour qu'il s'affranchisse autant que faire se peut des déterminismes de la nécessité naturelle.*
>
> Michel Onfray, *La Puissance d'exister*,
> Paris, © 2006, Éditions Grasset & Fasquelle, p. 224-225.

La vision posthumaniste fait la promotion de l'être humain de demain, un être très différent de celui d'aujourd'hui. Les posthumanistes souhaitent ne pas limiter ce qui est susceptible d'améliorer la vie humaine au nom de certaines valeurs, car, selon eux, c'est en combattant la peur de l'inconnu et des accidents que l'être humain réussit à repousser les limites de la condition humaine.

Le mythe de Prométhée traite de l'apport de la connaissance aux êtres humains et soulève la question de la responsabilité de l'être humain par rapport à son environnement, mais aussi au regard de sa propre espèce (voir **doc. 4.6**). Lorsqu'on ne connaît pas clairement les effets qu'une action pourrait avoir, devrait-on s'abstenir ou, à tout le moins, prévenir les dommages qui pourraient survenir? Mais ceci ne va-t-il pas à l'encontre de la soif de connaissances et de changement de l'être humain? Selon le principe de précaution, l'absence de certitudes ne doit pas empêcher l'adoption de mesures visant à prévenir des dommages importants et irréversibles à l'environnement. Ce principe doit-il s'appliquer aux transformations de l'être humain?

La soif de connaissances de l'être humain ne se dément pas. Au fur et à mesure que ses besoins essentiels sont comblés, il cherche à élargir ses horizons et recherche de nouveaux défis. Il se déplace, rencontre de nouvelles cultures, apprend d'autres façons d'agir, accumule et partage des savoirs.

Ainsi, l'histoire de l'humanité est ponctuée d'avancées, et les progrès se font de plus en plus rapidement. Parce qu'il a la possibilité de le faire, par esprit d'aventure, par curiosité ou pour régler des problèmes, l'être humain repousse sans cesse ses limites. Est-il toujours prêt à assumer les effets à long terme de ses interventions?

Jan Cossiers (1600-1671), *Prométhée dérobe le feu*, Musée national du Prado, Madrid, Espagne.

Document 4.6
La transgression de Prométhée
Selon la mythologie grecque, Prométhée crée les êtres humains à partir d'argile. Malgré l'interdiction de Zeus, il leur donne le feu divin et leur enseigne la métallurgie. Pour le punir, Zeus l'enchaîne sur le mont Caucase et le condamne à avoir chaque jour le foie dévoré par un aigle.

En complément

Vers une évolution artificielle

Jusqu'à tout récemment, l'évolution humaine était naturelle et lente. Depuis le XXᵉ siècle, les avancées scientifiques et technologiques ont contribué à l'essor de l'informatique, de la miniaturisation, des connaissances neurologiques et génétiques et des **nanotechnologies**. Ces découvertes ouvrent la voie à la modification du corps et du cerveau humains. On entend de plus en plus parler de régénération de tissus et d'organes à partir de cellules souches, de clonage, de **cyborgs**, de robots, d'intelligence artificielle. Ce qui paraissait relever hier de la science-fiction devient réalité. Selon certains visionnaires, il est envisageable de concevoir un futur peuplé de superhumains ou de plus-qu'humains génétiquement modifiés et dont le corps intègre l'artificiel au vivant.

Nanotechnologie
Technologie qui concerne les objets ou phénomènes à l'échelle du nanomètre, soit un milliardième de mètre.

Cyborg
Terme formé à partir des mots CYBernétique et ORGanisme. Personnage de science-fiction se présentant comme un robot à forme humaine, constitué à la fois de chair vivante et de circuits intégrés en silicium.

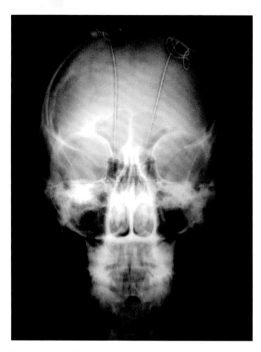

Document 4.7
Des limites à l'intrusion ?
La greffe d'organes ou de membres à des personnes mutilées est généralement acceptée. Par contre, plusieurs personnes s'inquiètent des avancées qui touchent au cerveau : un implant dans le cerveau pourrait-il modifier la personnalité ou la raison d'une personne ?

Bien qu'il ne s'agisse pas d'arrêter tout progrès, une réflexion collective sur l'orientation et la portée de la science et de la technologie s'impose, car elles peuvent influencer l'avenir de l'humanité.

SCIENCE ET ÉTHIQUE : DES APPROCHES DIFFÉRENTES ■

La science se penche sur des faits : elle traite de phénomènes qui existent objectivement, et étudie notamment leurs effets et leurs impacts sur les individus. Son rôle ne consiste pas à se prononcer sur les valeurs qui sont associées aux phénomènes qu'elle observe : cela relève de l'éthique. Ainsi, la démarche scientifique permet de décrire et de mesurer les effets de substances comme l'alcool ou le tabac sur l'organisme. Les règles de conduite qu'adopte une personne en matière de consommation de ces produits peuvent par exemple être basées sur la valeur qu'elle accorde à sa santé, à son plaisir, au respect des lois ou être basées sur le souci du bien commun. De la même façon, la législation concernant ces mêmes substances témoigne de la valeur qu'un État accorde à la santé et à la sécurité de ses citoyens et citoyennes. Quel lien existe-t-il entre le monde de la science et celui de l'éthique (voir **doc. 4.7**) ?

Autrefois, le problème de la relation entre la connaissance scientifique et l'éthique ne se posait pas, puisque précisément la science occidentale moderne se fondait et se développait en rejetant toute interférence politique, religieuse et éthique. Il fallait « connaître » quelles qu'en soient les conséquences. [...] Une telle disjonction ne posa pas de problème jusqu'au XXᵉ siècle, lorsque les sciences se mirent à développer des pouvoirs de destruction ou de manipulation énormes. La prolifération actuelle des comités [d'éthique] nous prouve d'ailleurs que la relation entre la connaissance scientifique et l'éthique est devenue cruciale. D'autant que la capacité de l'éthique à réguler la science est loin d'être établie, puisque cette dernière (la science) est disjointe de l'éthique. Ces éléments qui devraient se trouver en conjonction se trouvent ainsi en disjonction totale.

Edgar Morin, « L'éthique de la complexité et le problème des valeurs au XXIᵉ siècle », dans *Où vont les valeurs ?*, Paris, Éditions Unesco/Albin Michel, 2004, p. 93.

Réflexion ⟶ Pourquoi vouloir associer l'éthique au développement de la science et de la technologie ?

Le terme *bioéthique* apparaît dans les années 1970, dans la foulée de manifestations, de protestations et de débats sur des questions éthiques que soulèvent des avancées technologiques. Par exemple, l'échographie, grâce à laquelle il est possible de détecter des anomalies dans le corps humain, permet de poser un diagnostic prénatal qui peut mener à des interventions intra-utérines ou à l'interruption d'une grossesse (voir **doc. 4.8**). Vers la même époque, plusieurs personnes soutiennent que la technologie, qui occupe une place de plus en plus importante dans la pratique médicale, risque d'entraîner une déshumanisation des soins. Elles remettent en question la pertinence de certaines interventions, notamment celles qui ont pour but de normaliser les corps, c'est-à-dire de les rendre conformes à une norme.

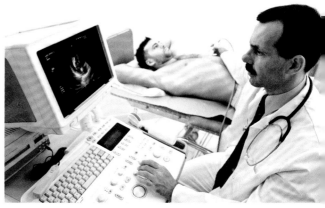

Document 4.8
Les technologies : de destructrices à salutaires
De nombreuses technologies inventées en temps de guerre sont transformées et utilisées à d'autres fins. Ainsi, la technologie du sonar, un dispositif qui visait à déceler les sous-marins ennemis au cours de la Seconde Guerre mondiale, est maintenant utilisée à des fins diagnostiques.

> *Certaines technologies de réparation des anomalies, ou d'élimination de celles-ci ont d'ores et déjà été banalisées dans notre société. Comprendre ce que nous avons déjà collectivement incorporé comme légitime dans ce type d'intervention, c'est faire apparaître d'une façon saillante la puissance et la rigueur normative du social à l'œuvre aujourd'hui en chacun de nous. [...] Qu'il s'agisse d'intervenir avant la naissance, ou après, sur des « anormalités » qui relèvent de l'inné ou de l'acquis, notre propension à légitimer — en toute évidence — la réparation des handicaps confirme notre aspiration à l'ordre, à la règle, à la norme, et donc notre représentation collective de l'anormalité comme désordre et comme souffrance. [...] Le projet de réparation (ou d'élimination) des handicaps a à sa disposition de nouvelles biotechnologies, qui réactivent de très vieux débats politiques relatifs à la gestion des identités et des différences, des dominations et des soumissions, de l'inné et de l'acquis, de la norme et de la marge, de l'acceptable et de l'inacceptable, de l'humain et de l'inhumain.*

Anna Marcellini, *Réparation des corps « anormaux » et des handicaps*, Quasimodo, n° 7, automne 2003, p. 19 [en ligne].

Cependant, les percées des biotechnologies n'ont pas toutes comme objectif de normaliser les êtres humains. De nouvelles technologies permettent à certaines personnes handicapées d'améliorer leur qualité de vie. C'est le cas de personnes atteintes de la **maladie de Parkinson** qui voient leurs symptômes régresser et recouvrent un meilleur contrôle de leur motricité après l'implantation d'une puce électronique dans leur cerveau.

 Réflexion

Quelles seraient les conséquences, pour la société, d'opérer gratuitement toute personne qui se juge non conforme à la norme ?

Maladie de Parkinson
Maladie dégénérative du système nerveux se manifestant par des tremblements et une raideur musculaire.

Cette intervention améliore la qualité de vie de ces personnes et celle de leur entourage. Toutefois, il arrive que certaines interventions réparatrices se heurtent à la résistance des personnes mêmes qu'elles visent. Par exemple, une partie de la communauté sourde s'oppose à l'implantation d'un dispositif électronique dans l'oreille interne. Ces personnes, qui refusent de se définir comme déficientes et handicapées, travaillent plutôt à la reconnaissance d'une culture sourde pourvue d'une identité et d'une langue propres.

> La bioéthique soulève des questions qui visent à protéger les individus contre les possibles dérives des sciences de la vie.

La perception de la normalité, la valeur que nous accordons à ce qui est naturel, mais aussi la capacité de l'être humain à agir sur lui-même soulèvent des enjeux éthiques. Par exemple, plusieurs sont d'avis que les prothèses en carbone avec lesquelles court Oscar Pistorius lui procurent des avantages par rapport à ses compétiteurs paralympiques (voir **doc. 4.9**). Or, l'athlète explique que c'est plutôt grâce à son entraînement intensif qu'il est parvenu à ses résultats en sprint. L'utilisation de prothèses se compare-t-elle aux méthodes utilisées par les médecins et autres spécialistes du sport pour améliorer les performances des athlètes ? Où fixer la limite de l'amélioration des êtres humains ?

DÉCISION ET POUVOIR DE DÉCISION ■■

Les progrès des biotechnologies laissent entrevoir la possibilité de transformer radicalement l'espèce humaine. Plusieurs philosophes et penseurs ont des avis contradictoires sur ces progrès. Parmi eux, certains sont pessimistes et craignent que l'humanité perde le contrôle, alors que d'autres, plus optimistes, voient les technologies au service du mieux-être de l'humanité.

Les enjeux éthiques liés aux biotechnologies ne sont pas toujours faciles à comprendre. Si plusieurs d'entre elles améliorent notre sort, d'autres peuvent avoir des effets néfastes. Et si nous convenons qu'il faut parfois sacrifier des souris de laboratoire pour nous permettre d'améliorer notre condition, il en est tout autrement lorsqu'il s'agit d'utiliser des êtres humains comme cobayes (voir **doc. 4.10**).

Toutes les avancées qui touchent au génie génétique nous amènent aussi à nous questionner sur le type d'êtres humains que nous souhaitons devenir demain. Nous pensons faire partie de communautés où l'on envisage la formation d'êtres humains plus libres, plus conscients, mieux informés, préoccupés tant de l'évolution de la société que d'eux-mêmes. Mais est-ce toujours le cas ?

Document 4.9
Handicapé, surhumain ou néohumain ?
Le cas du sprinteur sud-africain Oscar Pistorius oblige le Comité international olympique à trancher la question : les succès du sprinteur sont-ils attribuables à sa génétique ou à ses prothèses ?

Une conduite qu'on forme

[…] je vois une foule innombrable d'hommes semblables et égaux qui tournent sans repos sur eux-mêmes pour se procurer de petits et vulgaires plaisirs, dont ils emplissent leur âme. Chacun d'eux, retiré à l'écart, est comme étranger à la destinée de tous les autres : ses enfants et ses amis particuliers forment pour lui toute l'espèce humaine ; quant au demeurant de ses concitoyens, il est à côté d'eux, mais il ne les voit pas ; il les touche et ne les sent point […].

Au-dessus de ceux-là s'élève un pouvoir immense et tutélaire, qui se charge seul d'assurer leur jouissance et de veiller sur leur sort. Il est absolu, détaillé, régulier, prévoyant et doux. […] il pourvoit à leur sécurité, prévoit et assure leurs besoins, facilite leurs plaisirs, conduit leurs principales affaires, dirige leur industrie, règle leurs successions, divise leurs héritages ; que ne peut-il leur ôter entièrement le trouble de penser et la peine de vivre ?

C'est ainsi que tous les jours il rend moins utile et plus rare l'emploi du libre arbitre ; qu'il renferme l'action de la volonté dans un plus petit espace, et dérobe peu à peu chaque citoyen jusqu'à l'usage de lui-même […].

Alexis de Tocqueville (1805-1859), *De la démocratie en Amérique II*, Paris, GF Flammarion, 1981, p. 385-386.

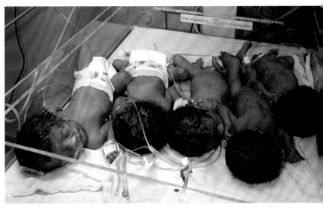

Document 4.10
De multiples enjeux
La procréation assistée entraîne de plus en plus souvent des naissances multiples. Cette biotechnologie soulève plusieurs questions éthiques. Par exemple : doit-on limiter le nombre d'embryons fécondés implantés ? Que faire des embryons surnuméraires ?

Ce regard critique d'Alexis de Tocqueville au début du XIXe siècle prédisait certains maux des sociétés démocratiques actuelles. De nombreux récits de science-fiction d'hier et d'aujourd'hui décrivent eux aussi une nature humaine caractérisée par l'absence de liberté, pour le plus grand bien de tous : l'anéantissement de la volonté individuelle, l'interdiction de la pensée, le conditionnement et l'uniformisation des êtres vivants y sont des thèmes récurrents.

Les gens sont heureux ; ils obtiennent ce qu'ils veulent, et ils ne veulent jamais ce qu'ils ne peuvent obtenir. Ils sont à l'aise ; ils sont en sécurité ; ils ne sont jamais malades ; ils n'ont pas peur de la mort ; ils sont dans une sereine ignorance de la passion et de la vieillesse ; ils ne sont encombrés de nuls pères ni mères ; ils n'ont pas d'épouses, pas d'enfants, pas d'amants, au sujet desquels ils pourraient éprouver des émotions violentes ; ils sont conditionnés de telle sorte que, pratiquement, ils ne peuvent s'empêcher de se conduire comme ils le doivent.

Aldous Huxley (1894-1963), *Le meilleur des mondes*, trad. J. Castier, Paris, Éditions Plon (Pocket), 1932, p. 244.

Il peut arriver que notre vision de l'avenir soit brouillée, car les enjeux qui y sont liés soulèvent la question du pouvoir de décision : doit-il être entre les mains des experts et des autorités politiques ? Plusieurs constatent que, dans les démocraties occidentales, là où la majorité des nouvelles technologies se développent, les citoyens et citoyennes ne sont pas toujours consultés. Et lorsqu'ils le sont, ils peuvent avoir tendance à négliger l'exercice de la liberté de parole et à se désintéresser des choses de l'État.

> *De plus, les politiciens, en regard de certains choix, peuvent être soumis à des impératifs de marché, tout comme ils peuvent se replier derrière une « opinion » publique, ce qui leur permettra d'accumuler des appuis aux élections suivantes. Finalement, les lois, même incomplètes ou mal rédigées, donnent un faux sentiment de protection aux citoyens qui, se sentant sécurisés, pourront avoir le réflexe de se détourner des vrais questionnements. Il est donc impératif que, de plus en plus, nous favorisions la culture du dialogue de manière à ce que les citoyens s'informent, et participent à des échanges sur un enjeu aussi important que les modifications génétiques de l'être humain.*

François Pothier, « Y a-t-il une limite à la modification biotechnologique de l'être humain ? », dans *L'homme biotech : humain ou posthumain ?*, Québec, Les Presses de l'Université Laval, 2006, p. 42.

Réflexion — Devrait-on obliger la participation citoyenne ?

En complément

La Déclaration universelle sur la bioéthique et les droits de l'homme

L'UNESCO a produit, en 2005, la *Déclaration universelle sur la bioéthique et les droits de l'homme*. Il y est question, entre autres, de dignité humaine, d'autonomie, de responsabilité individuelle, de consentement éclairé, mais aussi du respect de la vulnérabilité humaine, de l'intégrité personnelle et de la vie privée.

Le Comité international de bioéthique de l'UNESCO cherche à élaborer une bioéthique universelle par divers moyens. Par exemple :

- des dialogues et des discussions pluralistes et multidisciplinaires sur le plan international ;
- des débats participatifs de citoyens et citoyennes ;
- une éducation à l'éthique et à la bioéthique.

Pour bien comprendre ce que l'avenir nous réserve, il apparaît de plus en plus important de s'informer de ce qui se produit autour de nous. À cet effet, les technologies de l'information et de la communication (TIC) sont implantées presque partout dans le monde. Souvent, Internet est présenté comme un lieu de partage d'informations et de démocratie. Pour certains, l'accès au savoir encyclopédique contribue au développement de l'intelligence. Pour d'autres, il favorise au contraire l'inculture et une éventuelle dictature. Qu'en est-il de la pensée critique ? S'il est vrai que plusieurs points de vue trouvent, dans Internet, un lieu d'expression presque sans censure, pouvons-nous en conclure que toute cette information est valable, pertinente et digne d'intérêt ?

Si une grande quantité de données peuvent alimenter la pensée critique, elles ne peuvent la remplacer. Pour savoir, comprendre et réfléchir, il faut pouvoir trier, choisir et rejeter des informations, plus particulièrement dans un monde où le savoir est souvent morcelé et spécialisé. Ainsi, il revient aux internautes de s'assurer de la validité de ce qu'ils trouvent dans les nombreuses sources d'information.

Comment alors distinguer, en l'absence de réels interlocuteurs, les experts autoproclamés des sources fiables ? De plus, le passage du réel au virtuel a changé les rapports entre les êtres humains. Par exemple, toutes les personnes qui tiennent des propos dans Internet affirmeraient-elles les mêmes choses devant des êtres humains en chair et en os ?

Plusieurs études s'intéressent maintenant au phénomène Internet : en supprimant le contact direct, l'écran **déréalise** l'existence charnelle et sensible de l'être humain (voir **doc. 4.11**). C'est d'ailleurs un autre des sujets souvent traités dans les ouvrages de science-fiction.

> *Cette lettre, qui promet d'être longue, est une réponse à votre requête en deux mots : vous voulez me voir en vrai. Cette expression me fait rire. Nous passons tant de temps dans des décors virtuels à piloter nos avatars, que la réalité matérielle n'est plus qu'un pont étroit entre deux 3d. Elle en arrive à prendre des allures de boudoir intime et je sens, dans le ton de votre demande, une gêne d'amant qui espère ne pas paraître trop empressé. Excusez-moi de rire : je viens d'un temps où se rencontrer en vrai était plutôt simple et ne se compliquait pas toujours d'érotisme. D'ailleurs, il ne s'agit peut-être pas d'érotisme de votre part ; les fantaisies sexuelles s'épuisent très bien via le Réseau et ne nécessitent aucun contact en vrai. Il y a, dans votre demande, un appétit de l'autre qui va au-delà de ce que deux centenaires pourraient tirer de leurs corps faits et refaits, et que tous nos échanges virtuels n'ont visiblement pas satisfait. Vous exigez l'Être en entier, en quelque sorte. C'est courageux.*
>
> Catherine Dufour, *Le goût de l'immortalité*, Paris, Les Éditions Mnémos, 2005, p. 10-11.

La perte de réels contacts physiques pourrait mener à une redéfinition profonde de la nature humaine et de la façon de communiquer. Pour l'instant, les craintes qu'entretiennent certains sur la possibilité que les relations humaines soient un jour remplacées par des relations totalement virtuelles semblent encore **spéculatives**.

Déréaliser
Faire perdre à quelque chose son caractère réel.

Avatar
Personnage virtuel interactif contrôlé par la personne qui le crée.

Spéculatif
Qui concerne la théorie, sans tenir compte de la pratique.

Document 4.11
Le paradoxe des TIC
Plusieurs considèrent que les nouvelles technologies limitent les communications entre proches parce que chacun est devant son écran, à communiquer avec d'autres.

QUEL AVENIR POUR L'HUMANITÉ ? ▪▪▪

L'accès à Internet facilite l'adhésion à des causes humanitaires, à des revendications ou à des contestations. Sa vitesse permet de rallier des citoyens et citoyennes de l'Australie, de l'Allemagne, du Brésil et du Québec en quelques minutes, ce qui était impossible il n'y a pas si longtemps (voir **doc. 4.12**). Il peut ainsi favoriser les échanges et les discussions entre des novices, des experts, des philosophes, des scientifiques, des organismes, etc.

▎L'avenir de l'humanité dépasse les frontières.

Toutefois, plusieurs spécialistes craignent que des personnes non avisées ou ignorantes sur certains aspects complexes puissent s'exprimer sans discernement. Selon eux, en se basant uniquement sur des peurs, parfois farfelues, qui se propagent en ligne, ces personnes peuvent nuire au progrès.

Or, pour qu'un authentique débat public et démocratique puisse avoir lieu, il faut savoir de quoi il est question. Il s'agit là d'un des grands enjeux actuels : comment former l'esprit à affronter l'erreur, l'incertitude, à faire preuve de lucidité, à saisir un contexte, à s'ouvrir à la compréhension mutuelle entre les peuples, à développer une participation citoyenne et une conscience d'appartenance à l'espèce humaine ?

Parfois, lorsqu'on soutient adéquatement l'exercice de la citoyenneté, les résultats sont étonnants.

Document 4.12
Une bataille d'oreillers, Londres, 6 octobre 2004
De plus en plus de mobilisations éclair (*flash mobs*) s'organisent dans Internet. Souvent fantaisistes, ces rassemblements peuvent aussi être liés à des enjeux environnementaux ou sociaux.

Améliorer la compétence de la population

La conférence de citoyens combine une formation préalable
(où les citoyens étudient) avec une intervention active
(où les citoyens interrogent) et un positionnement collectif
(où les citoyens discutent en interne puis avisent). […]
Les observateurs des conférences de citoyens se sont étonnés
de la capacité de personnes candides à délibérer sur des sujets
complexes, en se dégageant des enjeux seulement locaux et
immédiats pour proposer des solutions souvent ignorées par
les spécialistes, et rarement entendues des instances politiques.
On est loin de l'hypothèse d'un « public irrationnel » qui serait
incapable d'apprécier les effets réels de la technoscience […]
Pourvu qu'elles soient médiatisées, ces procédures améliorent aussi
la compétence de toute la population et peuvent rétablir la
confiance vis-à-vis des scientifiques et de leurs propositions […]

Jacques Testart, « La conférence de citoyens : un outil
précieux pour la démocratie », dans *La grande relève*,
nº 1093, décembre 2008 [en ligne].

La participation citoyenne ne requiert pas que la compétence
et les connaissances de la population : il faut que les personnes
puissent s'exprimer librement et avoir les moyens d'agir.
Toutefois, la liberté ne donne pas tous les droits : elle implique
également des devoirs et des obligations.

La liberté n'est pas la possibilité de réaliser tous ses caprices ;
elle est la possibilité de participer à la définition des contraintes
qui s'imposeront à tous.

Albert Jacquard

Maude Barlow
(née en 1947)

L'auteure et activiste Maude Barlow grandit
à Ottawa. En 1985, elle devient membre du
Conseil des Canadiens, dont elle assure la
présidence depuis 1988. Ce groupe d'action
citoyenne est engagé dans plusieurs
combats dont la mondialisation, la concentration des médias et la protection de
l'environnement.

En 2006, Maude Barlow contribue à la mise
sur pied du projet Planète Bleue, dont les
principaux objectifs sont la préservation
de l'eau douce à l'échelle mondiale et la
réglementation du secteur privé en matière
d'approvisionnement des populations en
eau potable.

À titre de conseillère principale sur l'eau
auprès du président de l'Assemblée générale
des Nations unies, elle a travaillé pour
faire reconnaître que l'eau douce est un
bien commun et que l'accès à l'eau potable
est un droit humain fondamental.

Elle a reçu plusieurs doctorats honorifiques
ainsi que de nombreux prix, dont le Prix de
la réalisation environnementale exceptionnelle du Jour de la Terre 2009. ■

Pendant longtemps, l'**évolution de l'humanité** suit le cours naturel des choses et des êtres vivants. Or, les **avancées de la science et de la technologie** des dernières décennies ont considérablement modifié l'équilibre entre les êtres humains et leurs milieux de vie.

Les récents **développements des biotechnologies** apportent aussi de nouvelles préoccupations en ce qui a trait au cours naturel de la vie humaine. Des interventions permettent maintenant de prolonger la vie des personnes, pouvant même remettre en question notre conception de la **finitude** de l'être humain.

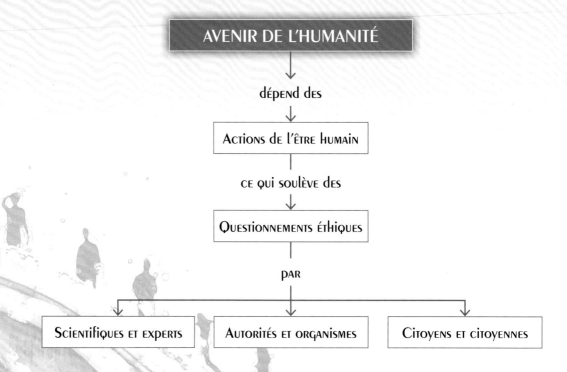

AVENIR DE L'HUMANITÉ

dépend des

Actions de l'être humain

ce qui soulève des

Questionnements éthiques

par

Scientifiques et experts   Autorités et organismes   Citoyens et citoyennes

Face à ces avancées, plusieurs personnes sont d'avis qu'il faut combattre la **peur de l'inconnu** et aller de l'avant pour créer les **posthumains**, des êtres humains nouveaux et améliorés issus de processus naturels et d'ajouts et de modifications diverses. D'autres invitent à la **prudence** et proposent de **limiter les recherches** qui mettent en cause les interventions sur des personnes afin d'éviter les accidents qui pourraient survenir. Selon d'autres encore, il faut imposer des **limites aux interventions** sur les êtres humains, et **tant les experts que les citoyens et citoyennes ont à se prononcer sur les enjeux qui pourraient influencer l'avenir de l'humanité.**

Grâce aux **nouveaux moyens de communication** et à **Internet**, des groupes d'intérêts se forment et ont accès à une grande quantité d'information. Par contre, Internet peut aussi entraîner une désinformation et une déshumanisation des enjeux. Le développement d'une **pensée critique** peut atténuer ces effets et contribuer à former des citoyens éclairés et conscients des enjeux sociaux.

La conscience d'appartenir à l'espèce humaine et la participation citoyenne aux débats sont essentielles à toute réflexion sur l'avenir de l'humanité.

QUESTIONS

1. Pourquoi peut-on affirmer que l'humanité est arrivée à un point tournant de son histoire ?

2. Comment expliquer que l'être humain soit confronté à la possibilité de son extinction ?

3. Pour assurer un avenir à l'humanité, peut-on exiger les mêmes sacrifices de toutes les populations de la Terre sans égard à leurs conditions de vie ?

4. Pourquoi l'être humain peut-il espérer, dans un avenir rapproché, prolonger davantage la vie ?

5. Qu'est-ce qui différencie le courant humaniste du courant posthumaniste ?

6. Quel lien peut-on faire entre le mythe de Prométhée et le sujet de ce chapitre ?

7. À l'aide de l'extrait d'Edgar Morin à la page 66, expliquez ce qui a mené à la formation de comités d'éthique au XXe siècle.

8. Selon vous, la diversité des sources d'information permet-elle une connaissance plus approfondie et plus juste de différents enjeux actuels ? Justifiez votre réponse en vous basant sur l'outil 12, *La justification*, et sur le texte de Jacques Testart, à la page 73.

9. Les avancées des biotechnologies repoussent les limites de ce que pourrait devenir l'être humain de demain. Selon vous, qui devrait décider de ce qui est acceptable ou non ? Justifiez votre réponse.

Culture Religieuse

COMPÉTENCE 2 Manifester une compréhension du phénomène religieux

De nos jours, les traditions religieuses sont généralement définies comme des systèmes cohérents de croyances et de pratiques. Cependant, le sens et la fonction de celles-ci ne fait pas consensus. Selon certains spécialistes, la religion est un phénomène intimement lié à la vie en société et donc à la culture. Dans cette optique, son rôle est de maintenir et de consolider les liens sociaux. Selon d'autres approches, la religion est davantage quelque chose de personnel. Elle peut alors être vue comme un ensemble de croyances et de pratiques qui proposent des réponses aux questions existentielles de l'être humain et qui lui permettent de combler ses aspirations spirituelles.

Au 1er cycle, vous avez vu :

☐ que le patrimoine religieux québécois est marqué par le catholicisme et le protestantisme ainsi que par l'apport d'autres religions ;

☐ que les récits, les rites et les règles sont souvent indissociables et qu'ils constituent des éléments fondamentaux des traditions religieuses ;

☐ que, selon les cultures et les traditions religieuses, il existe de nombreuses façons de se représenter le divin ainsi que les êtres mythiques et surnaturels.

5

DES RELIGIONS EN TRANSFORMATION

Comment naissent les traditions religieuses ? Sont-elles établies à tout jamais ? Comment se diffusent-elles ? Quels sont les facteurs qui les transforment ? Quelles influences les traditions religieuses exercent-elles sur les sociétés ?

Les traditions religieuses connaissent toutes des temps de fondation, de diffusion, de renouvellement ; elles peuvent même parfois s'éteindre. Mais à travers les âges, toutes se transforment. Ces transformations surviennent au contact d'autres traditions religieuses ou cultures, ou encore de l'intérieur, sous les effets de débats qui remettent en question certains aspects de la tradition. Des tensions ou des événements politiques poussent parfois les fidèles à se déplacer, permettant ainsi la diffusion et la transformation des traditions religieuses au gré des époques et des milieux dans lesquels elles s'implantent. L'évolution des connaissances a aussi des incidences sur les traditions et les pratiques religieuses. À leur tour, les traditions religieuses ont une influence sur les mentalités, l'organisation de la société et la vie en communauté.

5.1
La diffusion des traditions religieuses

De la Préhistoire à l'époque moderne, en passant par l'Antiquité et le Moyen Âge, à travers le monde, des traditions religieuses naissent, se développent, connaissent des périodes de tension, se divisent, s'unissent et parfois s'éteignent.

Lorsqu'il y a diffusion d'une tradition religieuse dans de nouveaux territoires, celle-ci n'arrive pas en sol vierge. Les populations autochtones ont leur propre système de croyances ou leurs propres traditions religieuses. Il arrive que différentes traditions se côtoient sans trop de heurts, ou encore que les systèmes de croyances se mêlent et forment une nouvelle confession. Cependant, dans certains cas, la tradition religieuse des nouveaux arrivants sera imposée aux populations sur place.

DES TEMPS DE FONDATION ET DE TRANSFORMATION ▪

Il n'est pas toujours facile de déterminer les origines exactes de certaines traditions religieuses. C'est le cas de l'hindouisme, pour lequel aucun fondateur n'est connu. Par contre, le fondateur du bouddhisme est bien connu : il s'agit de Siddhartha Gautama, le Bouddha.

Comme elles présentent parfois des éléments communs, il est possible de comprendre l'évolution de certaines traditions. Ainsi, le judaïsme, le christianisme et l'islam partagent des croyances et des racines communes. Pour sa part, le christianisme émerge dans un contexte de tensions au sein du judaïsme, alors que l'islam est vu comme la tradition qui vient compléter et corriger les traditions juive et chrétienne.

Au fil du temps, les traditions religieuses évoluent au contact d'autres cultures, de croyances et de découvertes scientifiques.

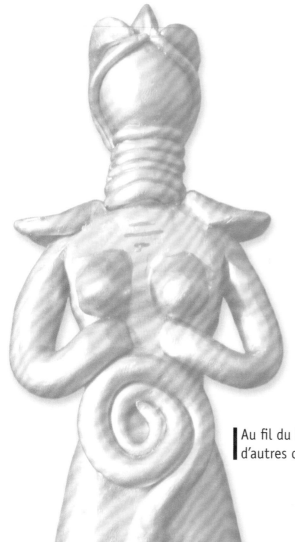

Document 5.1
Des déesses de fertilité
Les origines de systèmes de croyances autochtones des continents africain **1**, asiatique **2** et américain **3** sont difficiles à retracer. Cependant, malgré des origines différentes, ils partagent des structures et des thèmes semblables.

Parfois, certaines traditions religieuses sont remplacées par d'autres. Par exemple, de nos jours, le catholicisme et le protestantisme sont les religions majoritaires sur les continents américains. Or, cette présence des confessions religieuses chrétiennes est récente, car avant l'arrivée des explorateurs, de nombreux systèmes de croyances autochtones s'y côtoyaient (voir **doc. 5.1**). Des bouleversements survenus en Europe expliquent en grande partie l'intense période de diffusion du christianisme dans le Nouveau Monde.

UNE PÉRIODE D'EXPANSION AMORCÉE PAR UNE CRISE RELIGIEUSE ■■

Au XVIᵉ siècle, l'Europe occidentale vit une importante crise religieuse. Les réformes proposées par des religieux catholiques comme Martin Luther (1483-1546) et des laïcs comme Jean Calvin (1509-1564) créent de profondes dissensions au sein de l'Église catholique romaine, ce qui provoque une fracture qui donne naissance au protestantisme. L'Église catholique réagit par la Contre-Réforme et apporte des changements à ses pratiques pour raffermir la vigueur spirituelle de son clergé et raviver la ferveur de ses croyants. ➡ ANNEXE **A**, FICHES **1, 2** ET **3**

D'une part, l'Église encourage une expérience plus intérieure de la vie religieuse : quelques ordres monastiques exprimant une dévotion mystique sont fondés au cours de cette période. D'autre part, l'Église favorise un retour au mandat **apostolique** des premiers disciples de Jésus. Il s'agit de transmettre le message du Christ aux populations de territoires éloignés, avec lesquelles les Européens ont des rapports commerciaux et politiques.

Apostolique
Du grec *apostolos*, qui signifie « envoyé ». Désigne ce qui se rapporte aux apôtres et qui est conforme à leur mission de prêcher l'Évangile.

Dès lors, des missionnaires accompagnent des expéditions de développement commercial ou d'exploration. Ainsi, des religieux entreprennent un travail d'évangélisation aux quatre coins du monde (voir **doc. 5.2**).

Par la Contre-Réforme, l'Église catholique romaine renoue avec sa mission d'évangélisation.

En Inde, en Chine et au Japon, les populations sont denses et bien organisées. Pour y fonder de nouvelles communautés catholiques romaines, les missionnaires, qui proviennent de différents **ordres religieux**, doivent adapter leur message de façon à convaincre les intellectuels et les dirigeants politiques locaux. Avec l'autorisation de ces derniers, ils établissent, entre 1663 et 1790, des **missions**, où ils vivent en communauté et peuvent former des religieuses et des religieux issus de la population locale. Ces premiers efforts d'évangélisation en Asie sont fructueux, mais la diffusion du catholicisme est ensuite ralentie, car les autorités religieuses de Rome finissent par interdire, en 1742, toute adaptation du message et de la pratique catholiques.

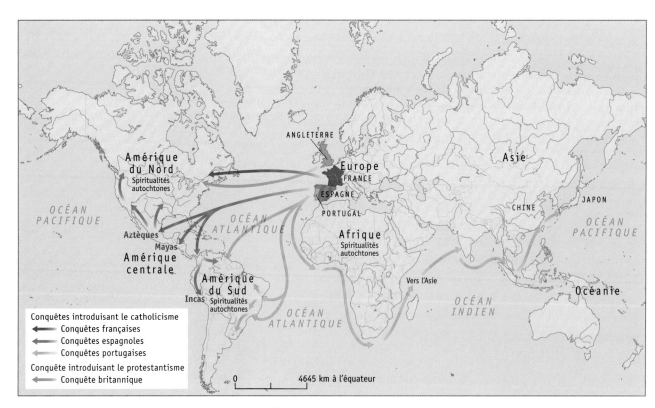

Document 5.2
La diffusion du catholicisme aux XVIe et XVIIe siècles
La France, l'Espagne et le Portugal, demeurés majoritairement catholiques romains, s'engagent rapidement dans des entreprises de diffusion du catholicisme, notamment en Asie et en Amérique.

5.2
L'établissement du christianisme dans le Nouveau Monde

La situation des continents américains, nouvellement découverts par les Européens, est différente de celle de l'Asie. La population, beaucoup moins dense, y est organisée en multiples nations voisines, aux traditions culturelles, spirituelles et religieuses parfois très diversifiées.

L'AVÈNEMENT DU CHRISTIANISME EN AMÉRIQUE DU SUD ■

À la suite de l'arrivée de Christophe Colomb dans le Nouveau Monde, de nombreux Européens en quête de richesses et quelquefois peu scrupuleux se sont aventurés vers ces nouveaux territoires. Le travail des premiers missionnaires en Amérique centrale et en Amérique du Sud est donc particulièrement ardu, en raison des relations difficiles et empreintes de méfiance entre ces Européens et les populations locales.

> De nombreux obstacles, sur le plan tant religieux que culturel, rendent difficile l'évangélisation de l'Amérique du Sud.

L'établissement de missions sur ces nouveaux territoires se révèle un échec. Les moyens d'évangélisation devant être repensés, des ordres religieux proposent l'établissement de réductions. Ces villages, construits et administrés par les missionnaires, hébergent la population locale, qui vit dans la relative sécurité de leurs murs, pratiquant l'élevage et l'agriculture et recevant une éducation catholique romaine.

EN COMPLÉMENT

Les réductions missionnaires en Amérique du Sud

Contrairement aux missions, qui sont des établissements à l'usage des missionnaires, les réductions sont des villages construits pour que les populations autochtones y vivent, y apprennent des métiers et les coutumes occidentales. Le développement qui s'y fait est de type coopératif: les terres et les outils sont partagés entre tous, tout comme les connaissances et les compétences techniques.

Les jésuites fondent leur première réduction en 1531, chez les Aztèques. Vers 1700, on en compte une trentaine, et elles jouent un rôle crucial dans la colonisation. Les autorités civiles, qui convoitent ces territoires prospères et bien gérés, chassent les jésuites de l'Amérique du Sud en 1767.

Les ruines d'une réduction au Paraguay

Document 5.3
Le travail d'éducation des premières communautés religieuses en Nouvelle-France
Comme leurs confrères, les premières religieuses arrivées au Québec tentent de convertir les populations amérindiennes, auxquelles elles donnent une éducation catholique.

Officier
Célébrer, présider une cérémonie religieuse ; remplir sa charge de manière rituelle.

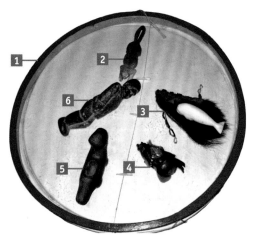

Document 5.4
Des objets symboliques des spiritualités autochtones
Les figurines déposées sur ce tambour naskapi **1** représentent des esprits-gardiens zuñi **2**, inupiat **3**, cri **4**, mapuche **5** et inuit **6**.

Fondées et développées par différents ordres religieux, les réductions sont reprises par les dirigeants politiques durant la deuxième moitié du XVIIIe siècle. Toutefois, le travail d'évangélisation qui y a été réalisé, combiné à l'arrivée de colons espagnols et portugais fidèles au pape, fait que, encore de nos jours, la population de l'Amérique centrale et de l'Amérique du Sud est majoritairement catholique romaine.

L'ÉVANGÉLISATION DE LA NOUVELLE-FRANCE ■■

Depuis sa fondation, au XVIe siècle, la Nouvelle-France occupe d'immenses territoires en Amérique du Nord. Cependant, durant cette période en France, les violents conflits opposant catholiques et protestants français, appelés *huguenots*, font en sorte que les autorités ont d'autres préoccupations que la diffusion du christianisme à l'extérieur des frontières européennes. Les premières missions ne seront établies en Nouvelle-France qu'au cours du XVIIe siècle.

Les Français qui se rendent en Nouvelle-France cherchent souvent à échapper aux violences et aux persécutions qu'ils peuvent subir dans leur pays d'origine en raison de leurs croyances. Unis par les lois de la survie et du commerce, ces colons établissent de bons contacts avec les nations autochtones. Les conditions de vie difficiles du début de la colonie favorisent l'entraide et une cohabitation pacifique entre catholiques et protestants.

> La Nouvelle-France est perçue comme un territoire où règne une relative paix religieuse.

À leur arrivée, les religieuses et les religieux doivent prendre en charge la vie spirituelle de la colonie. Les membres des ordres masculins **officient** les messes, administrent les sacrements et s'occupent de l'éducation des garçons, alors que ceux des ordres féminins prennent soin des malades et veillent à l'éducation des filles (voir **doc. 5.3**).

Au début de la colonie, les missions catholiques romaines ne connaissent pas un grand succès. Les missionnaires acceptent difficilement les mœurs et les comportements qui découlent des spiritualités autochtones. Notamment, l'importance spirituelle des songes, la vénération d'objets ou de phénomènes pour la force qui s'y trouve et la multiplicité des manifestations divines semblent incompatibles avec les croyances de la tradition chrétienne (voir **doc. 5.4**). Pour leur part, les autochtones n'apprécient pas toujours les comportements et les enseignements des missionnaires.

➡ ANNEXE **A**, FICHE **6**

De plus, lorsque les religieux sont accueillis et acceptés par une nation autochtone, ils sont considérés comme des ennemis par les adversaires ponctuels de cette dernière. Les moindres succès d'évangélisation d'un groupe entraînent donc systématiquement l'impossibilité d'évangélisation d'un groupe **antagoniste**.

> Comme en Amérique du Sud, de nombreux obstacles rendent difficile l'évangélisation de la Nouvelle-France.

Les missionnaires tentent aussi d'établir des réductions sur le modèle de celles qui connaissent des succès en Amérique du Sud. Ces tentatives échouent à cause non seulement du nomadisme traditionnel de certaines tribus, mais aussi de leurs ambitions commerciales, qui ne concordent pas avec la vie d'agriculteurs qui leur est promise.

Il arrive parfois que les rencontres entre gens d'Église et populations autochtones se fassent dans un climat de curiosité et de partage. Certains missionnaires recueillent leurs observations, notamment dans les *Relations des jésuites* (voir **doc. 5.5**). Ils rapportent des similarités entre certaines fonctions sociales autochtones et celles des Européens.

Antagoniste
Du grec *antagônistês*, qui signifie «qui lutte contre». Désigne ce qui est en opposition, en rivalité, en concurrence.

En complément

L'animisme dans les spiritualités autochtones

Avant l'arrivée des premiers colons chrétiens dans le Nouveau Monde, les peuples et les civilisations qui y fleurissent possèdent chacun leur système religieux, issu de traditions animistes. Selon ces traditions, une part spirituelle existe en tout élément de la nature, vivant ou non. Cette part spirituelle a une existence propre et est accessible à l'être humain, à condition que celui-ci connaisse son langage et certains outils, comme des prières, des chants ou des danses. Le songe est une porte d'accès privilégiée au monde spirituel. L'aspect spirituel de chaque être est parfois nommé *force* ou *esprit*, et il est possible de s'en faire soit un allié, soit un ennemi.

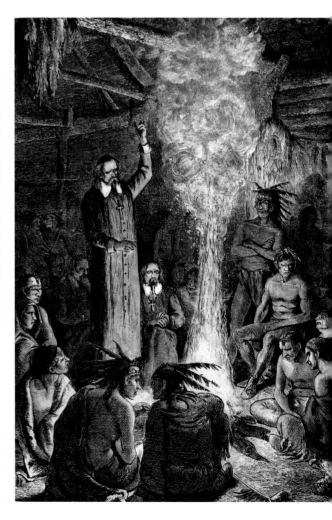

Document 5.5
Une gravure représentant un jésuite et des Amérindiens
Les contacts prolongés avec les communautés autochtones et l'immersion dans ces nouvelles cultures permettent aux missionnaires d'apprendre quelques langues amérindiennes, et même de traduire la Bible en quelques-unes d'entre elles.

Analyse d'un extrait des Relations des jésuites (1634)

Bien sûr, le chaman diffère du prêtre de la société de classe, lequel fait partie intégrante d'une institution religieuse hiérarchisée. Cependant, [...] prêtres et chamans se rejoignent par le rôle qu'ils jouent dans leurs sociétés respectives en tant qu'intermédiaires entre l'univers divin et le monde humain. C'est pourquoi, une fois arrivé au Nouveau Monde, un jésuite distingue très rapidement le chaman des autres autochtones et, réciproquement, le chaman distingue le prêtre des autres Européens (généralement, les autochtones considèrent tout simplement le jésuite comme un chaman, au même titre que le leur).

Shenwen Li, *Stratégies missionnaires des jésuites français en Nouvelle-France et en Chine au XVIIe siècle*, Presses de l'Université Laval, 2001, p. 70.

Réflexion

Qu'est-ce qui pouvait permettre au chaman et au prêtre de se reconnaître dans leurs fonctions respectives ?

C'est l'arrivée, en 1659, de Mgr François de Laval, premier évêque de Québec, qui marque l'enracinement de l'Église catholique romaine sur le territoire nord-américain. Il fonde le Séminaire de Québec, puis exige et obtient du pape l'établissement du diocèse de Québec, en 1674. Dès lors, les religieuses et les religieux de toute la Nouvelle-France sont soumis à son autorité, les activités des couvents et des séminaires, de plus en plus nombreux, se coordonnent, et un clergé catholique romain fort et actif se développe.

Marguerite d'Youville (1701-1771)

Marie-Marguerite Dufrost de Lajemmerais est la première enfant d'une famille aisée de Varennes, en Montérégie. La mort de son père, alors qu'elle n'a que sept ans, plonge la famille dans la pauvreté. Lorsque sa mère se remarie, en 1722, la famille s'installe à Montréal, où Marguerite rencontre le marchand François-Madeleine d'Youville, qu'elle épouse et avec qui elle a six enfants, dont deux survivent et deviennent prêtres après avoir fréquenté le Séminaire de Québec.

Au décès de son époux, en 1730, elle se consacre déjà depuis quelques années à des activités religieuses et au service des démunis. En décembre 1737, trois compagnes s'associent à elle pour recueillir une dizaine de personnes âgées, malades ou pauvres dans une demeure commune, qui est détruite par un incendie en 1745. Les associées s'engagent alors à partager leurs biens, à demeurer unies et à consacrer le reste de leur vie aux démunis, sous la gouvernance d'une supérieure. La communauté prend la charge de l'Hôpital général de Montréal en 1747, et est reconnue sous le nom de Sœurs de la Charité de l'Hôpital général, ou Sœurs grises. Première personne née au Canada à être **béatifiée**, Marguerite d'Youville est **canonisée** en 1990. ■

Béatifier
Dans l'Église catholique romaine, reconnaître, par un acte officiel, la perfection chrétienne d'une personne décédée et donner l'autorisation qu'une vénération locale lui soit rendue.

Canoniser
Dans l'Église catholique romaine, reconnaître, par un acte officiel, le très haut degré de perfection chrétienne d'une personne décédée, lui accorder le statut de saint ou de sainte, et donner l'autorisation qu'une vénération publique et universelle lui soit rendue.

LA DIFFUSION DU CHRISTIANISME EN NOUVELLE-ANGLETERRE ■■■

Durant son long règne, Élisabeth Ire fait de la confession anglicane la religion officielle de l'Angleterre. Les catholiques romains et les protestants y sont persécutés, et si les premiers se réfugient surtout en Irlande ou en France, les seconds préfèrent s'établir en Amérique du Nord, où il leur semble possible de bâtir un monde nouveau, fondé sur les valeurs de leur tradition religieuse. ➡ ANNEXE **A**, FICHES **2** ET **3**

En novembre 1620, le navire marchand *Mayflower* jette l'ancre à Cape Cod (voir **doc. 5.6**). Il transporte un groupe de protestants qui émigrent en Nouvelle-Angleterre et y fondent une des premières colonies, qui deviendra l'État américain du Massachusetts. Ces fondateurs sont appelés les *Pères pèlerins*. Bien d'autres les suivent, dont des Hollandais, des Allemands, et des Français. En un peu plus de 100 ans, 13 colonies britanniques sont établies et peuplées par des colons majoritairement protestants, quelquefois anglicans, rarement catholiques romains. Les colonies comptent aussi des groupes religieux minoritaires, dont quelques juifs, qui jouissent d'une relative tolérance religieuse pour l'époque.

Sans doute influencés par les persécutions vécues dans leurs pays d'origine, les auteurs de la Constitution américaine ont pu s'inspirer entre autres de la pensée protestante et de certaines de ses valeurs :

- le rejet d'une autorité hiérarchisée dans les pratiques religieuses, amenant les croyants à élire le pasteur qui les guide, pourrait annoncer le système démocratique à venir ;
- la doctrine calviniste, qui définit l'humain comme inévitablement faillible, a pu mener à la création de règles qui limitent les pouvoirs des uns par ceux des autres ;
- le principe selon lequel chaque être humain, à la lecture des évangiles, acquiert sa propre connaissance, atteint sa propre compréhension et structure sa propre croyance, a pu favoriser l'instauration de la liberté de culte.

> *Le Congrès ne fera aucune loi qui touche l'établissement ou interdise le libre exercice d'une religion [...].*
>
> Constitution américaine, Ier amendement

À l'instar de ce qui se passe en Nouvelle-France, des pasteurs de la Nouvelle-Angleterre évangélisent les populations autochtones (voir **doc. 5.7**).

Document 5.6
Une pièce de monnaie commémorative
L'arrivée du *Mayflower* est si importante dans l'histoire des États-Unis qu'en 1920, l'effigie du navire a été gravée sur une pièce de monnaie pour commémorer le 300e anniversaire de sa traversée.

© The Granger Collection, New York.

John Chester Buttre, *John Eliot Preaching to the Massachusetts Indians*, vers 1856.

Document 5.7
L'évangélisation des Amérindiens de Nouvelle-Angleterre
Le pasteur presbytérien John Eliot (1604-1690) traduit la Bible en plusieurs langues algonquiennes, dont le mohican. Cependant, les luttes entre colons et Amérindiens ont entravé son œuvre.

Des traditions religieuses bousculées

Document 5.8
Les évêques devant le pouvoir civil
À la suite du concordat de 1801, les évêques doivent prêter serment devant les autorités civiles. La séparation de l'État et de l'Église, en France, ne se fera qu'en 1905.

Dîme
Impôt, fraction variable de la récolte prélevée par l'Église.

Laïciser
Rendre indépendant du clergé et de toute confession religieuse. Rendre conforme à la laïcité, soit au principe de séparation complète des pouvoirs religieux et civil.

Concordat
Acte de conciliation, accord écrit qui constitue un compromis entre deux adversaires. Ce terme est utilisé principalement en matière de droit ecclésiastique ou commercial.

Les profondes transformations des sociétés occidentales aux XVIIIe et XIXe siècles affectent tant le religieux que le politique, entre autres à cause des multiples liens qui les unissent. Les traditions chrétiennes perdent ainsi beaucoup de leur influence politique, et même sociale en certains endroits, et sont affectées dans leurs structures de pouvoir. Ces transformations sont attribuables en grande partie aux modifications des mentalités et des connaissances, qui prennent leur source dans les découvertes de la Renaissance et des Lumières.

LA FIN DES MONARCHIES DE DROIT DIVIN EN EUROPE ■

Depuis longtemps, on considère que le pouvoir de régner découle de l'autorité divine et est donc, par définition, incontestable. Or, les découvertes et les réflexions des intellectuels, qui redéfinissent la nature des croyances et les amènent à s'interroger sur les dogmes de l'Église, suscitent une remise en question de la souveraineté des autorités tant politiques que religieuses.

> La laïcisation des États n'entraîne pas forcément la disparition des traditions religieuses et des croyances qui y sont liées.

Lorsque la Révolution française éclate, en 1789, les révolutionnaires exigent non seulement que le pouvoir soit exercé par des citoyens élus, mais aussi que l'Église se retire complètement des affaires politiques. Le roi comme le clergé font les frais de la révolte. Les biens de l'Église sont nationalisés, la **dîme**, supprimée ; la monarchie de droit divin est abolie et l'État, **laïcisé**. Cette transformation favorise une généralisation de la liberté de culte. Celle-ci permet à des groupes religieux minoritaires, par exemple les communautés juives et protestantes, de vivre plus librement.

En France, le premier gouvernement laïc ne dure que quelques années. En 1801, Napoléon Bonaparte établit un **concordat** avec le pape Pie VII. Cette entente stipule que les évêques sont investis de leur pouvoir spirituel par le pape, mais nommés par l'État (voir **doc. 5.8**). En 1804, Bonaparte reçoit du pape son titre d'empereur, ce qui marque le retour de la monarchie de droit divin. Par la suite, la France oscillera longtemps entre monarchie et république.

Le communisme et l'abolition des traditions religieuses

Au début du XXᵉ siècle, les révolutionnaires communistes cherchent à bâtir une société nouvelle, fondée sur l'égalité sociale et une vision du monde excluant toute référence à la spiritualité. Selon leurs idéaux, les traditions religieuses et les croyances n'ont pas leur place dans la structure sociale et la vie quotidienne des gens.

Pendant la révolution russe (1917-1921), l'Église orthodoxe est paralysée. Des dizaines de milliers de croyantes et de croyants sont persécutés. La pratique du culte est interdite, les églises de villages, détruites, les monastères et les séminaires, fermés. La cathédrale Saint-Basile de Moscou, achevée en 1563 et aujourd'hui symbole de l'architecture traditionnelle russe, n'offre pas de services religieux entre 1929 et 1991, soit jusqu'à la chute du communisme.

Après la Seconde Guerre mondiale, les Églises orthodoxes du sud-est de l'Europe, notamment de la Hongrie, de la Roumanie, de la Bulgarie et de l'Albanie, subissent des persécutions semblables. Durant ces années troubles, de nombreux chrétiens orthodoxes émigrent en Amérique, en Europe et en Océanie. Cette diaspora, évaluée à environ 10 millions de personnes, contribue à la diffusion du christianisme orthodoxe à travers le monde, y compris au Canada.

La cathédrale Saint-Basile de Moscou

Bien que la laïcisation gagne d'autres États de l'Europe, certaines populations demeurent attachées à des confessions religieuses d'État, comme les Britanniques à l'anglicanisme, les peuples nordiques au protestantisme ou les peuples d'Europe de l'Est à l'orthodoxie.

LE DÉVELOPPEMENT DES CONFESSIONS CHRÉTIENNES AU CANADA

Lors de la signature du traité de Paris, en 1763, la France cède le Canada à la Grande-Bretagne, tout en s'assurant que les habitants de la colonie conservent leur liberté de culte.

> [...] *Sa Majesté britannique convient d'accorder aux habitants du Canada la liberté de la religion catholique ; en conséquence, elle donnera les ordres les plus précis et les plus effectifs pour que ses nouveaux sujets catholiques romains puissent professer le culte de leur religion selon le rite de l'Église romaine, en tant que le permettent les lois de la Grande-Bretagne.*

Traité de Paris, article 4.

Les nouveaux dirigeants ont avantage à protéger cette liberté de culte. La colonie est bien organisée, et son économie, florissante. Le clergé catholique romain, bien structuré grâce au soutien du pouvoir royal des décennies précédentes, est des plus utiles pour faire le lien entre les nouvelles autorités de langue anglaise et la population francophone, très attachée à ses institutions religieuses. De plus, la présence d'une Église établie favorise l'immigration d'anglophones catholiques romains, notamment en provenance d'Irlande.

Ainsi, pendant que les pouvoirs de l'Église catholique romaine s'amenuisent en Europe, au Canada, ils prennent de la vigueur. Et si, au milieu du XIXe siècle, certains tentent de suivre le mouvement européen de laïcisation, il faut peu de temps au clergé pour raviver la fidélité religieuse, entre autres par l'éducation, dont il est responsable. Ses efforts pour renforcer une morale stricte et valoriser la famille portent leurs fruits.

> Alors qu'en Europe des sociétés sont laïcisées, différentes confessions religieuses s'épanouissent en Amérique du Nord.

En parallèle, grâce à la conquête britannique, l'établissement de nouvelles communautés surtout protestantes, mais aussi anglicanes s'accélère au Canada. Ces communautés, mal tolérées par le clergé catholique romain sous le régime français, vivent maintenant plus librement dans ce nouvel environnement multiconfessionnel. Les confessions chrétiennes du Canada en viennent à former une culture propre, relativement indépendante de celles d'Europe. Les catholiques romains, par exemple, établissent des lieux de pèlerinage locaux, et des personnages issus de leur communauté deviennent importants.

La cohabitation de différentes traditions religieuses entraîne bientôt l'apparition d'une démarcation confessionnelle dans les institutions sociales et politiques, dont certaines font encore partie du paysage culturel québécois : la Confédération des travailleurs catholiques du Canada (aujourd'hui la Confédération des syndicats nationaux – CSN), l'Hôpital général juif de Montréal, et la Commission des écoles protestantes du Grand Montréal, qui n'existe plus depuis la mise en place des commissions scolaires linguistiques, en sont des exemples.

Oratoire
De la racine latine *orare*, qui signifie « prier ». Lieu, quel qu'il soit, destiné à la prière.

FRÈRE ANDRÉ
(1845-1937)

Alfred Bessette devient orphelin à l'âge de 12 ans. Malgré sa santé fragile et son manque d'instruction, il apprend le catéchisme et se consacre à la prière avec ferveur. Il devient frère, prend le nom d'André, et exerce de nombreuses fonctions non administratives, dont celle de portier du collège Notre-Dame.

Simple et généreux, il offre son temps et ses prières aux visiteurs, qui lui attribuent de plus en plus de guérisons. Le bruit court et les malades affluent au collège. Le frère André mène ses visiteurs sur le mont Royal, pour prier devant une statue de saint Joseph.

Des dons permettent la construction d'une chapelle. Celle-ci est agrandie à plusieurs reprises, puis une basilique est érigée : l'oratoire Saint-Joseph. Le frère André en devient le gardien. Les gens viennent de partout au Canada et aux États-Unis pour prier avec lui.

À sa mort, plus d'un million de personnes lui rendent hommage à l'oratoire Saint-Joseph. Le frère André est béatifié en 1982, et sa canonisation est prévue en 2010. ∎

5.4

Les traditions religieuses à l'époque contemporaine

L'évolution des sciences et des technologies ainsi que le développement de la pensée rationnelle influencent la perception du monde, ce qui entraîne des changements dans les structures et les rapports sociaux. Les sociétés, autrefois fondées sur une hiérarchie stricte, des liens de dépendance et les concepts de pouvoir et d'autorité traditionnelle, se construisent désormais autrement. La diversité des opinions, la recherche du consensus et le renforcement des droits et des libertés des individus ont des conséquences multiples, et ne sont pas sans répercussions sur les traditions religieuses et les croyances.

LES EFFETS DES LIBERTÉS INDIVIDUELLES SUR LES MOUVEMENTS RELIGIEUX

Dans les années 1960, divers mouvements contestataires portés par les jeunes, comme les rassemblements **hippies** en Amérique du Nord et les révoltes étudiantes en France, visent à renverser les normes établies et les croyances traditionnelles. Les structures sociales sont bouleversées, de même que la famille, dont le modèle traditionnel se transforme. L'émancipation sexuelle, les revendications de l'égalité ethnique et le féminisme prennent leur essor, et les obligations et les dogmes religieux sont massivement rejetés (voir **doc. 5.9**). Au Québec, c'est la Révolution tranquille, durant laquelle l'État **sécularise** peu à peu les systèmes d'éducation, d'aide sociale et de soins de santé. De plus en plus de personnes se déclarent **athées**.

> Avec la montée de l'individualisme et l'essor des luttes pour les libertés individuelles, le rapport au religieux connaît d'importantes transformations.

La **désaffection** des croyants à l'égard de l'Église, au Québec et en Occident en général, peut faire croire à l'extinction prochaine de toute tradition religieuse. Or, bien que la fréquentation des églises diminue chez plusieurs, le besoin de spiritualité demeure. Les cultures étrangères étant plus accessibles par la diffusion de l'information, et la liberté de culte ayant permis d'atténuer des préjugés concernant les croyances d'autrui, plusieurs cherchent ailleurs des pratiques plus conformes à leurs valeurs.

Document 5.9
Une manifestation pour les libertés individuelles
Le mois de mai 1968 a été marqué, en France et ailleurs, par un vaste mouvement de revendications chez les étudiantes et étudiants. Ce mouvement a de nombreuses répercussions sur toute la société.

Hippie
Dans les années 1970, jeune adepte d'un mouvement contestant la société de consommation et les valeurs sociales et morales traditionnelles.

Séculariser
Du latin *sæculares*, qui signifie «du siècle, du peuple». Rendre laïc, faire sortir du domaine religieux ou du contrôle du clergé pour faire passer dans le domaine de l'État.

Athée
Personne qui nie l'existence de toute divinité.

Désaffection
Perte de l'affection, détachement.

Document 5.10
L'entrée dans une nouvelle ère
Depuis les années 1960, de nombreuses personnes ont cherché à rassembler des éléments de différentes croyances pour répondre à un besoin de vivre une spiritualité non rattachée à une tradition religieuse.

Éclectique
Du grec *eklektikos*, signifie « qui choisit ». Se dit d'une personne qui adopte ce qui lui paraît valable dans un ensemble d'idées ou de choses issues d'une grande variété de tendances.

Certains se tournent vers les mouvements religieux orientaux, dont l'objectif consiste à atteindre une plus grande conscience spirituelle. Pour d'autres, les spiritualités anciennes, celtique, amérindienne, africaine ou autres deviennent signifiantes, tout comme les pratiques psychocorporelles, qui associent diverses techniques méditatives à la psychologie populaire.

De nombreuses personnes adoptent une approche **éclectique** de la pratique religieuse. Elles se façonnent ainsi une *religion à la carte*, choisissant dans l'éventail des traditions et des croyances les éléments correspondant le mieux à leurs valeurs personnelles (voir **doc. 5.10**). Cette pratique, de plus en plus répandue, est facilitée par le pluralisme et l'accès à l'information.

LE CHRISTIANISME AUJOURD'HUI ■■

L'implantation du christianisme en Afrique, en Océanie et en Amérique, qu'il soit de confession protestante ou catholique romaine, aboutit à l'émergence de nouvelles expressions de ces confessions, teintées des traditions ancestrales locales. Aux États-Unis, la liberté de culte entraîne la multiplication des confessions protestantes, et, dans les pays d'Europe de l'Est, les confessions catholique et orthodoxe reprennent de la vigueur depuis la chute du système socialiste soviétique.

Au Canada, l'appartenance à une tradition religieuse, à une confession ou à une croyance quelconque n'est plus une caractéristique distinctive essentielle pour bon nombre d'individus. Elle fait même de moins en moins obstacle aux relations personnelles, comme en témoigne l'augmentation continuelle des mariages interreligieux (voir **doc. 5.11**).

S'il leur est possible de pratiquer librement le culte religieux de leur choix, les Canadiennes et les Canadiens semblent de moins en moins intéressés à se plier aux obligations traditionnelles des confessions chrétiennes. On observe généralement une diminution de la fréquentation des églises, sauf pour les cérémonies du baptême, du mariage et des funérailles ; les séminaires et les ordres religieux ont moins de recrues, et, pour plusieurs, la plupart des fêtes ont perdu leur caractère religieux. Malgré cela, le nombre de personnes qui se déclarent chrétiennes, toutes confessions confondues, a très peu diminué depuis 1991 (voir **doc. 5.12**).

Document 5.11
Un mariage interreligieux
Parfois, plutôt que de se marier religieusement, des personnes de traditions religieuses différentes optent pour un mariage civil, quitte à s'entendre par la suite sur d'autres sujets, tels que l'éducation religieuse de leurs enfants et la transmission des valeurs.

Document 5.12

Ce tableau permet de voir les augmentations ou diminutions du nombre de croyants depuis 1991, selon chaque tradition religieuse.

ÉVOLUTION DU NOMBRE D'ADEPTES DES PRINCIPALES TRADITIONS RELIGIEUSES				
Tradition	Canada		Québec	
	1991	2001	1991	2001
Catholicisme	12 203 625	12 793 125	5 855 980	5 930 385
Protestantisme	7 592 605	7 399 795	302 725	306 870
Anglicanisme	2 188 110	2 035 500	96 000	85 475
Orthodoxie	387 395	479 620	89 285	100 370
Judaïsme	318 185	329 995	97 730	89 915
Islam	253 265	579 640	44 930	108 620
Bouddhisme	163 415	300 345	31 640	41 380
Hindouisme	157 015	297 200	14 120	24 530
Spiritualités autochtones	–	29 820	–	735
Autres	147 440	278 415	4 525	8 220
Aucune religion	3 333 245	4 796 325	257 270	400 325

Source : Selon Statistique Canada, 2001.

L'Église anglicane et la plupart des confessions protestantes du Canada suivent le mouvement **œcuménique**. Elles font ainsi valoir leurs points communs plutôt que leurs divergences, facilitant la pratique religieuse et renforçant la fidélité des croyants. Les catholiques romains, qui n'intègrent pas ce mouvement, participent toutefois au dialogue.

> Bien que l'œcuménisme favorise le dialogue, les confessions chrétiennes conservent les croyances qui les distinguent les unes des autres.

Malgré ces rapprochements, les confessions chrétiennes conservent des différences importantes. Ainsi, l'Église catholique romaine maintient une hiérarchie de responsables et de dignitaires, que ne connaissent pas les protestants. Les prêtres, curés, évêques et cardinaux catholiques, tous des hommes, doivent demeurer célibataires, recevoir un sacrement particulier, l'**ordination**, pour être établis dans leurs fonctions, et se soumettre à l'autorité du pape. Dans les confessions protestantes, toutes et tous, après le baptême, sont égaux et libres, chaque personne ayant la possibilité de confirmer pour elle-même, par la lecture de la Bible, la vérité de sa croyance, de la partager et de la propager. Le pasteur, l'équivalent du prêtre, peut donc être un homme ou une femme ordinaire, qui peut fonder une famille et exercer un métier.

Œcuménique
Du grec *oikoumenê*, qui signifie « la terre habitée ». Désigne ce qui est général, universel. Dans le christianisme, désigne l'effort pour unir toutes les Églises du monde.

Ordination
Cérémonie par laquelle une personne se voit reçue et reconnue dans des fonctions relevant de la prêtrise.

L'œcuménisme

Au XIXe siècle, des alliances se forment parmi les courants protestants, de plus en plus nombreux. Ces alliances font le pari que, si le fondement de la croyance est partagé, de nombreux accommodements constructifs sont possibles. Sentant le besoin de mieux structurer leur dialogue, les divers courants fondent en 1948 le Conseil œcuménique des Églises, auquel toute Église qui reconnaît le Christ comme Seigneur et Sauveur peut adhérer.

L'Église catholique romaine ne joint pas officiellement le mouvement œcuménique, mais elle envoie ses premiers représentants au Conseil en 1961. Les rencontres entre le pape Paul VI (1897-1978) et le patriarche Athénagoras Ier (1886-1972) mènent à la révocation des décrets d'excommunication mutuelle de 1054, qui sont à l'origine de tensions ayant conduit au **schisme** d'Orient en 1204. Ces rencontres favorisent la naissance d'un nouveau dialogue entre l'Église catholique romaine et l'Église orthodoxe.

L'entente sur une interprétation de la Bible commune à toutes les confessions chrétiennes et la publication en plusieurs langues de la *Traduction œcuménique de la Bible* (TOB) sont des exemples de réalisations du mouvement œcuménique.

Paul VI et
Athénagoras Ier

Schisme
Séparation entre les membres d'une tradition religieuse à la suite de différences de point de vue sur des questions de croyances ou d'autorité.

LA MOUVANCE DES TRADITIONS RELIGIEUSES ■■■

À la fin du XIXe et au début du XXe siècle, observant les changements sociaux dus à la séparation de l'État et de l'Église et associant le développement de l'autonomie individuelle au retrait du pouvoir religieux, certains sociologues prédisent la disparition des traditions religieuses.

Quels événements de l'actualité tendent à démontrer que le phénomène religieux n'est pas disparu ?

Réflexion

[…] *la religion embrasse une portion de plus en plus petite de la vie sociale. À l'origine, […] tout ce qui est social est religieux […]. Puis, peu à peu, les fonctions politiques, économiques, scientifiques s'affranchissent de la fonction religieuse, se constituent à part et prennent un caractère temporel de plus en plus accusé. Dieu, si l'on peut s'exprimer ainsi, qui était d'abord présent à toutes les relations humaines, s'en retire progressivement ; il abandonne le monde aux hommes et à leurs disputes. L'individualisme […] est un phénomène qui ne commence nulle part, mais qui se développe sans s'arrêter tout le long de l'histoire.*

Émile Durkheim (1858-1917), *De la division du travail social*, Paris, Éditions Alcan, 1922, p. 143-146.

Or, rien de tel ne se produit. Il semble faux de croire que tous les êtres humains désirent se départir de leurs traditions religieuses et des institutions qui en émanent. Dans diverses régions du monde, les traditions religieuses sont bien vivantes, les populations sont croyantes et pratiquantes, les institutions sont fortes et le personnel religieux est souvent engagé et apprécié dans la communauté. Dans certaines nations, comme l'Iran, l'autorité religieuse détient la souveraineté politique. D'autres nations, auxquelles un système antireligieux est imposé, reprennent la pratique du culte dès qu'elles en ont la possibilité, comme c'est le cas de certaines communautés orthodoxes depuis la chute du système soviétique.

La réaction d'un groupe face au changement est rarement unilatérale. Habituellement, deux forces s'opposent : l'une de consentement, habituellement appelée *progressiste*, et l'autre de résistance, identifiée comme plus *traditionaliste*.

On peut voir ces deux forces à l'œuvre dans plusieurs traditions religieuses. D'ailleurs, presque toutes les traditions religieuses font face à de telles tensions à un moment ou à un autre de leur évolution. Ce sont des tensions de ce genre qui provoquent des schismes et des renouveaux religieux. Aujourd'hui, la plupart des grandes traditions sont confrontées à des débats importants, qui pourraient, en fonction des sensibilités et des circonstances, favoriser les divisions au sein des traditions ou même l'émergence de nouvelles religions.

Théocratie
Type de gouvernement dans lequel le pouvoir politique, qu'on prétend découler de l'autorité divine, est exercé par un groupe social qui détient le pouvoir religieux, ou par une personne considérée comme représentante du divin.

En complément

Le bouddhisme tibétain

Le bouddhisme apparaît au Tibet vers le VIIᵉ siècle. Cette tradition religieuse prend beaucoup d'importance dans le pays, et les moines sont hautement considérés par une population très pratiquante. Après un millénaire d'évolution, le Tibet devient une **théocratie**.

Au XXᵉ siècle, la tradition et les institutions subissent un grand bouleversement en raison de la montée du communisme en Chine. Ce nouveau système politique étant incompatible avec les traditions religieuses tibétaines, les autorités chinoises détruisent les temples bouddhiques, chassent les moines des monastères et brûlent les livres témoignant de la tradition. La population, en perdant ses institutions religieuses, perd également sa structure politique.

Afin de préserver leur tradition religieuse, plusieurs bouddhistes tibétains se réfugient alors en Inde ou émigrent de par le monde. Mais à l'intérieur même des frontières de la région autonome du Tibet, nombreux sont ceux qui pratiquent malgré les interdictions. Le 14ᵉ dalaï-lama, Tenzin Gyatso, expatrié depuis 1959 et lauréat du prix Nobel de la paix en 1989, est actuellement leur chef spirituel. Il parcourt le monde et milite pour la protection de la culture, l'autonomie et le droit du peuple tibétain d'exercer librement sa religion.

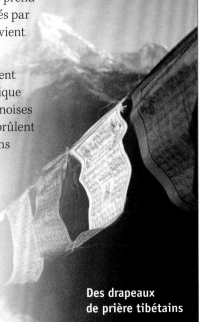

Des drapeaux de prière tibétains

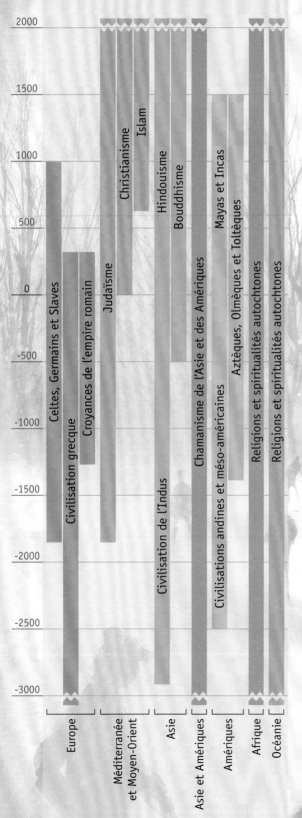

Temps de fondation et continuité de quelques traditions religieuses

Les traditions religieuses vivent des moments de **tension** et de **transformation**. Certaines d'entre elles connaissent de grandes périodes d'**expansion**. Au XVIe siècle, le fractionnement de la chrétienté, qui s'est jusque-là développée principalement en Europe, provoque des bouleversements et des réactions, tant chez les fidèles qu'au sein des autorités religieuses. C'est dans ce contexte que s'amorce la **diffusion** des confessions catholique romaine et protestante en Asie, en Afrique, en Océanie et dans les Amériques.

En Amérique centrale et en Amérique du Sud, le catholicisme romain s'implante et se développe, grâce, entre autres, aux réductions missionnaires établies par les divers **ordres religieux** mandatés par l'Église. Du côté de l'Amérique du Nord, huguenots et catholiques romains s'installent en Nouvelle-France, y cohabitent et y font commerce avec les Amérindiens, auprès desquels les efforts des missionnaires ne sont pas fructueux.

Lorsque Mgr de Laval s'installe à Québec, à la fin du XVIIe siècle, le clergé catholique romain s'organise et cette confession devient prédominante en Nouvelle-France. À la même époque, des protestants de partout en Europe fuient les **persécutions** et s'installent dans les colonies britanniques d'Amérique du Nord afin d'y bâtir un nouveau monde fondé sur les valeurs de leur tradition religieuse. Ces valeurs inspireront les auteurs de la constitution du pays qui voit le jour : les États-Unis.

En Europe, les **révolutions** populaires amorcent, avec l'élimination des **monarchies de droit divin** et la diminution des pouvoirs religieux, un lent mouvement vers la **laïcisation** des États. Le clergé se rapproche alors du peuple, toujours attaché à ses traditions religieuses. En Amérique du Nord, lorsque les habitants de la Nouvelle-France deviennent sujets britanniques, ils conservent leur **liberté de culte**. La communauté catholique romaine française continue donc à se développer, aux côtés de communautés protestantes grandissantes.

Au cours des deux derniers siècles, le renforcement des **droits** et des **libertés des individus** comme valeurs fondamentales des sociétés a transformé la pratique religieuse des populations occidentales. Depuis les années 1960, la croyance est moins une affaire de tradition et de communauté qu'un choix personnel. Certaines personnes revendiquent une liberté absolue de pratique, alors que d'autres défendent leurs traditions. Devant ces nouvelles valeurs, les confessions chrétiennes tentent, par le **mouvement œcuménique**, de se rapprocher, misant sur leurs points communs plutôt que sur leurs différences pour rassembler les fidèles.

Quoi qu'il en soit, toutes les traditions religieuses sont aux prises avec des débats importants qui, aujourd'hui comme hier, provoquent des tensions et pourraient entraîner de nouvelles fractures ou engendrer de nouvelles confessions.

QUESTIONS

1. Nommez l'origine commune que partagent le christianisme et l'islam.

2. À l'époque de la Contre-Réforme, comment l'Église s'y prend-elle pour revenir au mandat apostolique des premiers disciples de Jésus ?

3. Comment a-t-on implanté le catholicisme en Asie ?

4. Qu'est-ce qui explique que l'Amérique centrale et l'Amérique du Sud soient aujourd'hui majoritairement catholiques romaines ?

5. Nommez trois comportements des populations autochtones en matière de croyances spirituelles qui semblent incompatibles avec les valeurs de la tradition chrétienne du début de la colonie française.

6. Qu'est-ce qui distingue les activités des ordres religieux masculins et féminins ?

7. Quelle raison pousse les Pères pèlerins à venir s'installer en Nouvelle-Angleterre au XVIIᵉ siècle ?

8. En utilisant l'outil 9, *La comparaison*, comparez, en fournissant au moins deux exemples, la laïcisation de l'État à l'époque de la Révolution française et l'abolition du religieux par les révolutions communistes.

9. En quelques lignes, faites une synthèse des principales conséquences sur les traditions religieuses de l'essor des valeurs individualistes en Occident.

10. En vous basant sur l'outil 17, *L'induction*, et sur le **document 5.12** à la page 93, émettez une hypothèse sur l'évolution des traditions religieuses au Canada durant les 20 prochaines années.

CHAPITRE 6

DES RÉFLEXIONS SUR L'EXPÉRIENCE RELIGIEUSE

Quels visages peut prendre l'expérience religieuse ?
Comment se vit-elle ? Est-elle propre à certaines
traditions religieuses ? Quels sont ses effets ?
Est-elle toujours foudroyante ?

L'expérience religieuse est une dimension essentielle pour les personnes et les groupes liés à une religion. Les formes de l'expérience religieuse varient selon les personnes et les religions au sein desquelles elle est vécue. Certaines expériences religieuses sont si intenses qu'elles amènent les individus qui les vivent à consacrer leur vie au divin. D'autres sont vécues au quotidien, et peuvent être très discrètes. Mais quelle que soit sa nature, l'expérience religieuse traduit une rencontre avec une réalité plus grande que soi.

Qu'elle soit vécue en solitaire ou en groupe, de façon continue ou ponctuelle, l'expérience religieuse a des effets sur la personne, aussi bien sur le corps que sur l'esprit. Elle transforme la perception que l'on a de soi-même et des autres, peut contribuer à donner un sens à la vie et peut jouer un rôle important dans la solidification du tissu social.

6.1

Quand peut-on parler d'expérience religieuse ?

Toute expérience associée au divin, ou liée à un état de conscience, à une activité ou à un comportement déterminé et codifié par un système de croyances, peut être qualifiée de *religieuse*. Les croyants et les croyantes vivent des expériences religieuses, qui n'ont pas toutes la même intensité. Celles-ci prennent forme et corps d'une manière spécifique et sont souvent des modes d'expression d'une tradition religieuse.

QUELQUES CARACTÉRISTIQUES DE L'EXPÉRIENCE RELIGIEUSE ■

L'expérience religieuse peut se présenter sous diverses formes et être vécue de plusieurs façons, en fonction de la tradition religieuse et de la culture, mais aussi selon qu'elle est vécue seul ou en groupe. Des personnes peuvent en faire une partie plus ou moins importante de la recherche d'un sens à donner à leur vie, alors que d'autres la vivent sans l'avoir recherchée. Vécue au quotidien, elle peut s'exprimer, entre autres, par un émerveillement devant la nature, par la prière ou par la méditation. Elle peut aussi être de nature exceptionnelle et se manifester par des illuminations ou des extases.

Quel que soit le visage qu'elle prend, l'expérience religieuse a des effets sur les gens et sur la communauté.

Chez certaines personnes, elle transforme la manière d'appréhender et de comprendre le monde. Elle peut même, surtout quand elle est exceptionnelle, provoquer d'importants bouleversements et transformer la vie de ceux et celles qui l'éprouvent, et même celle de leur entourage. Dans certains cas, de nouveaux mouvements religieux prennent forme. De plus, les gens qui la vivent peuvent développer un sens aigu du partage, de l'entraide et du dévouement, ou joindre une communauté religieuse pour y consacrer leur vie ou même se convertir à une autre tradition religieuse.

Bien qu'il ne soit pas toujours facile d'en exprimer le sens et l'intensité, la plupart des gens qui vivent une expérience religieuse éprouvent le besoin de la communiquer à d'autres. Dans bien des cas, ce récit se limite à l'entourage. Dans d'autres, il s'ajoute à la tradition orale ou écrite en faisant appel à des procédés comme la poésie ou la prière.

Document 6.1
Des pratiques qui sollicitent les sens
Dans plusieurs églises protestantes, la prière
est accompagnée de chants et de danses.

UNE EXPÉRIENCE QUI TOUCHE PLUSIEURS DIMENSIONS DE LA PERSONNE ▪▪

À l'intérieur d'un système de croyances, l'expérience religieuse s'inscrit dans des pratiques qui permettent aux fidèles d'entrer en relation avec le divin. Bien que ces pratiques varient d'une tradition religieuse à l'autre, elles font généralement appel à plusieurs dimensions de la personne (voir **doc. 6.1**). Ainsi, il arrive fréquemment :

- que le corps soit impliqué par une stimulation des sens, un chant ou une posture ;

- que des émotions, par exemple la joie, la tristesse ou la compassion, soient engendrées lors de certaines expériences ;

- que l'esprit soit amené à se concentrer ou à réfléchir sur une question ;

- que l'âme soit éveillée par la compréhension approfondie de la signification d'un symbole.

L'expérience religieuse peut être vécue en solitaire, dans un lieu privilégié à la maison, dans la nature ou ailleurs. Il est aussi possible de l'éprouver en communauté, dans un lieu réservé à cette fin, comme une église, une synagogue, une mosquée, un temple, ou même, dans certaines traditions, dans un lieu naturel consacré. ➡ ANNEXE **A**, FICHES **1** À **9**

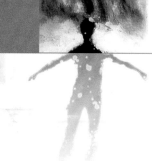

6.2
COMMENT SE MANIFESTE L'EXPÉRIENCE RELIGIEUSE ?

Document 6.2
Une procession bouddhique en Malaisie
De nos jours, les processions sont plutôt rares en Amérique du Nord. Mais en Amérique du Sud, en Afrique, en Asie et dans certains pays d'Europe, elles sont encore fréquentes.
➡ ANNEXE **A**, FICHE **8**

Procession
Défilé à caractère religieux qui s'effectue en chantant et en récitant des prières.

Marguillier
Laïc chargé de l'entretien d'une église.

Comment se fait-il que des personnes issues de traditions religieuses diffé-rentes racontent les expériences religieuses d'une manière similaire ?

Réflexion

Plusieurs expériences religieuses présentent des similitudes. Dans la plupart des traditions, certaines de ces expériences se vivent en groupe. Parallèlement à ces manifestations collectives, des individus vivent, dans la solitude, des expériences religieuses discrètes, mais non moins signi-fiantes, et d'autres vivent de telles expériences avec une intensité hors du commun.

DES MANIFESTATIONS COLLECTIVES DE L'EXPÉRIENCE RELIGIEUSE ■

Certaines personnes préfèrent les activités de groupe, comme les repas familiaux ou la pratique d'un sport d'équipe. Il peut même nous arriver de participer à des activités avec un grand nombre de gens qui nous sont inconnus, comme lorsque nous assistons à un concert ou que nous nous joignons à une manifestation.

Faire part d'une expérience à d'autres peut en multiplier le plaisir et la portée, ou, à l'inverse, en atténuer la douleur. Le phénomène est semblable dans le cas de l'expérience reli-gieuse. Ainsi, dans de nombreuses traditions religieuses, les fidèles se rassemblent pour participer à des cérémonies, ou prendre part à des **processions** (voir **doc. 6.2**).

Un souffle de frénésie gonfla les poitrines. « Cœur Sacré de Jésus, j'ai confiance en vous. » Le chant de ces dizaines de milliers de voix angoissées montait, d'une force telle, que l'oreille ne pouvait en évaluer l'intensité. [...] La clameur née à l'église Saint-Roch se communiqua à tout le parcours jusqu'au reposoir de l'Hôtel de Ville, comme une tornade qui soulève tout sur son passage.

[...] La gigantesque croisade s'ébranlait, précédée des gendarmes à cheval. À l'avant-garde [...] marchaient les religieux de toutes les communautés [...]. Le dais suivait, gravement soutenu par des marguilliers gantés de blanc, qui se relayaient en cours de route, par équipes. Marchaient ensuite [...] des ecclésiastiques de haut rang. Puis c'étaient les notables, les personnalités politiques et l'énorme masse des laïques anonymes qui s'incorporaient au défilé dont les rangs s'allongeaient et se grossissaient comme un raz de marée formidable.

Roger Lemelin (1919-1992), *Les Plouffe*,
Montréal, Stanké, coll. « 10/10 », 2008, p. 405-406.

Les rassemblements de grande envergure, comme les processions, ont généralement lieu à des moments précis, quelques fois par année. Toutefois, de nombreux fidèles se rencontrent aussi régulièrement pour rendre hommage au divin et se remémorer des moments importants de leur tradition religieuse. La forme et le sens des cérémonies religieuses sont établis en fonction des récits et des textes fondateurs du système de croyances dans lequel elles s'inscrivent (voir **doc. 6.3**). ➡ ANNEXE **A**, FICHES **1** À **9**

DES EXPRESSIONS INDIVIDUELLES DE L'EXPÉRIENCE RELIGIEUSE ▪▪

Le témoignage de **visions** est répandu dans de nombreuses traditions religieuses. Des récits de visions sont souvent à l'origine de cultes rendus à des personnages ou à des lieux importants.

> [Mohammad] prit l'habitude de faire des retraites dans l'une des caverne d'une montagne proche. Il y méditait en priant Allâh [mot arabe pour Dieu] et s'y livrait à des pratiques ascétiques. Un jour, vers l'an 610, il eut une vision comme le « surgissement de l'aube », il entendit une voix et vit, selon la tradition, l'archange Gabriel (Djibril en arabe) qui lui transmit des paroles de Dieu. [...] Mohammad, d'abord effrayé, suspecta un piège de Satan. Mais des monothéistes proches le rassurèrent. Il s'habitua peu à peu à recevoir ces messages. Il les répéta à son entourage et, plus tard, les dicta à un secrétaire. C'est leur notation écrite, mise en ordre ultérieurement, dont la collection devait former le Coran [...].
>
> Frédéric Lenoir et Ysé Tardant-Masquelier, dir., « L'islam », dans *Encyclopédie des religions*, vol. 1, Paris, Bayard Éditions, 1997, p. 734.

Dans de nombreux systèmes de croyances, les rêves et les visions sont considérés comme une porte d'accès privilégiée au monde spirituel. Ces expériences religieuses peuvent survenir spontanément, mais elles peuvent aussi faire l'objet d'une quête nécessitant une préparation particulière.

Maurycy Gottlieb, *Juifs priant à la synagogue au Yom Kippour*, 1878, Tel Aviv, Israël.

Document 6.3
Un rassemblement de fidèles dans une synagogue
Lors du rassemblement hebdomadaire, les fidèles peuvent se recueillir en silence et s'adresser personnellement à Dieu.

Vision
Représentation apparaissant aux yeux ou à l'esprit, perçue comme d'origine surnaturelle.

DES ENSEIGNEMENTS POUR TRANSMETTRE UNE TRADITION ■■

Les premiers enseignements religieux transmis aux enfants portent souvent sur l'apprentissage des récits fondateurs et des pratiques quotidiennes qui y sont liées (voir **doc. 6.6**). Ces récits révèlent les règles des systèmes de croyances. Dans les traditions religieuses abrahamiques, ils sont transcrits puis commentés. Dans le judaïsme, notamment, le Talmud contient près de 1000 ans de réflexions et d'interprétations à propos de la Torah.

Dans la plupart des systèmes de croyances, des maîtres spirituels, à la fois gardiens et transmetteurs de la tradition, guident les personnes qui désirent approfondir leur pratique religieuse. Leur enseignement peut être prodigué sous forme d'interprétations et de réflexions concernant des textes fondateurs ou l'expérience de fidèles. Ils aident aussi les novices à se remémorer et à reproduire les gestes accomplis et les paroles prononcées par un fondateur, des ancêtres, des puissances ou des êtres surnaturels, contribuant ainsi à transmettre les formules et les rituels qui permettent d'entrer en relation avec le divin.

Document 6.6
Une tradition qui se transmet de génération en génération
L'apprentissage des récits fondateurs et des pratiques religieuses se fait souvent dès l'enfance, dans la famille ou la communauté religieuse des parents.

> Les personnes désirant approfondir leur pratique religieuse ou spirituelle font généralement appel à des maîtres dont le savoir religieux est étendu et reconnu par la communauté.

Le savoir des maîtres spirituels peut provenir d'autres maîtres ou de leur propre expérience religieuse et, dans certaines traditions, leur autorité peut être confirmée par un rite d'initiation. Souvent, la transmission de leur enseignement se poursuit après leur mort, notamment grâce aux textes fondateurs.

En complément

L'université, haut lieu de transmission des savoirs

Lorsque l'Empire romain s'écroule en Occident, l'Église, qui a besoin de prêtres instruits pour diffuser ses enseignements, prend en main l'éducation scolaire. Des cours de grammaire, d'art du discours, d'arithmétique, de géométrie, d'astronomie et de musique sont donnés dans les cloîtres ou sur les places publiques. Pour tous les enseignements, on utilise l'Ancien et le Nouveau Testament.

Au Moyen Âge, les monastères sont les principaux sièges de la connaissance. Puis, sous Charlemagne, on redécouvre les philosophes grecs, et le droit et la médecine commencent à être enseignés. Les cathédrales urbaines deviennent les lieux privilégiés de l'étude, et des laïcs obtiennent le droit d'enseigner. C'est au milieu du XIIIᵉ siècle que le terme *universitas*, qui signifie « totalité, ensemble », est utilisé pour la première fois, pour désigner le groupe des maîtres, puis le lieu où ils enseignent. Aujourd'hui, l'université est le plus haut lieu de la production, de la conservation et de la transmission des savoirs.

6.4
Des transformations et des métamorphoses

Les expériences religieuses n'ont pas toutes les mêmes effets. Alors que certaines d'entre elles font partie du quotidien des fidèles et se vivent dans l'intimité, d'autres, plus intenses, ont des effets marquants. Ainsi, certaines personnes se disent transformées ou métamorphosées par ce qu'elles ont vécu.

REDONNER UN SENS À LA VIE ■

Être victime de préjugés, d'abus ou de violence, perdre une personne aimée, voir ses parents se séparer ou simplement ne plus savoir où nous en sommes peut provoquer des question-nements, de la détresse et de la souffrance. Dans de telles situations, certaines personnes trouvent dans l'expérience religieuse un sentiment de force et d'équilibre qui les aide à développer une nouvelle compréhension des choses, et à donner un sens à leur souffrance.

> [...] Pourquoi cette souffrance ? [...] Désespérée de vivre sans savoir, j'ai crié : « Dieu, où es-tu ? Qui es-tu ? Je veux que tu te manifestes de manière *tangible*. Je suis incapable de continuer à vivre en ne sachant pas si tu existes. [...] »
>
> Alors, dans la nuit, j'ai attendu. Incapable de dormir, j'espérais un signe ! Un souffle s'est manifesté en moi qui m'a littéralement clouée sur mon lit. Une force, une énergie impressionnante s'est emparée de moi, si intense que j'en étais incapable de bouger. [...] J'avais peine à respirer, mais je n'avais pas peur.
>
> Le lendemain, une intuition particulièrement forte m'a poussée à me rendre à l'église [...]. Incroyable ! Ce n'était pas mon style du tout. Mais la force de cet élan renversait tous mes préjugés. J'ai reçu une énorme consolation de l'âme. [...]
>
> Je me sentais profondément impressionnée et de nouveau habitée par l'espoir.
>
> Collectif, *Au cœur du paysage urbain, Un pèlerinage*, Montréal, Novalis, 2008, p. 69-71.

Par le réconfort, le sentiment de guérison, et même le sens qu'elle peut redonner à une vie qui en semble dépourvue, l'expérience religieuse peut transformer profondément une personne.

Tangible
Du latin *tangere*, qui signifie « toucher ». Désigne ce qui peut être appréhendé de manière directe et concrète par les sens.

Réflexion ← Quels éléments de cet extrait témoignent de la métamorphose qui peut survenir chez une personne vivant une expérience religieuse ?

Si cette transformation est parfois discrète, il arrive qu'elle soit remarquable, et même spectaculaire : on parle alors de métamorphose. Par exemple, les gens qui souffrent de dépendances ou qui commettent des crimes peuvent trouver dans l'expérience religieuse l'inspiration ou le courage nécessaire pour modifier des comportements qui les rendent, eux et souvent aussi leur entourage, malheureux. D'autres, comme les démunis ou les victimes de conflits armés, peuvent y puiser la force de traverser des moments éprouvants. D'autres, enfin, peuvent décider de changer d'allégeances politiques ou de métier, ou même mettre fin à des amitiés ou à une union avec leur partenaire de vie pour respecter leurs valeurs renforcées ou modifiées par une expérience religieuse.

Souvent, l'expérience religieuse prend une forme qui concorde avec la tradition religieuse de la personne ou de la communauté qui la vit. Mais ce n'est pas toujours le cas, en particulier dans les sociétés où la dimension religieuse s'est effacée de la plupart des domaines d'activité et où les croyances et les pratiques religieuses ont été délaissées. L'expérience religieuse peut alors prendre un aspect inattendu et mener à une conversion. Ce terme, qui désigne l'abandon d'un système de croyances pour un autre, est aussi employé dans le cas des personnes qui deviennent athées, qui joignent une tradition religieuse après avoir été athées, ou qui, sans changer d'affiliation religieuse, deviennent pratiquantes.

En complément

Amazing Grace

Le marin et commerçant anglais John Newton (1725-1807) fait la traite des Noirs. Il est un important marchand d'esclaves de son époque. Au printemps 1748, sur le chemin du retour d'un voyage en Amérique, son navire négrier essuie une violente tempête. Terrifié, rongé de remords, John Newton monte sur le pont pour demander pardon à Dieu. Repenti, il renonce au trafic d'esclaves, se fait pasteur, puis lutte contre l'esclavage des Noirs. Inspiré par son expérience religieuse, il écrit un poème, *Amazing Grace*, qui deviendra l'hymne protestant le plus connu.

> Quelle que soit sa nature ou son intensité, l'expérience religieuse entraîne généralement des changements chez la personne qui la vit.

Ascétique
Qui lutte contre les exigences du corps, à l'aide d'exercices de pénitence et de privations.

Réflexion
Comment le caractère inattendu de l'expérience religieuse pourrait-il changer la vision du monde qu'avait une personne jusque-là ?

[…] *en juillet et août 1964, alors qu'il travaillait comme standardiste* […], *[le journaliste italien Vittorio Messori] tomba par hasard sur un exemplaire des Évangiles. Tandis qu'il le lisait avidement, il se produisit un phénomène que Messori décrit comme une « Lumière qui explose soudainement », une « rencontre mystérieuse » quasi physique avec Jésus.*

[Messori] se dépeint lui-même comme étant […] *aux antipodes de la vie mystique et ascétique. Et pourtant, raconte-t-il, il vécut ces deux mois « immergé » dans une « expérience mystique » qu'il n'aurait jamais imaginée, qu'il n'avait pas connue auparavant. Un état de pleine lumière « avec la lumineuse certitude d'avoir vu la Vérité, avec toute sa force, toute son évidence ». Une vérité qui « m'a été montrée sans que je [l'aie] attendue ni méritée ».*

Jean-Baptiste Maillard, *Vittorio Messori : histoire d'une conversion*, Anuncioblog – blogue catholique d'évangélisation, [en ligne].

Ainsi, à la suite de sa conversion, le journaliste italien Vittorio Messori, auparavant un athée convaincu, hostile à l'idée même que Dieu puisse exister, devient un ardent catholique.

Dans les sociétés modernes occidentales, où l'individualité est une valeur prédominante, l'appartenance religieuse devient davantage une question de choix personnel. Il arrive même que des gens se convertissent plusieurs fois au cours de leur vie.

Parfois, certaines métamorphoses, sans être déclarées, peuvent être observées dans le discours, le comportement ou les attitudes des personnes qui les vivent.

UNE EXPÉRIENCE SEMBLABLE POUR TOUS LES ÊTRES HUMAINS ? ■■

L'expérience religieuse peut être difficile à exprimer de façon claire et compréhensible. Afin d'y parvenir et de transmettre la tradition, chaque communauté établit, au fil du temps et selon son système de croyances, une façon de faire qui lui est propre. Ces différences reflètent les multiples conceptions du divin et du phénomène religieux, et contribuent aussi à la **singularité** de chacune des traditions.

Au-delà des frontières culturelles et temporelles, l'expérience religieuse occupe une place importante dans toutes les traditions, et plusieurs éléments qui la décrivent sont récurrents d'une religion à l'autre.

> *Les grandes expériences* [religieuses] *ne se ressemblent pas seulement par leur contenu, mais souvent aussi par leur expression.*
>
> Mircea Eliade (1907-1986)

Cela veut-il dire qu'elle est la même partout sur la terre, et ce, depuis toujours ? Il serait simpliste de comparer ainsi les croyances religieuses. Il n'en demeure pas moins que, depuis la nuit des temps, l'être humain a trouvé dans les multiples traditions religieuses des explications aux expériences religieuses qu'il peut vivre.

Simone Weil
(1909-1943)

Née à Paris dans une famille juive non pratiquante, Simone Weil fait de brillantes études et devient professeure de philosophie à 22 ans. S'intéressant aux théories de Marx, elle participe aux mouvements syndicalistes et s'engage comme ouvrière afin de comprendre la réalité des ouvriers. Pendant la Seconde Guerre mondiale, elle fuit aux États-Unis avec sa famille. Elle y installe ses parents puis revient à Londres, où elle travaille pour la Résistance. Souffrant de migraines de plus en plus violentes et atteinte de tuberculose, elle démissionne de son poste. Par solidarité avec les gens des territoires occupés, elle refuse de se nourrir, ce qui finit par avoir raison de ses dernières forces. Ses nombreux écrits, publiés après sa mort, témoignent de son intense vie spirituelle et de l'influence du christianisme sur sa vie. ■

 Réflexion — Comment expliquer qu'il y ait des éléments communs à des traditions religieuses différentes ?

Singularité
Caractère de ce qui est unique.

On qualifie une expérience de *religieuse* quand elle se rapporte au **divin** ou qu'elle est **liée à une tradition religieuse**. Bien que les **expériences religieuses** aient en commun des sentiments et des attitudes, les façons de les vivre et les formes qu'elles prennent sont directement liées au **système de croyances** de la personne qui les vit.

Ainsi, les expériences religieuses peuvent prendre la forme d'activités qui ponctuent le **quotidien**, telles les prières et la méditation, ou encore d'**expériences exceptionnelles**, qui peuvent avoir des **effets marquants** dans la vie de ceux et celles qui les vivent. Certaines de ces expériences sont vécues **de façon individuelle**, c'est le cas des visions, alors que d'autres se vivent **en groupe** ou **en communauté**, au cours de cérémonies ou de processions par exemple.

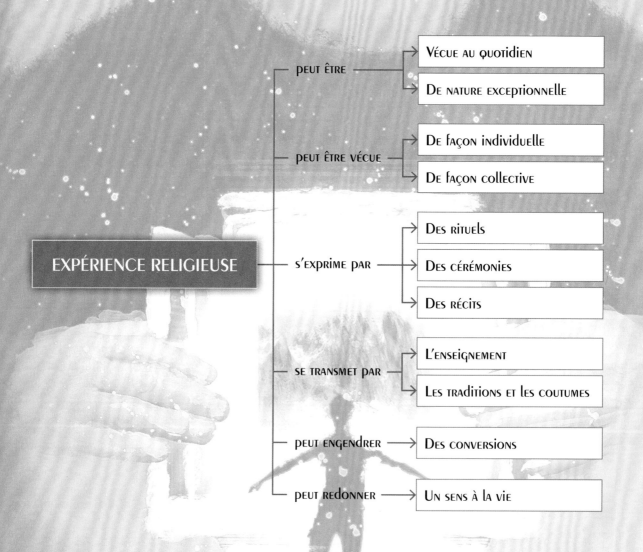

EXPÉRIENCE RELIGIEUSE

PEUT ÊTRE →
- VÉCUE AU QUOTIDIEN
- DE NATURE EXCEPTIONNELLE

PEUT ÊTRE VÉCUE →
- DE FAÇON INDIVIDUELLE
- DE FAÇON COLLECTIVE

S'EXPRIME PAR →
- DES RITUELS
- DES CÉRÉMONIES
- DES RÉCITS

SE TRANSMET PAR →
- L'ENSEIGNEMENT
- LES TRADITIONS ET LES COUTUMES

PEUT ENGENDRER →
- DES CONVERSIONS

PEUT REDONNER →
- UN SENS À LA VIE

Même s'il n'est pas toujours facile d'expliquer ce type d'expérience, la plupart des gens qui vivent une expérience religieuse éprouvent le besoin de la communiquer à d'autres. Leurs récits, tant oraux qu'écrits, constituent souvent le **fondement** des traditions religieuses et sont transmis de génération en génération, par la **famille** et la **communauté**. Il y a donc, pour chaque tradition religieuse, une façon d'expliquer sa conception du divin et des phénomènes religieux, dont l'**enseignemen**t se fait par la **culture**, des **coutumes** et des **pratiques**.

QUESTIONS

1   Nommez deux effets que l'expérience religieuse peut avoir sur la personne et sur la communauté.

2   Quels éléments déterminent la forme et le sens des cérémonies religieuses ?

3   Dans vos propres mots, décrivez ce que signifie le mot *ravissement* dans un contexte religieux.

4   Pourquoi les êtres humains ont-ils senti le besoin de créer des rituels pour entrer en relation avec les puissances ou les divinités ?

5   Peut-on dire que les rituels religieux ont façonné l'organisation des sociétés laïques d'aujourd'hui ? Justifiez votre réponse.

6   À la lecture des exemples mentionnés dans ce chapitre, émettez une hypothèse qui expliquerait comment des expériences religieuses peuvent donner un sens à la vie de certaines personnes.

7   À l'aide de l'outil 15, *Le jugement de réalité*, expliquez pourquoi, selon vous, il n'y a pas une seule tradition religieuse commune à tous les êtres humains.

8   En utilisant l'outil 9, *La comparaison*, comparez la conversion d'une personne croyante qui change de religion avec celle :
   ■ soit d'une personne athée qui devient croyante ;
   ■ soit d'une personne croyante qui devient athée.

7

DES QUESTIONS FONDAMENTALES

Qu'est-ce que le bien et le mal? Avons-nous la maîtrise de notre destin? Dieu existe-t-il? Jusqu'à quel point les traditions religieuses influencent-elles les relations hommes-femmes? Qu'est-ce que la dignité humaine?

S'il est souvent décrit comme une merveille de beauté et d'harmonie, le monde dans lequel nous vivons abonde aussi en douleurs, en désordres et en horreurs. Cela amène les êtres humains à se questionner. Pourquoi est-ce ainsi ? Si Dieu existe, pourquoi permet-il cela ? Tandis que certains croient que le divin nous guide sur le chemin du bien et du mal, d'autres croient que les êtres humains sont maîtres de leur destin et libres d'agir selon leurs convictions.

Les hommes et les femmes sont-ils fondamentalement différents ? Leurs relations sont-elles influencées par les traditions religieuses ? De nos jours, il est de plus en plus question de dignité humaine. De quoi s'agit-il ? Malgré toutes les réponses qu'on lui propose, l'être humain continue de se poser ces questions fondamentales.

7.1
LA CONDITION HUMAINE

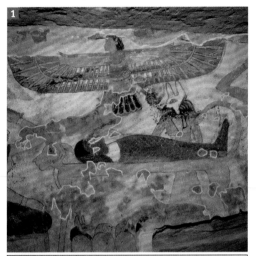

Fresque d'un mur de la tombe de Bannentiu, en Égypte (détail), VIᵉ siècle avant l'ère chrétienne.

Roland W. Reed, *Tribute to the Dead*, 1912. Library of Congress, Washington, USA.

Document 7.1
L'âme et le corps
Dans la mythologie égyptienne **1**, l'âme, souvent représentée par un oiseau à tête humaine, devient libre de ses mouvements après la mort, tout en demeurant liée au corps. Selon les spiritualités autochtones de l'Amérique du Nord **2**, le corps retourne à la terre alors que l'âme rejoint le monde des esprits.

La condition humaine est caractérisée par la conscience de notre finitude, la recherche du bonheur et le besoin d'être en relation avec les autres. L'importance que chaque tradition religieuse accorde à ces éléments varie selon ses propres critères.

LE SENS DE LA VIE ET DE LA MORT ▪

Dès que les êtres humains prennent conscience du monde dans lequel ils évoluent et de l'Univers qui les entoure, ils se questionnent sur leur nature, leurs origines, leur existence et la mort. Depuis des millénaires, les traditions religieuses et les systèmes de croyances offrent des pistes de réponses à ces questions. Selon diverses traditions, l'origine des êtres humains est associée soit à une naissance plus ou moins symbolisée, soit à un processus de fabrication à partir de matières premières assemblées ou transformées par une divinité. Les êtres humains se perçoivent souvent comme des êtres aux multiples dimensions, faits d'un corps matériel et de diverses combinaisons de vie, de souffle, de volonté, de conscience, d'intelligence, etc.

Selon plusieurs traditions religieuses, comme le christianisme, il existe une entité individuelle, souvent non matérielle, qui survit à la mort, ce qui implique un lieu de survivance et un avenir au-delà de la fin de la vie biologique (voir **doc. 7.1**). Ce lieu, simple arrêt avant une nouvelle transformation ou destination ultime et éternelle, est parfois imbriqué dans le monde des vivants, ou, plus souvent, se trouve en un endroit éloigné, caché ou gardé. Malgré cela, l'entité individuelle peut interagir ou avoir un lien avec les vivants.

LA QUESTION DU BIEN ET DU MAL ▪▪

En plus de se poser des questions sur les origines de la vie et l'existence du divin, l'être humain s'interroge sur la vie et la mort. Ces questionnements sont souvent associés à son désir de connaître le bonheur de son vivant. En règle générale, la notion de bonheur est liée à la perception de ce qui est bien.

De nombreuses traditions religieuses considèrent que le bien est tout ce qui amoindrit ou élimine la souffrance, ou tout ce qui ne la cause pas. Le mal, selon cette logique, comprend tout ce qui cause ou augmente la souffrance.

La plupart des traditions religieuses conçoivent la notion de mal de manière semblable quand il est question de meurtre, de vol ou de cruauté. Par contre, les perceptions sont divergentes pour ce qui est de la gourmandise, de la paresse ou de l'erreur, par exemple. De plus, l'évaluation de ce qui est mal se complique lorsque se combinent plusieurs maux (voir **doc. 7.2**).

Les traditions religieuses établissent généralement un système de valeurs en déterminant ce qu'est le mal, ainsi que des règles de conduite pour faire le bien et permettre d'atteindre le bonheur. Dans certains cas, comme dans plusieurs spiritualités autochtones d'Amérique du Nord, ces structures et ces règles sont implicites et se révèlent à travers les mythes et les récits fondateurs. Dans d'autres, comme dans le judaïsme ou le christianisme, elles sont explicites et prennent la forme de prescriptions et d'interdits. Ainsi, dans les traditions abrahamiques, le bien équivaut au respect des commandements divins, puisque c'est de Dieu que provient la Loi.

Document 7.2
Des niveaux de mal
On justifie les guerres saintes, comme les croisades ou le jihad, en considérant qu'un mal de moindre envergure pourrait éviter un mal plus important. De nos jours, cet argument est encore invoqué pour justifier certaines guerres.

> Les traditions religieuses établissent leurs systèmes de valeurs selon leurs perceptions du bien et du mal. ▮

La voie qui mène au bonheur dépend donc de la relation entre le bien et le mal. Dans plusieurs traditions religieuses orientales, le mal est indissociable du bien, qu'il rend identifiable, définissable et compréhensible, de la même manière que la lumière permet de percevoir l'ombre ou que le masculin permet de concevoir le féminin, ou vice-versa (voir **doc. 7.3**).

Document 7.3
Le yin et le yang
Ce symbole représente le bonheur, l'ordre et l'harmonie, qui se trouvent dans un juste équilibre entre le yin (sombre, passif, féminin) et le yang (clair, actif, masculin).

Le juste milieu

*Dans la nature profonde, il y a du dur et du souple, du bien et du mal ; [tout est bien quand] on tient le juste milieu.
[À ceux qui] ne comprennent pas, [le Maître] dit : Le bien du dur est le sens du devoir, la rectitude, la décision, la rigueur, la droiture. Le mal en est la brutalité, l'intolérance, la violence. Le bien du souple est la docilité et l'humilité ; le mal est la faiblesse, l'indécision, la flatterie. Le juste milieu est harmonie, juste équilibre.*

Zhou Dunyi (1017-1073), « Tongshu »,
Frédéric Lenoir et Ysé Tardan-Masquelier dir.,
dans *Encyclopédie des religions*, vol. 2,
Paris, Bayard Éditions, 2000, p. 1750.

Réflexion

Comment est-il possible qu'il y ait à la fois du bien et du mal dans un même élément ?

À l'inverse, dans le judaïsme, le christianisme et l'islam, on considère le bien et le mal comme deux pôles qui se repoussent. Il faut donc s'approcher du premier pour que le second se résorbe. Ainsi, si le bonheur consiste à tendre vers le bien, encourager et provoquer le mal, ou ne pas le combattre, constitue une erreur, une faute, un péché qui exige une pénitence ou une réparation. D'où le besoin de jugement des actions des fidèles par le divin (voir **doc. 7.4**).

Dans le judaïsme ancien, le jugement et la sentence se produisent dans le monde terrestre et prennent la forme de catastrophes naturelles, de guerres, de maladies ou d'accidents. Plus tard, les juifs croient qu'à la fin des temps, toutes les âmes humaines seront jugées et que les plus mauvaises paieront leurs fautes pour l'éternité tandis que les autres accéderont au royaume de Dieu.

Les catholiques soutiennent plutôt l'idée d'un jugement dès la mort et qui, dans l'attente du Jugement dernier, permet déjà une répartition des âmes selon leurs mérites. Par contre, même s'ils s'en remettent à la sagesse divine, les fidèles doivent tout de même se questionner afin de pouvoir reconnaître ce qui constitue le mal. Les réponses qu'ils donnent à ces questions relèvent donc de la liberté de l'être humain qui, elle, est guidée par la morale religieuse.

Hans Memling (vers 1435-1494),
Jugement dernier (détail),
Muzeum Narodowe, Gdansk, Pologne.

Document 7.4
Le Jugement dernier
Dans les traditions religieuses abrahamiques, on affirme qu'à à la fin des temps, Dieu établira définitivement le sort de chacun ou en fonction de sa foi, soit en fonction de ses mérites, ou en fonction des deux à la fois. Au terme de ce jugement, les justes connaîtront la félicité éternelle tandis que les autres vivront dans la souffrance perpétuelle.

7.2
Diverses conceptions du divin

Tous les êtres humains ne perçoivent pas de la même manière leur liberté de penser et d'agir. Certains se considèrent libres de toute influence, les seules contraintes émanant des responsabilités et des devoirs inhérents à la vie sociale ainsi que des lois de la physique, qui sont dépourvues de volonté divine. D'autres, au contraire, croient que tout événement dans la vie d'une personne est prédéterminé et que, par conséquent, la liberté n'est qu'une illusion. Entre ces deux façons de concevoir la vie se dessine une multitude de perceptions.

LE LIBRE ARBITRE ET LA PRÉDESTINATION

Plusieurs personnes affirment que leur voie est tracée d'avance. Pour elles, le chemin de la vie avec ses aléas, et même le moment de leur mort, relève du destin (voir **doc. 7.5**). Ce destin peut être choisi par Dieu, découler d'actions faites dans des vies antérieures ou être attribuable à des puissances contre lesquelles on ne peut rien. Ainsi, des phrases telles que « je n'ai jamais eu de chance » ou « il était écrit que je ne pourrais jamais réaliser ce rêve » font partie du quotidien de certains.

À l'inverse, d'autres personnes croient que l'être humain est libre de tracer son chemin. Elles affirment que leurs actes, leurs choix et leurs décisions orientent leur vie et que le **libre arbitre** est à la base même de l'évolution de l'humanité. Mais si l'être humain peut choisir son destin, pourquoi y a-t-il tant de souffrances ? Est-ce le hasard qui fait que certains sont malheureux ?

Dans les traditions religieuses abrahamiques, les limites de la liberté de l'être humain au regard du divin sont explicites.

> Le Seigneur Dieu prescrivit à l'homme : « Tu pourras manger
> de tout arbre du jardin, mais tu ne mangeras pas de l'arbre
> de la connaissance de ce qui est bon ou mauvais car,
> du jour où tu en mangeras, tu devras mourir. »
>
> Genèse (2, 16-17)

Dans ce passage, Dieu impose une limite à Adam et Ève et leur expose les conséquences de sa transgression, tout en les laissant libres de leurs actes. Le récit de la Genèse inspire à plusieurs théologiens chrétiens les notions de libre arbitre et de responsabilité des actes humains vis-à-vis de Dieu.

Document 7.5
Prisonniers du destin ?
Une personne perd la vie dans l'écrasement d'un avion : elle ne devait pas se trouver à bord, mais a insisté pour modifier son horaire de vol. Une autre personne devait se trouver à bord, mais n'a pas pu se présenter. Le destin de ces deux personnes a-t-il été influencé par une force divine ?

Libre arbitre
Propriété de la volonté humaine de prendre la décision d'agir et de penser librement, sans contrainte.

Toutefois, les passages bibliques qui font état du pouvoir divin de connaître toutes choses avant qu'elles ne se produisent suggèrent une forme de destin, que les théologiens nomment *prédestination*. Les catholiques romains considèrent que Dieu, sachant quelles âmes sauront faire usage de leur volonté à bon escient et lesquelles ne le sauront pas, a prévu les récompenses et les châtiments qu'elles mériteront.

L'EXISTENCE DU DIVIN CONTESTÉE ▪▪

Dans l'histoire de l'humanité, l'existence de croyances et de traditions religieuses est un phénomène à peu près universel. En effet, même si, de tout temps, des individus rejettent les croyances religieuses, les sociétés où l'on affirme que le divin n'existe pas sont peu nombreuses. Il y a bien, dans l'Antiquité grecque, des courants philosophiques qui expliquent le monde sans avoir recours au divin, mais la plupart reconnaissent l'existence de divinités ou d'un principe supérieur, comparable au divin.

À la fin du Moyen Âge et à la Renaissance, la diffusion des idées, le développement de la démarche scientifique et l'accessibilité d'outils techniques entraînent d'importantes réflexions sur le divin. L'ordre du monde et l'existence du divin deviennent des sujets d'étude.

En complément

Le poids du destin

Dans les mythes grecs, le Destin est une divinité aveugle et inflexible à laquelle sont soumises les autres divinités. Les humains sont libres dans leurs actions quotidiennes, et les divinités peuvent leur faire vivre des péripéties et des tourments imprévus, mais les événements marquants de leur vie ne peuvent changer. Dans ces mythes, le malheur provient des tentatives pour transformer le destin, et les histoires tragiques de héros en sont la démonstration.

Selon des systèmes de croyances amérindiens, africains ou nordiques, les esprits et le divin peuvent avoir une influence sur la vie des êtres humains. Ces derniers, tout en étant libres de leurs actions, peuvent, par l'intermédiaire des chamans, interagir avec les esprits et ainsi les influencer en leur faveur.

Dans les traditions religieuses qui conçoivent un cycle des renaissances, le destin revêt un autre aspect. Les êtres humains semblent entièrement libres, mais subissent, dans les vies subséquentes, les conséquences de leurs actions. Ils forgent donc leur destin.

Qu'est-ce que l'avenir nous réserve ?
Pour connaître leur avenir, plusieurs personnes ont recours à l'horoscope, aux lignes de la main, aux cartes de tarot, etc.

En Occident, les autorités religieuses sont de plus en plus remises en question et se voient progressivement écartées du pouvoir temporel. Parallèlement, l'individu prend plus de place dans la société, ce qui entraîne une redéfinition des droits et des libertés. Les critiques et les analystes commencent alors à s'exprimer sans nécessairement encourir de châtiments.

À partir du siècle des Lumières, la pensée et les croyances religieuses occidentales, contestées, deviennent des objets d'étude. À la fin du XVIe siècle, le philosophe Michel de Montaigne (1533-1592) affirme la nécessité de penser par soi-même. Quelques années plus tard, René Descartes (1596-1650) soutient que le doute est l'assise de tout raisonnement rigoureux. Dans leur recherche de compréhension et de vérités, des intellectuels européens mettent de côté les croyances religieuses et les réflexions théologiques. L'esprit scientifique semble prêt à s'imposer, et l'idée que seules des explications vérifiables empiriquement sont recevables est adoptée par plusieurs.

Des convictions ébranlées

Le naturaliste anglais Charles Darwin (1809-1882) fait connaître sa théorie sur l'évolution des espèces, remettant ainsi en question ce qui est dit dans les récits de création. Il conteste également certains points de vue traditionnellement présentés comme des arguments en faveur de l'existence du divin.

> [L'argument] *pour prouver l'existence d'un dieu intelligent* [...] *aurait de la valeur si tous les hommes de toutes les races avaient la même conviction intérieure de l'existence d'un dieu ; mais nous savons que tel n'est nullement le cas.* [...] *L'état d'esprit que des paysages grandioses ont excité jadis en moi, et qui avait un rapport intime avec la croyance en Dieu, ne différait pas essentiellement de ce qu'on appelle souvent le sens du sublime ; et quelque difficile qu'il soit d'expliquer la genèse de ce sens, on peut difficilement s'en servir comme d'un argument pour l'existence de Dieu* [...].

Charles Darwin, « Correspondance, I (1876), 359-364 »,
dans Darwin : Théorie de l'évolution, Paris,
Presses universitaires de France, 1969, p. 218-220.

Le développement de la démarche **scientifique** suscite des réflexions sur l'**existence du divin**.

Document 7.6
Des penseurs de divers horizons
Le courant existentialiste regroupe des philosophes tels que Jean-Paul Sartre et Simone de Beauvoir, mais aussi des écrivains, des scientifiques et des artistes.

D'autres théories contestent l'existence du divin. Selon le matérialisme, qui rassemble de nombreux scientifiques, toute réalité est constituée de matière, tout phénomène découle de mécanismes matériels, et les hypothèses servant à expliquer les phénomènes doivent être vérifiables par l'expérience ou l'observation.

Des affirmations de l'inexistence du divin

Au XIXe siècle, les philosophes allemands Karl Marx (1818-1883) et Friedrich Engels (1820-1895) réagissent au mouvement d'industrialisation qui balaie l'Europe. Selon eux, les écarts de conditions de vie entre les différents groupes sociaux sont attribuables aux luttes pour le pouvoir et pour l'accumulation des richesses, et n'ont donc rien à voir avec la volonté divine. Pour cette raison, ils réfutent l'immortalité de l'âme et l'existence du divin, et voient dans toute tradition religieuse un outil d'aliénation qui maintient les populations dans l'illusion rassurante d'un au-delà. Cela permet, selon eux, l'exploitation de groupes d'individus dans le but d'accumuler des profits.

À la fin du XIXe siècle, le philosophe allemand Friedrich Nietzsche (1844-1900) déclare qu'en rejetant les valeurs morales des traditions religieuses, nous avons tué Dieu. Il propose à chaque être humain de devenir son propre dieu en prenant conscience du chaos de ses pulsions, en définissant sa propre morale et en affrontant avec courage et lucidité son avenir.

Des éléments de la pensée de Nietzsche influencent les réflexions de philosophes et de penseurs du XXe siècle. Par exemple, l'existentialisme s'appuie sur l'idée que l'être humain est le seul maître de son destin : lui seul peut donner un sens à sa vie. À cet égard, le philosophe français Jean-Paul Sartre (1905-1980) affirme que chaque personne n'est rien avant d'exister et qu'elle se définit par ses actes, dont elle a, étant donné l'absence du divin, l'entière liberté et l'entière responsabilité (voir **doc. 7.6**).

L'idée que Dieu n'existe pas continue depuis à faire son chemin. De nos jours, il n'est pas rare de voir des personnalités publiques qui se déclarent athées (voir **doc. 7.7**).

Document 7.7
Faire connaître son point de vue autrement
Il y a différentes façons de faire connaître sa conception du divin, comme l'affirme ce panneau publicitaire.

DIEU N'EXISTE PROBABLEMENT PAS
ALORS CESSEZ DE VOUS INQUIÉTER ET PROFITEZ DE LA VIE
Association humaniste du Québec

Une absence de preuve

Je n'ai pas de preuve. Personne n'en a. Mais j'ai un certain nombre de raisons ou d'arguments, qui me paraissent plus forts que ceux allant en sens contraire. Disons que je suis un athée non dogmatique : je ne prétends pas savoir que Dieu n'existe pas ; je crois qu'il n'existe pas.

« Dans ce cas, m'objecte-t-on parfois, vous n'êtes pas athée ; vous êtes agnostique. » [...] L'agnostique et l'athée ont en effet en commun — c'est pourquoi on les confond souvent — de ne pas croire en Dieu. Mais l'athée va plus loin : il croit que Dieu n'existe pas. L'agnostique, lui, ne croit rien : ni que Dieu existe, ni qu'il n'existe pas... Il ne nie pas l'existence de Dieu (comme fait l'athée) ; il laisse la question en suspens.

André Comte-Sponville, *L'Esprit de l'athéisme, Introduction à une spiritualité sans Dieu*, Paris, Albin Michel, 2006, p. 81.

André Comte-Sponville
(né en 1952)

André Comte-Sponville est un philosophe français, né à Paris. Après des études à l'École normale supérieure de Paris, il enseigne à l'Université de la Sorbonne.

Il tente de rapprocher les réflexions des philosophes des siècles passés et les questionnements d'aujourd'hui sur les thèmes du sens de la vie, de la recherche du bonheur, de la liberté et de la tolérance. Selon lui, la philosophie peut permettre à l'être humain de se passer de la religion. Il développe donc une philosophie humaniste et une spiritualité sans Dieu. Il se définit lui-même comme un « athée fidèle ».

À partir de 1998, André Comte-Sponville se consacre à ses écrits et donne des conférences. Depuis 2008, il est membre du Comité consultatif national d'éthique pour les sciences de la vie et de la santé, un organisme français dont la mission est de réfléchir aux enjeux éthiques soulevés par certaines avancées scientifiques. ■

Bien que l'existence du divin soit contestée de diverses façons, de nombreux types de croyances et de doctrines évoluent partout sur la planète (voir **doc. 7.8**). Celles-ci sont défendues par plusieurs communautés et partagées par des personnes aux connaissances les plus diverses et aux modes de vie les plus variés. Par ailleurs, certaines expressions du religieux sont étudiées avec intérêt par des scientifiques et des philosophes, qui cherchent ainsi à mieux comprendre l'être humain.

Document 7.8

DES DOCTRINES POUR TRAITER DU DIVIN	
Agnosticisme	Doctrine selon laquelle tout ce qui ne peut être prouvé par l'expérience ne peut être expliqué ni connu. Ainsi, on ne peut affirmer ou nier l'existence du divin.
Animisme	Croyance selon laquelle toute réalité, vivante ou non, est dotée d'une âme et d'un principe spirituel.
Athéisme	Doctrine selon laquelle l'existence de toute divinité est niée.
Déisme	Croyance en une existence divine, quelle qu'elle soit, sans adhésion à un système religieux, à des dogmes.
Monothéisme	Doctrine qui conçoit l'existence d'une divinité unique.
Panthéisme	Doctrine selon laquelle le divin est en tout, et tout est dans le divin.
Polythéisme	Doctrine qui admet la coexistence de multiples divinités.
Spiritualisme	Doctrine selon laquelle l'esprit est indépendant et supérieur à la matière.
Théisme	Doctrine qui conçoit l'existence d'une divinité unique ayant un caractère personnel et exerçant une action sur le monde, dont elle est distincte.

LA RENCONTRE COMME CONDITION DE SURVIE

Par son association avec ses semblables, l'être humain a une capacité accrue de survivre dans son environnement. Les tâches et les fonctions peuvent ainsi être réparties, et chaque individu peut se spécialiser, ce qui augmente son efficacité. Comment cette répartition est-elle comprise, vécue et justifiée par les hommes et les femmes ? par la communauté ?

LES RELATIONS HOMMES-FEMMES ▪

L'association minimale requise pour assurer la survie de l'espèce humaine est celle de l'homme et de la femme. Pourtant, il y a à peine quelques siècles, personne ne connaissait le processus de l'ovulation, la fonction des spermatozoïdes et celle des chromosomes. On a déjà cru que l'homme, un peu à la manière de Dieu, insufflait la vie à un être qui se développait dans le corps de la femme. Puis, on s'est rendu compte que certains hommes ne pouvaient pas donner la vie. On a finalement compris les fonctions sexuelles spécifiques et complémentaires de l'homme et de la femme. Cette spécialisation implique nécessairement des différences physiologiques et psychologiques fondamentales (voir **doc. 7.9**). Pourquoi en est-il ainsi ? Comment ces différences se reflètent-elles dans les relations entre les hommes et les femmes ?

> Les relations entre les hommes et les femmes varient selon les époques, les cultures et les traditions religieuses.

On sait peu de choses sur la nature de ces relations durant la préhistoire. Plusieurs théories présentent les premiers hommes comme des chasseurs-cueilleurs, s'aventurant dans de vastes territoires pour assurer la subsistance de leur clan. Les femmes de cette époque demeurent vraisemblablement auprès des enfants et des vieilles personnes pour subvenir aux besoins quotidiens du clan. Depuis cette époque, les rôles des hommes et des femmes ont changé.

Dans plusieurs civilisations antiques, la place des femmes est soumise au bon vouloir du père d'abord, du mari ensuite. Du fait de leur rôle auprès des enfants, elles ne peuvent aller au combat, ni partir à la conquête de territoires inconnus : elles sont donc considérées comme moins importantes aux yeux du pouvoir. De plus, lorsque les maternités ne les tuent pas, elles les affaiblissent souvent, les rendant ainsi dépendantes de leur entourage.

Notre-Dame de Bon-Espoir, statue, entre 1175 et 1200, église Notre-Dame, Dijon, France.

Document 7.9
Des manifestations évidentes
L'apport masculin au processus de procréation demeure longtemps mystérieux. Cependant, les manifestations de la maternité telles que l'arrêt des menstruations, la grossesse, l'enfantement et l'allaitement sont observables depuis toujours.

Plusieurs croient que si les femmes ne peuvent pas subvenir à leurs propres besoins sur le plan matériel, elles ne le peuvent pas davantage sur les plans financier, juridique et politique. De tout temps, des femmes ont pourtant démontré qu'elles pouvaient réfléchir et comprendre des enjeux complexes. À ce sujet, de nombreux récits racontent comment certaines femmes, qui ne correspondaient pas au modèle reconnu, exerçaient à la fois, tant sur les hommes de pouvoir que sur les autres femmes, de la fascination et une grande crainte (voir **doc. 7.10**).

Les questions concernant le rôle des femmes sont présentes dans tous les textes fondateurs des traditions religieuses. Dans les traditions abrahamiques, Dieu crée le premier humain à son image, constitué de deux côtés, un masculin et un féminin. Selon la Genèse, c'est par la réunion du féminin et du masculin dans le couple que l'être humain redevient réellement créateur de la vie, à l'image de Dieu.

> [...] *Le jour où Dieu créa l'homme, il le fit à la ressemblance de Dieu, mâle et femelle il les créa, il les bénit et les appela du nom d'homme au jour de leur création.*
>
> Genèse (5, 1-2)

Document 7.10
La femme, objet de crainte
Plusieurs femmes, comme la philosophe et mathématicienne grecque Hypatie (vers 370 à 415), ont été torturées, décapitées, mises au bûcher ou pendues pour avoir affiché des croyances différentes et pris part à la vie intellectuelle ou politique, s'éloignant ainsi du rôle attribué aux femmes de leur temps.

La femme et l'homme sont donc créés égaux. Toutefois, le judaïsme ancien se développe dans un environnement patriarcal : les familles et les clans sont dirigés par des patriarches. Ainsi, les textes de la Torah soumettent par règlement la femme à son père, puis à son mari. Son témoignage n'étant pas recevable, elle est aussi exclue du domaine juridique.

Les textes fondateurs des traditions religieuses exercent une influence importante sur les rapports hommes-femmes.

En ce sens, le discours et le comportement de Jésus de Nazareth à l'endroit des femmes choquent ses contemporains. En effet, il admet des femmes parmi ses disciples, et celles-ci participent aux débats et à la mission apostolique. Jésus prend même la défense d'une femme que les juifs prévoient lapider.

Un discours qui dérange

Les scribes et les Pharisiens amenèrent alors une femme qu'on avait surprise en adultère et ils la placèrent au milieu de groupe. « Maître, lui dirent-ils, cette femme a été prise en flagrant délit d'adultère. Dans la Loi, Moïse nous a prescrit de lapider ces femmes-là. Et toi, qu'en dis-tu ? » [...] Jésus se redressa et leur dit : « Que celui d'entre vous qui n'a jamais péché lui jette la première pierre. » [...] Après avoir entendu ces paroles, ils se retirèrent l'un après l'autre, à commencer par les plus âgés, et Jésus resta seul.

Évangile selon saint Jean (8, 3-5, 7, 9)

Adultère
Qui a des relations sexuelles avec une personne autre que son conjoint ou sa conjointe.

Bien qu'elles jouent un rôle important dans la diffusion du christianisme naissant, les femmes sont progressivement reléguées à des tâches de moindre importance à mesure que se consolide la doctrine chrétienne. Durant une très longue période, leur statut se résume principalement à celui d'épouse et de mère, ou de religieuse. Souvent, elles sont même considérées mineures dans la société et dans les traditions religieuses. Elles sont généralement tenues à l'écart de la vie publique, mais conservent une grande emprise sur les activités familiales. Par contre, comme dans toute société, des exceptions et de nouvelles façons de faire apparaissent (voir **doc. 7.11**).

Ce n'est qu'après la Seconde Guerre mondiale, sous les pressions des mouvements de laïcisation et des groupes féministes, que de nombreuses sociétés en viennent à modifier leur discours envers les femmes, en s'ajustant généralement à la *Déclaration universelle des droits de l'homme*. ➡ **ANNEXE B**

L'accroissement des libertés individuelles permet ainsi aux femmes de se soustraire à certaines contraintes et de réévaluer leur place dans la société. C'est ce que fait l'essayiste française Simone de Beauvoir, qui remet également en question la place de Dieu dans la vie des êtres humains.

Aujourd'hui, le combat prend une autre figure ; au lieu de vouloir enfermer l'homme dans un cachot, la femme essaie de s'en évader [...].

Simone de Beauvoir, *Le deuxième sexe II, L'expérience vécue*, Paris, © Éditions Gallimard, coll. « Folio Essais », 1949, p. 645.

Document 7.11
Un lieu et son époque
En 1101, le moine français Robert d'Arbrissel fonde l'abbaye royale de Fontevraud, un couvent pour les femmes et les hommes. Ce moine fait figure de précurseur du féminisme en exigeant qu'après sa mort, le couvent ne soit dirigé que par des abbesses.

VIVRE ENSEMBLE : CONDITION DE LA SURVIE DE L'HUMANITÉ ▪▪

De nos jours, le statut des femmes, tout comme celui des hommes, est souvent remis en question. Bien que, dans diverses sociétés, les femmes bénéficient des mêmes droits que les hommes, ce n'est pas toujours le cas. Il peut arriver que ces inégalités soient dues à des conceptions religieuses ou culturelles, celles-ci étant souvent reliées. Cependant, pour atténuer ces inégalités, on invoque de plus en plus souvent la dignité humaine.

La dignité est le respect qui nous est dû par le simple fait que nous sommes des êtres humains. Nous perdons notre dignité lorsque notre intégrité physique, psychologique ou morale est bafouée. La liberté, l'équité et la justice sont des notions fondamentales essentielles à la sauvegarde de la dignité humaine.

Depuis les dernières décennies, les sociétés occidentales élaborent un système de droits et de libertés visant à protéger la dignité de tout être humain, quels que soient son statut, ses valeurs et ses croyances.

> L'humanité est ce morceau du cosmos capable de se donner à lui-même des règles de comportement, donc d'inventer une éthique. La solidarité est l'affirmation de la nécessité de mettre en place des rapports entre individus préservant la dignité de chacun. L'adoption unanime de [la Déclaration universelle des droits de l'homme] a constitué une étape décisive dans la construction de l'humanitude, c'est-à-dire la réalisation d'une structure dont les éléments ne sont pas les individus appartenant à l'espèce, mais les rapports que ces individus entretiennent les uns avec les autres.

Albert Jacquard, avec la collaboration d'Huguette Planès, *Nouvelle petite philosophie*, Paris, © Stock Éditeur, 2005, p. 208.

Dans l'avenir, de nouveaux courants, religieux ou non, apporteront peut-être des réponses différentes aux questions existentielles que l'être humain se pose depuis la nuit des temps. La façon dont on aborde ces questions évolue dans le temps et les réponses sont constamment remises en cause, deviennent figées ou s'éloignent de la perception qu'on se fait de la réalité. Il est donc plus que probable que ces questions et leurs réponses continueront de susciter de nombreuses réflexions.

SIMONE DE BEAUVOIR
(1908-1986)

Simone de Beauvoir est une philosophe, romancière et essayiste française née à Paris. En 1929, elle rencontre Jean-Paul Sartre et devient sa compagne. Elle défend la théorie de l'existentialisme élaborée par ce dernier et l'applique à la condition féminine dans son essai *Le deuxième sexe*, paru en 1949. Elle y avance l'idée que l'infériorité de la femme par rapport à l'homme n'est pas le propre du genre féminin, mais la conséquence d'un carcan imposé par la société.

Elle analyse la condition féminine à travers les mythes, les civilisations, les religions, l'anatomie et les traditions. Sa vision, moderne pour l'époque, en fait l'une des figures de proue du féminisme. Simone de Beauvoir est une écrivaine engagée qui lutte pour la reconnaissance des droits des femmes et leurs intérêts dans la société civile ; elle invite les femmes à se libérer du joug du conditionnement historique. ▪

Depuis la nuit des temps, l'être humain se pose des **questions fondamentales** sur la **condition humaine**. Selon les systèmes de croyances, respecter les valeurs et les règles de conduite peut mener au bonheur et à la vie éternelle. Ceux qui ne les respectent pas ou qui causent le mal risquent des châtiments perpétuels. Généralement, ce qui diminue la souffrance est associé au bien et à la notion de *bonheur*, alors que ce qui la cause ou l'augmente est associé au mal. Par contre, les règles pour **faire le bien** et **éviter le mal** varient d'une religion à l'autre. Il revient aux êtres humains, par leur **liberté**, de faire la distinction entre ces deux opposés.

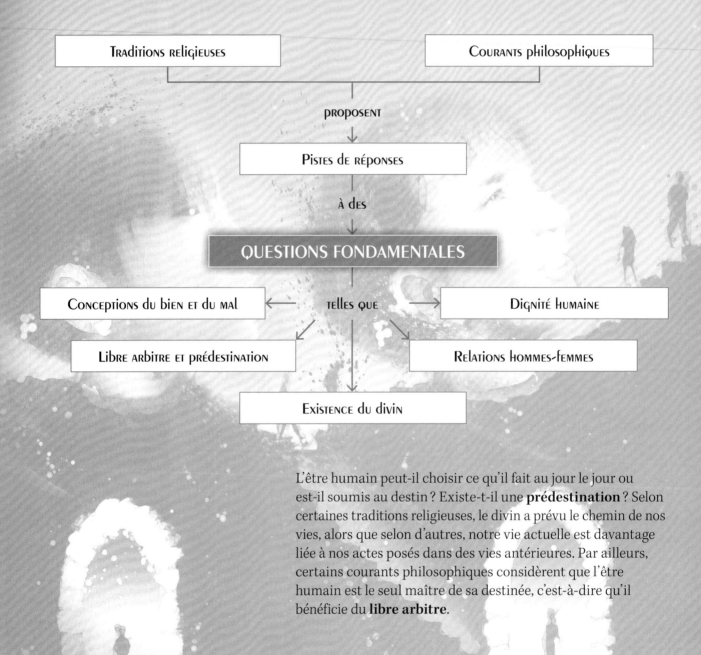

L'être humain peut-il choisir ce qu'il fait au jour le jour ou est-il soumis au destin ? Existe-t-il une **prédestination** ? Selon certaines traditions religieuses, le divin a prévu le chemin de nos vies, alors que selon d'autres, notre vie actuelle est davantage liée à nos actes posés dans des vies antérieures. Par ailleurs, certains courants philosophiques considèrent que l'être humain est le seul maître de sa destinée, c'est-à-dire qu'il bénéficie du **libre arbitre**.

Dans plusieurs traditions religieuses, les **relations hommes-femmes** sont déterminées selon des critères définis dans les textes fondateurs. Ces textes reflètent les opinions qui avaient cours au moment de leur rédaction. Au siècle des Lumières, le **développement des sciences et de la pensée** favorise la remise en question de nombreuses conceptions ou situations considérées jusqu'alors comme incontestables. Depuis, les personnes qui mettent en doute l'**existence du divin**, ou encore qui en nient l'existence, sont de plus en plus nombreuses et ne subissent plus nécessairement de châtiments.

Des mouvements de reconnaissance des **droits individuels** préconisent un rapprochement entre les êtres humains, au-delà de leurs différences de statut, de sexe, de religion ou de condition. Plusieurs **textes de loi** et **chartes** découlent de ces réflexions et prônent le respect de la **dignité humaine**.

QUESTIONS

1 Où les êtres humains trouvent-ils les réponses à leurs questions fondamentales sur leur nature, leurs origines ainsi que sur leur existence et la mort ?

2 À quoi associe-t-on généralement la notion de *bien* ?

3 Sur quoi se basent les traditions religieuses pour définir le bien et le mal ?

4 Quelles sont les deux grandes conceptions de la liberté des êtres humains ?

5 Quels changements fondamentaux apporte le siècle des Lumières à la pensée et aux croyances religieuses ?

6 Comment la *Déclaration universelle des droits de l'homme* a-t-elle modifié le discours envers les femmes dans plusieurs traditions religieuses ?

7 Que signifie l'expression « préserver la dignité humaine » ?

8 Dans vos propres mots, donnez un aperçu des courants philosophiques qui affirment l'inexistence du divin.

9 Selon vous, les êtres humains vont-ils un jour trouver toutes les réponses à leurs questions fondamentales ? Justifiez votre réponse.

Chapitre 8

L'influence des traditions religieuses sur les arts et la culture

Pourquoi l'être humain a-t-il recours à des symboles?
Quel rôle jouent les symboles dans les arts et la culture?
Quelle influence les traditions religieuses exercent-elles sur les arts et la culture?

 Liens

 Hyperliens

Les symboles utilisés par des peuples fort éloignés, dans le temps et dans l'espace, renvoient parfois à des éléments semblables. Les êtres humains font très souvent appel à des représentations symboliques pour exprimer des concepts et pour répondre à leurs questions existentielles.

Lorsqu'ils découvrent les Amériques, les Européens rencontrent des sociétés qui ont leurs croyances propres. Celles-ci seront remplacées par le christianisme, qui a marqué le développement des arts et de la culture au fil des siècles. Puis, le développement de la laïcisation en Occident entraîne des mouvements qui remettent en question la place de la religion dans la société. Malgré le désir de s'affranchir du religieux, l'influence des traditions religieuses sur les arts et la culture persiste et traverse les époques, ce qui reflète l'importance sociale qu'elle a eue, et qu'elle a encore de manière plus ou moins importante selon les sociétés.

Le symbolisme religieux dans les Amériques précolombiennes

Document 8.1
Les civilisations américaines précolombiennes
Le peuplement des Amériques s'est fait en plusieurs vagues. Une des hypothèses, souvent contestée, suppose une migration en provenance de l'Asie par le pont terrestre de la Béringie, entre la Sibérie et l'Alaska.

L'utilisation de symboles, religieux ou non, remonte à des temps immémoriaux. En plus d'illustrer des concepts abstraits tels les divinités, les croyances, les idées, les sentiments, ils permettent à ceux et à celles qui en connaissent la signification de se reconnaître comme membres d'une même tradition, d'un même clan ou d'un même groupe.

DES CIVILISATIONS AUX TRADITIONS RELIGIEUSES COMPLEXES ■

Pour expliquer le peuplement des Amériques, les archéologues se basent sur les bâtiments et les objets découverts. Ils peuvent ainsi mieux comprendre les croyances et le mode de vie des premiers occupants (voir **doc. 8.1**). Leurs travaux nous permettent de constater qu'il existe des liens entre certains symboles utilisés par des peuples pourtant fort éloignés les un des autres.

Les territoires que les explorateurs européens entreprennent de conquérir abritent des sociétés qui ont des structures sociales, politiques, commerciales et religieuses complexes et bien développées (voir **doc. 8.2**). Lorsqu'ils arrivent en Amérique centrale au XVe siècle, ils y rencontrent deux grandes civilisations. Celle des Mayas, qui remonte à plus de mille ans avant l'ère chrétienne, est sur son déclin et en voie d'être remplacée par celle des Aztèques, un peuple venu du nord quelques siècles plus tôt. Lorsque les Européens explorent l'Amérique du Sud, à compter du XVIe siècle, ils y découvrent une autre grande civilisation, celle des Incas.

Au moment de la conquête de l'Amérique centrale et de l'Amérique du Sud, les cités-États des autochtones ont été abandonnées, ou détruites par les Européens, et leurs structures peu à peu masquées par la végétation. Les archéologues découvrent ainsi des sanctuaires cachés et secrets, qui témoignent de la complexité de ces civilisations.

Les fouilles archéologiques des dernières décennies démontrent l'existence de civilisations plus anciennes encore que celles des Mayas, des Aztèques et des Incas. Les cultures et les croyances de ces civilisations présentent des caractéristiques semblables et font souvent référence à des symboles similaires (voir **doc. 8.3**, à la page 134).

Document 8.2
Des structures monumentales

Le climat favorable et le fait de disposer de ressources variées pour assurer leur subsistance ont probablement joué un rôle important dans le développement des cités, des croyances et de l'art, en Amérique centrale et en Amérique du Sud.

Des vestiges d'imposantes cités

Les structures pyramidales sont, en quelque sorte, des montagnes artificielles. Comme dans bien d'autres systèmes de croyances, la **montagne** représente le lien qui unit la Terre et le ciel, le monde humain et le monde divin. Elle représente aussi l'axe autour duquel gravite le monde. C'est un lieu de manifestation divine. Par exemple, selon différents mythes, les divinités grecques habitent le mont Olympe et certaines divinités hindoues demeurent sur le mont Meru. Dans les traditions abrahamiques, la Loi est transmise à Moïse sur le mont Sinaï, et Jésus fait un de ses plus importants discours dans son Sermon sur la montagne.

Des fouilles à Mexico ont mis au jour les ruines d'une grande pyramide à degrés aztèque, le Templo Mayor.

La cité maya de Palenque, dans le sud du Mexique, comprend encore plus de 1000 structures recouvertes par la forêt.

La cité inca de Machu Picchu, au Pérou, fait partie du Patrimoine mondial de l'UNESCO depuis 1983.

Des montagnes artificielles

Les grandes cités-États d'Amérique centrale se déploient autour de pyramides à degrés, dont le sommet accueille un autel ou un temple, auquel d'immenses escaliers donnent accès. Dans de nombreuses traditions religieuses, l'**escalier** permet d'accéder au monde divin. Il symbolise aussi la transformation spirituelle de l'être humain. Chaque degré d'élévation correspond à un niveau de spiritualité qui le rapproche de la connaissance, de la sagesse ou de l'état divin.

Le complexe religieux de l'allée des Morts de Teotihuacán, au Mexique

Une maquette représentant la ziggourat de Babylone, en Irak

Les pyramides de Gizeh, en Égypte

Document 8.3
Le symbolisme de l'or

Les Incas utilisent l'or, l'argent, le cuivre et l'étain dans la confection d'éléments décoratifs de bâtiments, d'objets de culte, de bijoux, de tissus et de vêtements. Les conquérants européens du XVIᵉ siècle s'emparent des métaux précieux abondamment utilisés dans l'art religieux autochtone, qui sont refondus pour de nouveaux usages. Ainsi, un grand nombre d'œuvres d'art, de bijoux et d'objets rituels de cette époque ont disparu.

Tant par sa matière que par sa forme, l'**anneau d'or** est symbole d'union éternelle. Sa beauté et sa rareté font de l'**or** un métal précieux, symbole de richesse, de prestige, d'autorité et de pouvoir.

Dans plusieurs régions du monde, les êtres humains associent l'or au Soleil, source de la chaleur et de la lumière nécessaires à la survie.

Comme il reflète la **lumière**, l'or en prend le symbolisme et représente la connaissance, la vérité et l'élévation spirituelle. L'or résiste au temps, il est inoxydable, ce qui en fait aussi un symbole d'éternité. Il est souvent symbole de pureté et de perfection, comme dans le cas de l'auréole des saints, habituellement dorée.

Zone d'influence religieux-profane

Aujourd'hui encore, l'or symbolise l'accomplissement et la réussite : c'est la récompense ultime de plusieurs compétitions.

L'anneau peut aussi être associé au savoir et à la puissance, surtout lorsqu'il est orné de signes ou d'un sceau.

La valeur de plusieurs unités monétaires – c'est le cas du dollar canadien – a longtemps été déterminée par rapport à la valeur de l'or.

Pour les civilisations mayas et aztèques, les divinités sont les personnifications spirituelles des éléments et des puissances qui composent l'Univers. Elles ont parfois un aspect humain, parfois animal, parfois végétal, mais sont représentées le plus souvent sous une forme hybride. Cette **hybridation** témoigne peut-être du sentiment qu'a l'être humain d'être lui-même incomplet ou imparfait en regard des dieux, des héros ou des créatures surnaturelles qu'il vénère. La réunion de plusieurs éléments pour former une seule entité permet de cumuler les caractéristiques et les pouvoirs attribués à chaque élément (voir **doc. 8.4**).

Le serpent à plumes, que les Mayas nomment *Kukulcan* et les Aztèques, *Quetzalcóatl*, est le dieu de la renaissance. Comme toutes les créatures hybrides, il cumule les caractéristiques et les pouvoirs attribués à chacune de ses parties.

Zone d'influence religieux-profane

Quetzalcóatl a une double nature : il est à la fois un dieu et un être humain. Sa partie **serpent** le rattache à la terre et à la fertilité, tandis que ses **plumes** le relient au ciel et à la connaissance de toutes choses.

Dans la tradition chrétienne, le **griffon** symbolise les deux natures du Christ. La partie inférieure de son corps est celle d'un **lion**, symbole terrestre du pouvoir, de la sagesse et de la justice, tandis que la partie supérieure est celle d'un **aigle**, associé au ciel.

Le désir d'augmenter sa puissance en cumulant des caractéristiques se manifeste d'une autre façon de nos jours : dans plusieurs jeux vidéos, il est possible de choisir les attributs de son avatar ou de ses personnages.

EN COMPLÉMENT

Des dates fatidiques

En observant le mouvement du Soleil, de la Lune et d'autres astres, les Mayas déterminent précisément la longueur d'une année. Ils établissent deux structures cycliques à partir de mois de 20 jours, ce qui concorde avec leur système mathématique en base 20.

Le premier cycle, qui comprend 260 jours, soit 13 mois de 20 jours, est une année rituelle, dont la durée correspond approximativement au temps de gestation de l'être humain. Le second cycle dure 365 jours, soit 18 mois de 20 jours, plus 5 jours « sans âme », ajustés régulièrement pour correspondre à l'année calculée de 365,2423 jours. Une période de 13 jours, rappelant les 13 strates mythiques du ciel, constitue une sorte de semaine. Les deux cycles et la période de 13 jours commencent le même jour une fois tous les 52 ans, ce qui est l'occasion d'une cérémonie. Selon la mythologie maya, à la fin de certaines périodes, les divinités défont le monde pour le refaire différemment, créant ainsi un nouveau Soleil.

Les calendriers de pierre mayas prédisaient le remplacement du Soleil actuel par un nouveau, en décembre 2012.

DES SYSTÈMES DE CROYANCES INFLUENCÉS PAR LE MILIEU ■■

Avant l'arrivée de Christophe Colomb, au XVᵉ siècle, plusieurs peuples aux croyances et aux cultures diversifiées habitent l'Amérique du Nord. Malgré cette diversité, il existe des points communs dans l'utilisation de certains symboles et matériaux, notamment en ce qui concerne l'ornementation des vêtements (voir **doc. 8.7**) et les représentations animalières.

Les **animaux** occupent une place prépondérante dans les représentations artistiques et spirituelles des peuples autochtones. Chacun des animaux chassés par un peuple procure à celui-ci de la nourriture et des matériaux pour confectionner des vêtements, des outils, des armes et des objets rituels. Ces matériaux sont aussi des denrées prisées qui font l'objet d'un commerce entre différents peuples.

Divers moyens visuels sont utilisés pour conserver l'histoire des peuples. Certaines nations gravent, sur des lanières d'écorce, des séries de lignes qui forment des images complexes et signifiantes. D'autres peignent des épisodes importants de leur histoire sur des peaux (voir **doc. 8.5**).

Le masque sert également à raconter certains épisodes des récits fondateurs qui peuvent influencer une décision ou une activité comme la pêche, la chasse ou la récolte (voir **doc. 8.6**).

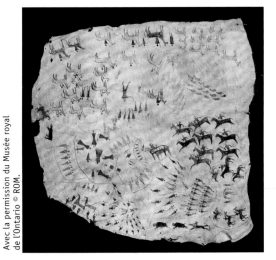

Document 8.5
Des objets de mémoire
Peinte en 1909 par Running Rabbit, grand chef des Pieds-Noirs, cette peau de bison sert à rappeler dix exploits guerriers qu'il a accomplis. Les deux exploits de chasse ont probablement été peints par son fils, White Man.

Document 8.6
Des objets de pouvoir

Masque haïda (côte du Nord-Ouest), XIXᵉ siècle, Musée McCord, don du Dʳ George Mercer Dawson, Montréal, Canada.

Le masque permet de rendre concrète la présence des êtres mythiques, des ancêtres, des puissances ou des esprits. Les chamans font appel à leurs pouvoirs lors des cérémonies et des rituels de guérison. Selon la croyance, la personne qui porte le masque acquiert les caractéristiques de ce qu'il représente.

Zone d'influence religieux-profane

Dans les cultures occidentales contemporaines, le théâtre a délaissé le masque, qui revient toutefois en force au cinéma, où tant les héros que les vilains sont souvent masqués. Si, dans les fêtes, les carnavals et les défilés, le masque a pour but de divertir, dans certains sports, il vise plutôt à protéger le visage, et les motifs qui l'ornent peuvent contribuer, à l'occasion, à intimider l'adversaire.

Document 8.7
Des vêtements porteurs de sens

Les vêtements de certains peuples peuvent être de véritables tableaux. Les tissages de coton et de laine sont parfois ornés de **motifs géométriques** et de **formes animales** qui rappellent l'ordre et l'équilibre du monde, et les divinités bienveillantes.

Ainsi, les vêtements portés lors de certains événements ou cérémonies, de même que les vêtements rituels d'un chaman, affichent des marques des puissances ou des esprits alliés.

Les coiffes et coiffures ont également des significations symboliques. Par ailleurs, les matériaux utilisés pour les fabriquer varient selon les régions : plumes, bois de cervidé, cornes de bovin, bois dur, vannerie, etc.

Les vêtements des guerriers peuvent porter la marque des puissances protectrices, mais aussi les signes des exploits passés, témoignant ainsi de la valeur de ceux qui les portent.

Des **traits**, des **cercles** et des **scalps** rappellent les actes accomplis et annoncent à l'ennemi le danger qu'il court ; des **plumes** indiquent l'autorité.

Au combat, certains guerriers arborent un attirail protecteur. Cette protection qu'offrent **boucliers** et **plastrons** est surtout liée à celle des puissances dont ils sont investis par les symboles représentés. Des boucliers semblables sont d'ailleurs utilisés par des chamans contre les mauvais esprits qui pourraient influencer leur travail.

La **tortue de mer** ne quitte la mer que pour pondre ses œufs. Dès leur naissance, les petits doivent rapidement regagner l'eau pour survivre. La tortue de mer symbolise donc la fertilité et le courage.

De nos jours, les **décorations militaires** témoignent également des exploits et du mérite des militaires.

Ces mêmes symboles protecteurs sont souvent reproduits sur des objets ou des animaux. Les **motifs** peints sur le pelage des chevaux, embossés ou dessinés sur les canoës d'écorce, ou sculptés dans le bois des barques des peuples de la côte ouest représentent autant de boucliers contre les puissances maléfiques.

Seuls les plus valeureux guerriers des plaines sont censés pouvoir porter la grande coiffe à **plumes d'aigle**. La quantité de plumes peut correspondre aux exploits accomplis.

Antoni Gaudí
(1852-1926)

Les courants artistiques du XIXᵉ siècle permettent aux artistes de revisiter la façon dont l'art sert à louer Dieu. Par exemple, certains bâtiments religieux innovent tout en respectant les conventions, alors que d'autres s'éloignent tellement des règles habituelles qu'il devient plus difficile de les associer au religieux.

La cathédrale Sagrada Familia, Barcelone, Espagne

Comme toutes les œuvres de Gaudí, cette cathédrale présente de nombreuses caractéristiques du courant appelé *Art nouveau* : les ornementations s'inspirent des formes de la nature et célèbrent la beauté et la grandeur de l'être humain, et de la nature. Ce bâtiment religieux attire plus de deux millions de touristes chaque année.

La chapelle du Rosaire, Vence, France

© Succession Alfred Manessier / SODRAC (2010).

Henri Matisse (1869-1954) s'inspire de l'arbre de vie du jardin d'Éden pour réaliser les vitraux de cette chapelle. Ils ne sont composés que de trois couleurs. Le **bleu** représente le ciel et l'infini ; le **vert** représente le végétal et, par extension, tout ce qui est vivant, toute la création de Dieu ; le **jaune** représente le divin, avec ce qu'il implique de sagesse, de savoir et d'amour infinis. Pour leur part, les dessins au trait **noir** sur des céramiques **blanches** évoquent la simplicité, le dépouillement et la pureté.

En 1878, Antoni Gaudí obtient son diplôme de l'École supérieure d'architecture de Barcelone. Malgré les critiques de ses contemporains, il développe son style, caractérisé par des formes organiques et l'emploi de mosaïques multicolores, grâce au soutien d'Eusebi Güell et des autorités religieuses. En 1883, il reprend les plans de la cathédrale Sagrada Familia, dédiée à la sainte Famille. Très croyant, il en fait son projet de vie et y travaille jusqu'à sa mort. Certains de ses bâtiments, dont la crypte de la cathédrale et le palais Güell, sont inscrits au Patrimoine mondial de l'UNESCO. ■

À la limite du figuratif

Alfred Manessier (1911-1993), *La couronne d'épines*, Musée national d'art moderne, Paris, France.

Des artistes s'éloignent de certaines conventions de l'art religieux chrétien traditionnel. Par exemple, il peut être difficile de percevoir la couronne d'épines sur la tête de Jésus dans cette toile non figurative de Manessier.

L'ART ET LA CONTESTATION ▪▪

Au cours du XIXᵉ siècle, plusieurs artistes cherchent moins leur inspiration dans les sujets religieux ou dans la grandeur et la gloire du divin que dans l'exploration des drames humains liés aux récits et aux événements de la tradition religieuse. À l'aube du XXᵉ siècle, plusieurs artistes utilisent même l'art pour contester le clergé ou s'opposer aux autorités religieuses. De nombreux symboles sont donc déviés de leur sens traditionnel, inversés, ou même transgressés (voir **doc. 8.11**).

L'émergence de nouveaux courants philosophiques a des répercussions sur les sociétés, mais aussi sur le domaine des arts. Sous leur influence, la littérature, le théâtre, la danse, la sculpture et la peinture s'aventurent de plus en plus hors des sentiers battus. Plusieurs artistes décident d'explorer des sujets qui étaient jusqu'alors considérés tabous. Parmi les nouveaux courants artistiques, le surréalisme influence fortement de nombreux artistes. Bon nombre d'œuvres artistiques alimentent donc la controverse, surtout lorsqu'elles présentent un contenu religieux que plusieurs jugent offensant (voir **doc. 8.12**, à la page suivante).

Document 8.11
Des œuvres s'éloignant des conventions

Victor Hugo
(1802-1885)

Victor Hugo est le fils d'un général de Napoléon. Il accompagne son père dans de nombreux pays avant de revenir s'établir auprès de sa mère, en France. Il fait sa propre éducation au gré de ses lectures, et publie de la poésie, des pièces de théâtre, des textes politiques. En 1831, la publication de *Notre-Dame de Paris* lui ouvre les portes du succès. Dans ce roman, il se penche notamment sur la situation des démunis et des clandestins à Paris. Victor Hugo évolue avec son temps, se faisant un interprète éloquent des mouvements d'opinion de son époque. ▪

Quitte à heurter la sensibilité des commanditaires et des publics, de nombreux artistes s'intéressent à des sujets jusqu'alors plutôt inédits : la laideur, la corruption, l'impureté, la folie, la pauvreté, le travail manuel, le quotidien, etc.

Francisco Jose de Goya y Lucientes (1746-1828), *Les désastres de la guerre* (30ᵉ gravure), Museo del Grabado de Goya, Fuendetodos, Espagne.

Au XIXᵉ siècle, Goya fait scandale en peignant les combats, les massacres et les exécutions dont il est témoin durant la guerre d'Espagne (1808-1814).

Dans son roman *Notre-Dame de Paris*, Victor Hugo inverse la portée traditionnelle de certains symboles. Le personnage de Quasimodo, affligé d'un corps laid et d'un esprit simple, fait preuve des émotions les plus pures et les plus élevées, alors que la cathédrale devient une sombre forteresse dans laquelle se cache une autorité religieuse corrompue et manipulatrice, plutôt qu'un espace lumineux et chaleureux habité par le divin.

Document 8.12
Des œuvres en rupture avec la tradition

Certains artistes produisent des œuvres pour dénoncer tout ce qui a trait au religieux. Pour y parvenir, ils n'hésitent pas à transgresser certaines règles et à réinterpréter les formes classiques d'art religieux.

© Succession Max Ernst / SODRAC (2010).

© Succession Francis Bacon / SODRAC (2010).

Max Ernst (1891-1976), *La Vierge corrigeant l'enfant Jésus devant trois témoins : André Breton, Paul Eluard et le peintre*, Museum Ludwig, Cologne, Allemagne.

Le peintre et sculpteur allemand Max Ernst est un des artistes de l'époque surréaliste qui osent réinterpréter des œuvres à caractère religieux. Certaines seront condamnées par les autorités religieuses.

Francis Bacon (1909-1992), *Étude d'après le portrait du pape Innocent X par Velázquez*, Des moines Art Center, New York, États-Unis.

Plusieurs voient une critique de l'Église catholique dans cette œuvre de Bacon, qui réinterprète une œuvre de Diego Velázquez (1599-1660). L'assurance du pape, ses vêtements et sa position sur le trône, témoignant de son statut social et de sa puissance, y sont anéantis. Le trône est transformé en cage, alors que les mains et le corps s'évanouissent dans un cri, entraînant dans la mort le souverain pontife et ce qu'il représente.

Si certaines autorités religieuses sont parfois choquées par les œuvres issues des courants artistiques du début du XXᵉ siècle, d'autres s'ouvrent à la nouveauté et tentent de raviver la ferveur des fidèles. C'est ce qui se produit notamment au Québec, à partir des années 1940, alors que les autorités religieuses sont divisées entre un courant traditionaliste et une volonté d'ouverture et de modernisation des pratiques religieuses (voir **doc. 8.13**).

Document 8.13
Une modernisation déstabilisante

Si les « messes à gogo » des années 1960, avec danses et chansons modernes, semblent plaire aux jeunes, il n'en va pas toujours de même pour leurs aînés.

LA PLACE DU RELIGIEUX REMISE EN QUESTION

Les sociétés occidentales se transforment rapidement depuis le XXᵉ siècle. Des innovations technologiques et l'industrialisation font en sorte que l'art prend de nouvelles formes et explore d'autres avenues. C'est ainsi qu'apparaît le cinéma.

DE NOUVEAUX MODES D'EXPRESSION ▪

Les premières productions cinématographiques mettent en scène des récits fondamentaux de traditions religieuses. Certains cinéastes respectent la forme des récits bibliques, alors que d'autres en font des comédies, des films d'animation et parfois des parodies (voir **doc. 8.14**). Craignant les dérives, les autorités religieuses s'intéressent rapidement à ce nouveau mode d'expression et se prononcent sur ce qui peut être diffusé ou non.

Document 8.14
Le septième art

Les premières productions cinématographiques occidentales permettent, avec l'accord de l'Église, de montrer aux fidèles ce à quoi pouvait ressembler la vie d'Abraham, de Moïse, du Christ ou d'autres personnages importants de la tradition chrétienne. Puis, à la faveur des nouvelles rencontres entre les cultures, d'autres traditions religieuses deviennent des sujets de scénarios.

Gérard Oury et coll., *Les Aventures de Rabbi Jacob*, 1973, Films Pomereu, Horse Films, France et Italie.

Les Aventures de Rabbi Jacob est une comédie qui met en scène le comédien français Louis de Funès (1914-1983) dans le rôle d'un rabbin. Elle est considérée comme une fable sur l'apprentissage de la tolérance au moyen de l'humour.

Ferdinand Zecca, *Vie et Passion de Notre Seigneur Jésus Christ*, 1903, film muet, Pathé Frères, France.

De nombreux cinéastes s'inspirent de la Bible pour leurs scénarios, propageant ainsi leur propre conception de l'image du Christ.

Jean-Jacques Annaud, *Sept ans au Tibet*, 1997, Mandalay Pictures, Reperage & Vanguard Films, France.

Sept ans au Tibet raconte la découverte, par l'alpiniste autrichien Heinrich Harrer (1912-2006), du bouddhisme tibétain, et les liens d'amitié qu'il tisse avec Tenzin Gyatso, le quatorzième dalaï-lama.

La censure

Dès sa mise sur pied en 1913, le Bureau de censure des vues animées de la province de Québec devient un redoutable appareil répressif. À lui seul, il refuse la projection de plus de films que l'Angleterre, les États-Unis et le reste du Canada réunis. L'Église catholique contrôle le Bureau et le contenu des films, comme elle l'a fait dans le passé pour certaines œuvres littéraires. Elle tente également, par tous les moyens, de faire fermer les salles de cinéma, qu'elle considère comme obscures et malsaines, propices au vice.

Dans les années 1960, La Révolution tranquille contribue à l'évolution des mœurs, des valeurs sociales et des mentalités. En 1967, le Bureau de censure est remplacé par le Bureau de surveillance du cinéma, puis, en 1983, par la Régie du cinéma, qui a maintenant pour but de classer les films selon les clientèles cibles.

De nombreux films **profanes**, souvent inspirés de romans, mettent en scène un personnage et ses adeptes représentant le bien affrontant une autre personne ou un groupe associé au mal (voir **doc. 8.15**). Après de nombreuses épreuves, le héros domine le mal au profit du plus grand nombre, et fait figure de sauveur.

Profane
Désigne ce qui n'est pas religieux

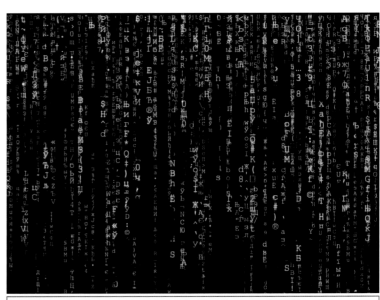

Document 8.15
Des sauveurs héroïques
Évoquant un monde virtuel, le film *La matrice* met en scène un personnage, Neo, qui fait figure d'un héros destiné à sauver les êtres humains.

Représentation de la matrice, d'après le film d'Andy Wachowski et de Larry Wachowski, *The Matrix*, 1999, Silver Picture et Village Roadshow Productions, États-Unis.

L'essor des mouvements laïcs n'a pas eu pour conséquence d'effacer toute référence au religieux dans les arts et la culture. Encore de nos jours, de nombreuses références religieuses sont utilisées au cinéma, à la télévision et en publicité, pour les associations d'idées, les images ou les sensations qu'elles provoquent (voir **doc. 8.16**).

Document 8.16
Le pouvoir évocateur des éléments religieux

Au fil du temps, des artistes de tous horizons s'inspirent de symboles religieux pour créer leurs œuvres, sans nécessairement traiter de sujets religieux. Ils peuvent ainsi se baser sur le pouvoir évocateur de certains éléments pour illustrer le bien, le mal, la fin du monde, le Messie, etc.

Des images inspirées du religieux

© Musée McCord.

Serge Chapleau, *Le calvaire d'Hydro-Québec*, 1998, Musée McCord, Montréal, Canada.

Cette caricature évoque la crucifixion de Jésus (en miniature) pour traiter de l'effondrement des structures de transport d'électricité lors de la tempête de verglas de 1998.

Des expressions inspirées du religieux

Lève-toi et marche renvoie au passage de la Bible relatant la guérison, par Jésus, d'un homme paralysé.

> *C'est l'enfer !*
> *C'est David contre Goliath.*
> *Être au septième ciel.*
> *Se faire l'avocat du diable.*
> *S'en laver les mains.*

Dans plusieurs cultures, de nombreuses expressions du quotidien utilisent un vocabulaire religieux. Celles qui sont citées ici proviennent de la tradition chrétienne.

Paul-Émile Borduas, *L'étoile noire*, 1957, Musée des beaux-arts de Montréal, don de M. et Mme Gérard Lortie, Montréal, Canada.

Document 8.17
Interpréter autrement des symboles
En peignant une étoile sombre sur un fond lumineux, Borduas inverse ces symboles. Est-ce une allusion à la *Grande noirceur*? Borduas n'a fourni aucune explication, laissant à chacun et chacune le choix de son interprétation.

UNE RÉVOLUTION ARTISTIQUE ET CULTURELLE ■■

Au Québec, à la fin des années 1940, le clergé catholique est présent et influent dans les milieux politiques, sociaux et culturels, ce qui transparaît dans toute la société québécoise. Par ailleurs, comme le régime politique de Maurice Duplessis (1890-1959) laisse peu d'espace pour la nouveauté et l'ouverture, cette période sera plus tard appelée la *Grande noirceur*. Appuyant le peintre et sculpteur Paul-Émile Borduas (1905-1960), quinze artistes influents signent le manifeste du *Refus global*, exprimant ainsi leur désir de sortir d'une situation culturelle coincée dans les traditions et de se soustraire à l'emprise du clergé (voir **doc. 8.17**).

Durant les années qui suivent, les œuvres de plusieurs artistes expriment le rejet de cette époque, et, ainsi, d'une partie de l'influence religieuse sur la société. La littérature, les arts visuels, le cinéma, la musique, la danse, le théâtre: les arts québécois explorent de nouvelles avenues. À l'époque du *Peace and Love*, Yvon Deschamps, Robert Charlebois et Louise Forestier montent l'*Ostidcho*, que le clergé condamne sans jamais en mentionner le titre. Ce spectacle est présenté en joual, dialecte québécois déjà utilisé par Michel Tremblay au théâtre. Ces représentations artistiques contribuent au développement de la culture québécoise, à la fois francophone et nord-américaine.

Cependant, malgré les mouvements de contestation et de rejet, l'influence du religieux subsiste dans les références culturelles (voir **doc. 8.18**).

MARCELLE FERRON
(1924-2001)

On doit à Marcelle Ferron, peintre, sculpteure et verrière née à Louiseville, au Québec, de nombreuses verrières monumentales, dont celles des stations de métro Champ-de-Mars (1968) et Vendôme (1980), mais aussi celles d'édifices publics ou religieux. En 1946, elle se joint au groupe des automatistes, et sera l'une des plus jeunes signataires du *Refus global*. De 1966 à 1984, elle se consacre au travail du verre, avant de revenir à la peinture en 1985. En 1983, elle est la première femme à recevoir le prix Paul-Émile-Borduas. Elle est faite Chevalier de l'Ordre national du Québec en 1985, puis Grand Officier en 2000. ■

Document 8.18
Des influences religieuses dans l'art québécois

Une déformation de symboles religieux

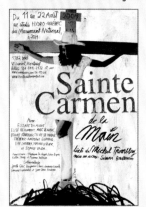

Michel Tremblay, *Sainte Carmen de la Main*, 1976, Montréal, Leméac.

Le dramaturge Michel Tremblay a recours aux références religieuses de diverses manières, notamment dans des titres d'œuvres ou dans certains dialogues qui, par leur forme, évoquent une litanie.

Le retour à la spiritualité

Bernard Émond, *La Neuvaine*, 2005, ACPAV-KFilms Amérique.

Le cinéaste québécois Bernard Émond propose une réflexion sur la spiritualité dans sa trilogie : *La Neuvaine*, *Contre toute espérance*, *La Donation*.

Litanie
Prière où les invocations sont suivies de formules brèves, récitées ou chantées.

De nos jours, les nouveaux médias favorisent les échanges culturels, concrets ou virtuels, entre personnes de traditions religieuses différentes. Ces échanges peuvent permettre des discussions sur la laïcité et les nouvelles croyances.

En matière d'art, plusieurs conceptions coexistent. Pour certains, l'art est un moyen d'expression qui doit permettre de donner libre cours à la créativité sans restrictions. Pour d'autres, l'art devrait toujours rester dans la limite du « bon goût » et veiller à ne pas heurter les sensibilités des spectateurs (voir **doc. 8.19**). D'autres encore considèrent que l'art doit être au service de la religion ou d'une idéologie, et exprimer ses vertus.

En somme, depuis le début de leur existence, les traditions religieuses ont utilisé l'art pour transmettre des messages religieux, et des artistes ont maintes fois rempli cette mission. De nos jours, le lien entre la religion et l'art est beaucoup plus ténu. Et même si certains artistes font encore référence à des éléments du religieux dans leurs œuvres ou si certains consacrent leur travail au thème de la religion, l'art a su développer un discours propre et existe désormais de manière autonome par rapport à la religion.

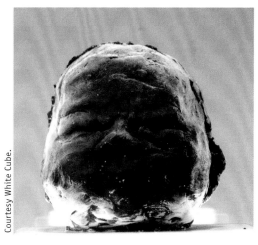

Courtesy White Cube.

Marc Quinn, *Sky*, 2006.
Photo : Stephen White.

Document 8.19
Une exposition qui dérange
Marc Quinn, un sculpteur britannique, utilise son sang congelé pour modeler certaines de ses œuvres. Pour *Sky*, il sculpte la tête de son nouveau-né à même le placenta congelé de la mère. Ces œuvres, éphémères, sont souvent qualifiées de provocatrices.

L'utilisation de **symboles** pour illustrer des idées, des croyances ou des sentiments remonte à des milliers d'années. Malgré les différences de culture entre des peuples éloignés dans le temps comme dans l'espace, de nombreux éléments signifiants semblent receler la **même puissance évocatrice** et parfois le **même sens**.

À leur arrivée dans les Amériques, les explorateurs européens découvrent des nations qui ont leurs propres cultures et systèmes de croyances inspirés de leur milieu de vie. Pour **convertir** ces peuples, le clergé adapte sa façon de diffuser ses messages, notamment en faisant appel aux **artistes**.

Au fil du temps, au gré de divers courants, **les sociétés évoluent et le pouvoir religieux perd de son influence**. Peu à peu, les artistes se permettent de s'intéresser à d'autres sujets. Plusieurs **réinterprètent** à leur façon des expressions du religieux, tandis que d'autres **contestent** même le statut de l'Église.

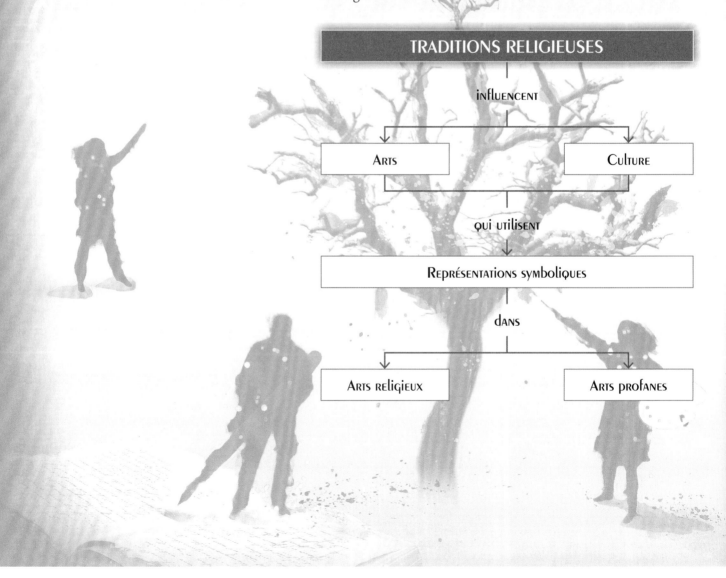

TRADITIONS RELIGIEUSES

influencent

| ARTS | CULTURE |

qui utilisent

REPRÉSENTATIONS symboliques

dans

| ARTS religieux | ARTS profanes |

Au Québec, des **mouvements de contestation** voient le jour, et entraînent une **évolution rapide des mentalités** : c'est la Révolution tranquille. Les artistes, souvent précurseurs de tels mouvements, explorent de nouvelles façons de faire. La société québécoise, de plus en plus libérée des contraintes imposées par le clergé, se laïcise et développe sa propre culture.

Cependant, **malgré la laïcisation de la société, la religion demeure un phénomène social et historique important**. C'est pourquoi on retrouve, dans certaines œuvres d'art, des références au phénomène religieux et à ses symboles.

QUESTIONS

1   Comment peut-on expliquer que des symboles religieux semblables soient utilisés par des civilisations fort éloignées dans le temps et dans l'espace ? Donnez un exemple qui illustre ce fait.

2   Pour quelle raison la diffusion des arts ayant pour thèmes des éléments religieux s'est-elle considérablement étendue sur plusieurs continents au XVe siècle ?

3   Les croyances des populations autochtones des Amériques précolombiennes sont influencées par le milieu dans lequel elles vivent. Est-ce là un phénomène unique ? Justifiez votre réponse.

4   Quel est le principal impact de la Renaissance sur les artistes ? Illustrez votre réponse à l'aide de l'outil 19, *L'analogie*.

5   La Révolution tranquille amène de multiples bouleversements au Québec. Nommez trois effets de ces bouleversements sur les arts et la culture à cette époque.

6   Quelles formes la censure en art peut-elle prendre de nos jours dans les sociétés démocratiques ?

7   Décrivez, à l'aide de l'outil 8, *La description*, une image de votre choix (publicité, jeu vidéo, affiche de film, jaquette de livre, etc.) qui illustre l'influence d'une tradition religieuse sur les arts profanes.

8   Selon vous, l'utilisation de tissus humains à des fins artistiques devrait-elle être interdite ? Justifiez votre réponse à l'aide de l'outil 16, *Le jugement de valeur*.

Dialogue

COMPÉTENCE ⚡ Pratiquer le dialogue

Tout entretien entre deux ou plusieurs personnes, qui permet aussi bien
d'exprimer et de faire comprendre son point de vue que de comprendre
celui des autres, est un dialogue. Pour rendre ce type d'échange possible,
il faut une attitude respectueuse, accueillante et ouverte, qui permet
de remettre en question ses idées ou celles des autres, de formuler
des critiques et d'en recevoir, sans blesser personne, ni perdre de vue
le sujet discuté. Le dialogue sera d'autant plus réussi si on s'exprime
correctement, de manière nuancée, si on écoute attentivement les autres,
si on prend le temps d'organiser sa pensée, de réfléchir avant de réagir…

Sommaire

Les conditions favorables au dialogue

Au 1er cycle, vous avez appris:

☐ à reconnaître et utiliser différentes façons de pratiquer le dialogue;

☐ à élaborer certains jugements;

☐ à reconnaître les procédés qui entravent le dialogue ou font obstacle à l'élaboration d'un point de vue rigoureux.

Au 2e cycle, vous apprendrez:

☐ à élaborer certains raisonnements pour enchaîner vos idées de façon logique;

☐ à tirer des conclusions;

☐ à pratiquer le dialogue avec une plus grande aisance.

Les conditions favorables au dialogue

Pour entretenir l'échange entre les personnes, il est très important d'avoir une attitude favorable au dialogue.

PISTES POUR FAVORISER LE DIALOGUE

- Établir et respecter les règles de fonctionnement.
- Cerner l'intention et les exigences du dialogue.
- Exprimer correctement ses sentiments, ses perceptions ou ses idées.
- Écouter attentivement les propos d'une personne pour en décoder le sens.
- Manifester de l'ouverture et du respect à l'égard de ce qui est exprimé.
- Porter attention à ses manifestations non verbales de communication et à celles des autres.
- Se soucier de l'autre et prendre en considération ses sentiments, ses perceptions ou ses idées.
- Faire le point sur le dialogue pour s'assurer qu'il s'inscrit dans la poursuite du bien commun et la reconnaissance de l'autre.
- Faire le point sur l'objet du dialogue pour constater ce qui est communément accepté, ce qui est compris, ce qui crée toujours des tensions ou des conflits et ce qui fait consensus.
- Apporter des nuances à ses propos et reconnaître celles apportées par les autres.
- Accueillir différentes façons de penser.
- Éviter les conclusions hâtives.
- Prendre le temps de clarifier ses idées.
- S'assurer de sa compréhension des idées émises par les autres, etc.

Des pièges à éviter

- Attaquer la personne plutôt que discuter du point de vue qu'elle exprime.

- Utiliser l'autorité, l'opinion majoritaire, l'opinion de divers groupes à mauvais escient, dans le but d'appuyer ou de discréditer un point de vue.

- Tirer des conclusions erronées à partir de faux arguments.

- Ne pas réagir quand un point de vue est dénigré par des arguments non valables.

- Généraliser à partir d'un nombre de cas insuffisant.

- Réduire sa propre responsabilité en rendant les autres injustement responsables de certaines actions.

- Proposer des choix dans le but de favoriser ses propres préférences.

- Utiliser un argument où le lien entre la cause et l'effet n'est pas logique ou valide.

- Tirer des conclusions à partir de comparaisons abusives.

- Exagérer et prévoir inutilement des conséquences catastrophiques.

- Affaiblir sa propre position par une erreur de raisonnement, qui rend son point de vue moins convaincant.

LES FORMES DU DIALOGUE

On peut dialoguer de bien des manières.
Ce tableau présente sept différentes formes de dialogue.
Dans la colonne de droite, vous trouverez une description
de chacune d'elles ainsi que des indications
sur la meilleure façon de l'utiliser.

LES DIFFÉRENTES FORMES DU DIALOGUE

Formes du dialogue	Descriptions
La conversation (outil 1)	
EXEMPLE *Mélissa et Sarah parlent d'un reportage sur la malbouffe.*	Échange dans le but de partager des idées et des expériences. **On l'utilise** lorsqu'on veut partager en petit groupe de l'information ou des idées sur un sujet d'intérêt commun.
La discussion (outil 2)	
EXEMPLE *Un groupe de jeunes discute de musique téléchargée gratuitement à partir d'Internet.*	Échange d'opinions dans le but d'examiner les divers points de vue. **On l'utilise** lorsqu'on veut connaître les points de vue et les arguments des autres sur un sujet particulier.
La narration (outil 3)	
EXEMPLE *Vous décrivez un accident survenu dans le gymnase.*	Récit qui relate des faits ou des événements. **On l'utilise** lorsqu'on veut décrire des faits ou des événements de façon neutre, sans exprimer son point de vue.
La délibération (outil 4)	
EXEMPLE *Les élèves délibèrent sur le nom à choisir pour le journal de la classe.*	Analyse de différents aspects d'une question (faits, intérêts, normes, valeurs, conséquences, etc.). **On l'utilise** lorsqu'on échange dans le but de prendre une décision commune.
L'entrevue (outil 5)	
EXEMPLE *Diego interroge sa voisine pour réaliser une recherche sur le travail de biologiste.*	Rencontre qui permet d'interroger une personne sur ses activités, ses idées, ses expériences. **On l'utilise** lorsqu'on veut mieux connaître quelqu'un ou profiter de son expérience afin d'améliorer des connaissances sur un sujet précis.
Le débat (outil 6)	
EXEMPLE *Les chefs des partis politiques cherchent à faire valoir leur programme lors d'un débat télévisé.*	Échange organisé qui suppose un modérateur ou une modératrice et des temps de parole prévus et minutés. **On l'utilise** lorsqu'on veut organiser une discussion dirigée par un modérateur ou une modératrice de façon à permettre l'échange de divers points de vue.
La table ronde (outil 7)	
EXEMPLE *Une ingénieure, un mécanicien et une écologiste échangent sur les avantages de la voiture électrique.*	Rencontre entre des personnes-ressources qui échangent des connaissances. **On l'utilise** lorsqu'on veut profiter des connaissances particulières de certaines personnes-ressources pour mieux cerner un sujet.

UNE DÉCISION INÉQUITABLE ? 1

Sandie – La semaine dernière, Miguel, Amélie et Pierre-Luc ont parlé pendant un examen. Comme le professeur ne savait pas trop qui avait parlé, il a demandé à la classe de lui dire le nom des coupables. 2 Personne n'a voulu répondre ; alors il a décidé de punir toute la classe en nous donnant un devoir supplémentaire. Je trouve que ce n'est vraiment pas juste.

Jonathan – Je ne veux pas prendre la part du prof, Sandie, mais que voulais-tu qu'il fasse ? Ne pas savoir exactement qui a parlé n'est tout de même pas une raison pour ne punir personne. Ce serait trop facile s'il suffisait de ne pas se faire prendre pour éviter les punitions.

Sandie – Je comprends ton idée, mais je pense que ceci est clairement un exemple de manque d'équité. 3 On ne peut pas punir tout le monde juste parce qu'on sait qu'il y a un coupable dans le groupe.

Jonathan – Tu oublies que vous êtes tous un peu coupables parce que vous avez refusé de donner le nom de ceux qui avaient parlé. 4

Sandie – Moi, je ne dénoncerais jamais des amis pour éviter une punition.

Jonathan – Ta position peut se défendre. Je ne sais pas ce que j'aurais fait dans la même situation…

COMMENTAIRES

1   Un titre en forme de question suscite l'intérêt et la réflexion.

2   La conversation permet d'échanger sur des faits.

3   La conversation permet d'échanger sur des valeurs.

4   Jonathan fait une objection à l'affirmation de Sandie.

Qu'est-ce qu'une conversation ?

- La conversation est un échange informel sur des faits, des valeurs et des idées.
- On l'utilise lorsqu'on veut partager des émotions, des sentiments, des états d'âme sur des faits, des valeurs ou des idées.

Démarche proposée

- Ayez une grande ouverture aux idées, aux valeurs, aux émotions, aux états d'âme des autres.
- Écoutez attentivement et respectueusement chaque personne qui parle.
- Participez activement à la conversation.
- Ayez une attitude constructive afin de nourrir la réflexion, si nécessaire.

Des pièges à éviter

- Ne pas écouter.
- Monologuer.
- Écouter passivement sans s'engager dans la conversation.
- S'éloigner du sujet.

Outil 2 | La discussion

QUELLE DIFFÉRENCE Y A-T-IL ENTRE L'ÊTRE HUMAIN ET L'ANIMAL ? 1

Aylin – À mon avis, c'est l'intelligence qui distingue l'être humain des animaux. Notre cerveau est plus gros que le leur et nous sommes plus inventifs que les animaux. Eux n'auraient pas pu inventer des avions ou des ordinateurs. 2

Nora – Tu exagères ! Les animaux ont tout simplement une intelligence différente. Certains sont très ingénieux ou même capables de prouesses impossibles pour nous. De toute façon, c'est très difficile d'évaluer l'intelligence. 3

Thomas – Pour moi, la différence n'a rien à voir avec l'intelligence. C'est plutôt que les êtres humains ont des valeurs. La preuve : même si on a faim, on ne vole pas. Mais pour les animaux, tout ce qui compte, c'est leurs besoins. Leur seule loi est celle de la jungle. 4

Nora – On voit bien que tu ne les connais pas ! Ils se mangent peut-être entre eux lorsqu'ils ont faim, mais ils peuvent aussi s'entraider. Je crois qu'ils se respectent et s'aiment autant que nous. 5

Léonardo – Aylin et Thomas ont raison, mais je pense que la différence est encore plus grande que ça ! Les êtres humains ont une âme qui est éternelle. Un jour, contrairement aux animaux, nous serons au ciel avec Dieu pour toujours. 6

Nora – C'est intéressant. Nous avons quatre points de vue sur ce qui distingue l'être humain de l'animal. Vous voyez des différences dans l'intelligence, les valeurs morales et l'âme. Vous avez raison, mais je continue de trouver que vous exagérez. 7 Après tout, nous sommes aussi des animaux et nous avons plus de points communs que de différences avec eux.

COMMENTAIRES

1 Un titre en forme de question suscite l'intérêt et la réflexion.

2 Aylin appuie ici son point de vue sur deux arguments.

3 Nora fait valoir trois arguments pour s'opposer au point de vue de Aylin.

4 Thomas est attentif au point de vue des autres. Il prend soin de se situer par rapport aux interventions de Aylin et de Nora.

5 Nora apporte des nuances.

6 Léonardo expose son point de vue sur la différence entre l'être humain et l'animal.

7 Nora cherche à conclure cette discussion en rappelant la position des différentes personnes participant à la discussion.

Qu'est-ce qu'une discussion ?

- La discussion est un échange d'opinions sur des faits, des idées et des valeurs.
- Elle vise à examiner différents points de vue.
- On l'utilise lorsqu'on veut partager des opinions, des idées ou des arguments sur un sujet d'intérêt commun.

Démarche proposée

- Cernez le sujet en précisant le thème abordé dans la discussion, les questions qui s'y rattachent et les enjeux qui s'en dégagent.
- Organisez l'information.
  - Mettez vos idées en ordre.
  - Clarifiez votre opinion et vos arguments.
  - Préparez vos questions afin de vous informer sur le point de vue des autres.
- Discutez des opinions fondées sur des faits, des idées et des valeurs :
  - en exprimant clairement et de façon nuancée votre point de vue et vos arguments ;
  - en étant à l'écoute des autres ;
  - en évitant d'entraver la discussion par des procédés nuisibles, comme l'attaque personnelle, l'argument d'autorité ou l'utilisation d'un stéréotype ;
  - en concluant l'échange par un retour sur la question initiale pour mesurer ce que vous a apporté cette discussion.

Des pièges à éviter

- Manquer d'ouverture pour le point de vue et les arguments des autres.
- Manquer de clarté dans l'expression de son point de vue.
- Utiliser des procédés qui font obstacle au dialogue.

UN ÉVÉNEMENT RASSEMBLEUR POUR LES JEUNES 1

Scène du 49e Congrès eucharistique à Québec **2**

Dans le cadre d'une recherche sur des expériences religieuses, une élève s'est rendue au 49e Congrès eucharistique qui s'est tenu à Québec en 2008. Elle résume l'événement sous la forme d'une narration.

Fabrina – Le congrès, qui se tenait dans le contexte des Fêtes du 400e anniversaire de la ville de Québec, commémorait, du même coup, 400 ans de présence chrétienne et catholique au Canada. Il s'agit d'un événement international qui accueillait des croyants du monde entier sous le thème de «L'Eucharistie, don de Dieu pour la vie du monde». **3**

Je suis arrivée à Québec le 15 juin pour assister à la cérémonie d'ouverture. En plus des discours protocolaires habituels, cette cérémonie présentait un spectacle du groupe Glen Verde. Je n'ai pas vraiment apprécié ce groupe; ce n'est absolument pas mon genre de musique! **4**

Pendant toute la semaine, un espace était réservé aux jeunes. On y proposait chaque jour des activités eucharistiques. **5** L'animation autour de l'*Arche de la nouvelle alliance* m'a particulièrement intéressée. Cet objet symbolique, une Arche, rappelle la coque d'une embarcation. Dans l'Arche se trouve un coffret qui contient des images rappelant des scènes de l'Évangile. Les cérémonies religieuses associées à l'Arche visent à susciter l'engagement religieux des fidèles. Dans la matinée du 15 juin, j'ai aussi participé à une cérémonie intitulée *L'Arche à portée de main*. Il ressortait de cette cérémonie une très grande ferveur religieuse.

À la fin du congrès, le cardinal Ouellet, qui présidait l'événement, en a fait un bilan très positif. Il s'est réjoui de la participation des laïques à cette célébration de l'eucharistie. Il y avait 7891 personnes inscrites à cet événement.

En conclusion, ce qui m'a frappée avant tout, c'est la présence d'un grand nombre de jeunes et la ferveur religieuse exceptionnelle de toutes ces personnes. **6**

Avez-vous des questions?

Commentaires

1 Il faut un titre à une narration. Il s'agit d'un bon moyen pour cerner son sujet.

2 Il est intéressant d'ajouter un élément visuel à une narration.

3 Comme le titre, ce paragraphe d'introduction permet de bien cerner le sujet.

4 Erreur: dans une narration, on ne donne pas son opinion.

5 Ici, l'ordre de présentation des faits est chronologique.

6 Il faut toujours une conclusion à une narration. Ici, la narratrice met l'accent sur ce qui l'a frappée à ce congrès.

Qu'est-ce qu'une narration ?

- La narration est un récit qui consiste à relater des faits ou des événements.
- Elle est neutre, donc ne reflète pas l'opinion ou les sentiments du narrateur ou de la narratrice.

Démarche proposée

- Cernez le sujet en vous assurant que votre titre et votre introduction posent bien votre sujet.
- Organisez l'information.
  - Déterminez l'ordre de présentation des faits.
  - Faites un plan.
- Relatez les faits pertinents et essentiels:
  - en utilisant un vocabulaire précis;
  - en établissant le contexte du sujet;
  - en prenant soin de conclure la narration.

Des pièges à éviter

- Faire connaître son opinion ou ses sentiments sur les événements ou les faits qu'on veut relater.
- Présenter les faits dans le désordre.
- Ne pas conclure sa narration.

Outil 4 La délibération

S'AJUSTER AUX EXIGENCES ALIMENTAIRES DES DIVERSES CULTURES RELIGIEUSES

Saïd – Plusieurs élèves de l'école sont de confession musulmane. Or, certains midis, il y a seulement du porc au menu de la cafétéria, et notre religion nous interdit d'en manger. J'aimerais qu'on trouve une solution à ce problème et qu'on la propose au conseil étudiant. **1**

Philippe – Ce n'est pas une bonne idée. Si chaque groupe religieux fait sa demande, on n'en finira plus avec les menus. Faudrait-il aussi tenir compte de ceux et celles qui ne mangent pas de viande ou qui n'aiment pas le poisson ou les fruits ? **2** Que Saïd apporte son lunch comme les autres qui ne veulent pas des mets de la cafétéria.

Catherine – Philippe, tu as tort de confondre les goûts avec les convictions religieuses et les valeurs. Je pense qu'on pourrait avoir un menu spécial pour les élèves de confession musulmane parce qu'il y en a plusieurs parmi nous. Pourquoi ces personnes devraient-elles apporter leur lunch alors que celles qui pratiquent d'autres religions, comme les catholiques, n'ont pas à le faire ? **3**

Nadia – Je suis d'accord avec Catherine et Saïd pour les musulmans et musulmanes, mais pas pour les autres groupes qui sont peu nombreux. On ne peut pas avoir un menu spécial pour chaque religion qui impose des restrictions alimentaires. **4**

Philippe – J'ai pensé à une proposition qui tient compte de tous vos points de vue. On pourrait recommander qu'il y ait un menu spécial le jour où on sert du porc à la cafétéria. Et cela arrangerait aussi les élèves de confession juive qui n'en mangent pas non plus. Mais pas d'exceptions pour les autres, dont le nombre est restreint. Qu'en pensez-vous ? **5**

Catherine – C'est bon ça. C'est un arrangement qui fait preuve d'ouverture envers les élèves qui ont des croyances différentes. Recommandons cette proposition au conseil étudiant.

COMMENTAIRES

1 Saïd amorce la délibération en formulant clairement le problème des restrictions alimentaires et en appelant les autres à trouver une solution. Il avance deux arguments pour soutenir son point de vue.

2 Philippe oppose deux arguments à Saïd, mais il fait obstacle au dialogue en exagérant quelque peu les conséquences de la proposition de Saïd.

3 En réponse à Philippe, Catherine apporte une nuance importante en distinguant les préférences alimentaires des choix alimentaires fondés sur des croyances religieuses.

4 Nadia a le mérite de tenir compte de ce que les autres ont dit avant de formuler son propre point de vue. Toutefois, elle commet l'erreur d'exclure des gens qui pourraient se sentir concernés par la question.

5 Comme il se doit dans une délibération, Philippe cherche à formuler une position commune qui permettra de faire une recommandation au conseil étudiant.

Qu'est-ce qu'une délibération ?

- La délibération est un échange d'opinions sur différents aspects d'une question (faits, intérêts, normes, valeurs, conséquences, etc.).
- Elle vise à établir une prise de position commune.

Démarche proposée

- Cernez le sujet en précisant le problème abordé dans la délibération, en indiquant les questions qui s'y rattachent, les enjeux qui s'en dégagent et les solutions qui seraient acceptables.
- Organisez l'information.
  - Mettez vos idées en ordre.
  - Clarifiez votre opinion et vos arguments.
  - Préparez vos questions afin d'interroger les autres pour connaître leur point de vue.
  - Discutez des règles de fonctionnement à observer.
- Adoptez une attitude positive qui vise la recherche d'une solution commune.
- Discutez des opinions fondées sur des faits, des idées et des valeurs :
  - en exprimant clairement et de façon nuancée votre point de vue et vos arguments ;
  - en étant à l'écoute des autres dans un esprit ouvert, à la recherche de solutions ;
  - en évitant de nuire au déroulement de la délibération par des entraves au dialogue, comme l'attaque personnelle ou l'argument d'autorité, qui risquent de faire obstacle à la recherche d'une décision commune ;
  - en concluant la délibération par une prise de décision commune qui respecte le point de vue des autres.

Des pièges à éviter

- Manquer de collaboration dans la recherche d'une solution.
- Arriver à une prise de position sans tenir compte du point de vue des autres.

UN MOINE BOUDDHISTE NOUS PARLE DE SES CROYANCES RELIGIEUSES

Annie – Bonjour monsieur. En quelques mots, dites-nous qui vous êtes et comment vous êtes devenu un moine bouddhiste. **1**

Juan Jimenes – Je me nomme Juan Jimenes et je suis moine bouddhiste tibétain depuis 10 ans. Un jour, j'ai fait un voyage en Inde et j'ai rencontré des communautés de moines bouddhistes au Ladakh, une province proche du Tibet. Leur grande sérénité m'a frappé et cela m'a alors intéressé. À mon retour, j'ai recherché les communautés bouddhistes au Québec et j'ai suivi les enseignements de leurs maîtres.

Annie – En résumé, en quoi consiste le bouddhisme ? **2**

Juan Jimenes – Le bouddhisme est une religion, mais certains disent plutôt que c'est une spiritualité ou un système de pensée. Le bouddhisme est très ancien, encore plus que les religions chrétiennes. Il est né en Inde, au Ve siècle avant notre ère. Aujourd'hui, plusieurs centaines de millions de bouddhistes vivent dans des pays orientaux comme le Tibet (Chine), le Japon, l'Inde, la Thaïlande et le Vietnam.

Annie – Pourquoi devenir un moine bouddhiste ? **3**

Juan Jimenes – Pour ma part, j'ai aussi été influencé par Matthieu Ricard, qui parlait de la vie monastique à la télévision. J'ai aimé sa philosophie de vie et je m'y suis initié progressivement. Le Bouddha a découvert sa vocation au moment où il a pris conscience de l'essence de l'univers. Par la suite, avec ses disciples, il a mené une vie de détachement, car selon les moines bouddhistes, on ne doit pas s'accrocher à la vie matérielle, mais plutôt s'en détacher. Je cherche à appliquer ces enseignements en vivant simplement et en me détachant le plus possible des biens matériels.

Annie – Je vous remercie pour cette entrevue qui nous a fait connaître votre expérience spirituelle comme moine bouddhiste. **4**

COMMENTAIRES

1 Annie commence son entrevue en demandant à son invité de se présenter.

2 Annie pose en premier lieu une question générale qui correspond au sujet de l'entrevue.

3 Annie enchaîne avec une question plus spécifique. Son entrevue va du général au particulier.

4 La conclusion revient sur le thème et annonce à la personne interviewée que l'entrevue est maintenant terminée.

Qu'est-ce qu'une entrevue ?

- L'entrevue est une rencontre qui permet d'interroger une personne sur ses activités, ses idées, ses expériences.
- On l'utilise lorsqu'on veut mieux connaître une personne ou un sujet que cette personne maîtrise.

Démarche proposée

- Cernez le sujet en précisant ce que vous cherchez à connaître de la personne interviewée : éléments de sa vie personnelle, de son travail, de ses compétences particulières, de son expérience, etc.
- Organisez l'information.
  - Faites des recherches sur la personne interviewée.
  - Mettez vos questions en ordre avant l'entrevue.
- Interrogez la personne invitée sur ses activités, ses idées et ses expériences :
  - en commençant l'entrevue par des questions d'usage. Par exemple : « En quelques mots, pourriez-vous nous dire qui vous êtes ? » ;
  - en posant clairement vos questions ;
  - en posant d'abord des questions générales et ensuite des questions portant sur des points plus précis ;
  - en écoutant la personne interviewée afin d'ajuster vos questions selon ses réponses ;
  - en concluant l'entrevue par des remerciements.

Des pièges à éviter

- Ne pas se préparer suffisamment, ce qui empêche de poser des questions pertinentes à la personne interviewée.
- S'éloigner du sujet qu'on veut aborder avec la personne interviewée, notamment en étant trop anecdotique.
- Ne pas être à l'écoute de la personne interviewée, en ne pensant qu'aux prochaines questions qu'on veut lui poser.

AVONS-NOUS UNE ÂME ?

La modératrice – Bienvenue à ce débat, où nous allons nous demander si nous avons une âme qui survivra après notre mort. Comme les opinions divergent, j'apprécierais que chaque personne respecte l'avis des autres et porte attention à tous les arguments présentés. Je donne d'abord la parole à Laurence. **1**

Laurence – Il n'existe aucune preuve scientifique indiquant que nous avons une âme. Dans nos cours de biologie, on ne parle jamais d'une âme qui habiterait le corps humain. **2** Dommage qu'il n'y ait pas de preuve parce que j'aurais aimé vivre sous une autre forme après ma mort. **3** [...]

La modératrice – La parole est maintenant à Francis, qui croit que nous avons une âme.

Francis – Pour moi, ce n'est pas une question de preuve scientifique. Selon ma religion, Dieu a créé les êtres humains à son image en leur donnant une âme. **4** J'ai lu cela dans la Bible. Ainsi, nous sommes différents des autres animaux et nous pouvons espérer vivre éternellement. Si on ne parle pas de l'âme en biologie, c'est tout simplement parce que l'âme n'est pas matérielle, elle est invisible. **5** [...]

La modératrice – Écoutons maintenant Nathaniel.

Nathaniel – Je pense la même chose que Francis, mais pas pour des raisons religieuses. Notre esprit, nos pensées ne sont pas des choses matérielles comme nos mains. Et puis, il existe des témoignages de personnes, déclarées officiellement mortes, qui sont revenues à la vie en racontant ce qu'elles avaient vécu pendant leur mort clinique. **6** La science peut se tromper. C'est la même chose pour les extraterrestres : on n'a aucune preuve qu'ils n'existent pas. [...]

La modératrice – Comme vous voyez, les avis sont partagés. Certaines positions s'appuient sur les sciences, d'autres sur des convictions religieuses. Merci pour votre participation, votre respect envers les autres et votre grande écoute. **7**

Commentaires

1   La modératrice fixe les règles du débat.

2   Dans sa prise de position, Laurence fait appel à des jugements de réalité qui sont, selon elle, validés par la science.

3   Laurence distingue ce qu'elle souhaiterait (avoir une vie après la mort) de ce qu'elle croit être la vérité (il n'y a pas de preuves scientifiques de l'existence de l'âme).

4   Francis appuie sa prise de position sur ses croyances et ses convictions religieuses.

5   Francis répond à l'argument de Laurence au sujet des cours de biologie en affirmant qu'on ne peut dire que l'âme n'existe pas simplement parce qu'on ne peut pas l'observer.

6   Les arguments de Nathaniel montrent qu'on peut recourir à des jugements de réalité pour soutenir son point de vue. Reste à se demander si de tels jugements sont vrais ou faux.

7   La modératrice conclut le débat en rappelant les principales idées débattues et en remerciant tous et toutes de leur attitude dans ce débat.

Qu'est-ce qu'un débat?

- Le débat est un échange d'idées qui vise à mettre en valeur le point de vue de différentes personnes.

- On l'utilise lorsqu'on veut organiser une discussion dirigée par un modérateur ou une modératrice de façon à permettre l'échange de divers points de vue.

Démarche proposée

- Cernez le sujet en précisant les thèmes qui seront abordés lors du débat, les temps alloués à chacun et chacune, et la personne qui jouera le rôle de modérateur ou de modératrice.

- Organisez l'information.

  - Rencontrez au préalable les participants et participantes afin de vous entendre avec ces personnes sur le déroulement du débat : ordre de présentation des thèmes, durée des interventions, etc.

  - Établissez à l'avance l'ordre des questions que posera le modérateur ou la modératrice.

- Assurez-vous que le modérateur ou la modératrice :

  - présente les personnes qui participent au débat, les thèmes abordés et les règles à suivre ;

  - pose des questions qui permettent à chacun et chacune de préciser sa position sur les thèmes abordés ;

  - favorise la discussion de façon à ce qu'on assiste à un véritable échange d'idées.

Des pièges à éviter

- Ne pas fixer à l'avance de règles claires pour le débat.

- Ne pas respecter ces mêmes règles au moment du débat.

- Se contenter d'exprimer son point de vue sans favoriser un véritable échange d'idées.

L'INGÉRENCE HUMANITAIRE

Le présentateur – Notre table ronde porte sur une question délicate : l'ingérence humanitaire. Pour en discuter, nous avons invité trois personnes-ressources œuvrant en coopération internationale : Mᵐᵉ Alou, de l'organisme A, M. Sinh, de l'organisme B et Mᵐᵉ Brien, de l'organisme C. Après les avoir entendus, vous pourrez leur poser vos questions. Mᵐᵉ Alou s'adressera à vous en premier. **1**

Mᵐᵉ Alou – L'organisme que je représente considère qu'il faut secourir des populations en danger même si les gouvernements des États concernés refusent cette aide. On a commencé à parler du droit d'ingérence à la fin des années 1960. Les Biafrais souffraient alors d'une terrible famine, mais l'armée fédérale refusait qu'on intervienne. C'est pour venir en aide aux populations civiles, quel que soit leur pays d'appartenance, que notre organisme a été fondé.

Le présentateur – Merci, Mᵐᵉ Alou. La parole est à M. Sinh, de l'organisme B.

M. Sinh – Notre organisme vient en aide aux pays en voie de développement de façon régulière depuis les années 1970. Nos projets de coopération se font dans un esprit de développement durable, afin de favoriser leur prise en charge par les populations locales. Dans son intervention, Mᵐᵉ Alou a soulevé deux aspects du droit international qui peuvent sembler contradictoires. D'une part, le droit à la non-ingérence, qui protège les États contre les abus possibles d'autres qui voudraient s'immiscer dans leurs affaires. D'autre part, le droit à l'ingérence qui, selon certaines personnes, devrait passer avant le respect de l'autonomie des nations. Ces deux droits, à la fois légitimes et contradictoires, soulèvent un enjeu éthique important. **2** À mon avis, plutôt que choisir entre les deux, il faut juger les situations au cas par cas.

Le présentateur – Merci, M. Sinh. Voici maintenant Mᵐᵉ Brien, de l'organisme C.

Mᵐᵉ Brien – Bonjour. L'organisme pour lequel je travaille gère des budgets dévolus à l'aide internationale depuis les années 1960. La question que vous posez est intéressante. Pour faciliter la discussion, voici une comparaison. Il va de soi que les parents sont responsables de leurs enfants ; on doit respecter ce droit et cette responsabilité. Mais peut-il y avoir des exceptions ? **3** Par exemple, si des parents agressent leurs enfants, faut-il les laisser faire ou, au contraire, venir en aide aux enfants contre la volonté des parents ? Cette situation délicate exige une certaine réflexion éthique. Évidemment, cette comparaison a des limites, mais elle illustre bien la question du droit d'ingérence dont nous discutons.

Le présentateur – Je remercie Mᵐᵉ Brien et toutes nos personnes-ressources. Ceci met fin à notre table ronde. Nous pouvons donc commencer la période de questions. **4**

Commentaires

1   Le présentateur présente le thème, les personnes-ressources et l'ordre dans lequel se dérouleront leurs présentations.

2   M. Sinh soulève les droits contradictoires en cause lorsqu'on discute d'ingérence humanitaire.

3   Mme Brien utilise une comparaison afin de mieux faire comprendre l'enjeu éthique que soulève la question du droit d'ingérence humanitaire.

4   Le présentateur demande aux élèves s'ils ont des questions ou des commentaires.

Qu'est-ce qu'une table ronde ?

- La table ronde est une rencontre organisée qui suppose un présentateur ou une présentatrice, et où des personnes-ressources échangent leurs connaissances.
- On l'utilise lorsqu'on veut profiter des connaissances particulières de certaines personnes-ressources en discutant avec elles.

Démarche proposée

- Cernez le sujet en précisant les thèmes qui seront abordés lors de la table ronde, les temps alloués aux personnes-ressources et désignez la personne qui jouera le rôle de présentateur ou de présentatrice.
- Organisez l'information.
  - Rencontrez au préalable les personnes-ressources afin de vous entendre avec elles sur le déroulement de la table ronde : temps prévu, ordre des présentations, etc.
  - Recueillez, auprès des personnes-ressources, les renseignements nécessaires sur leur expérience dans le but de les présenter brièvement.
- Assurez-vous du bon déroulement de la table ronde :
  - en présentant les thèmes abordés, puis chaque personne, dans l'ordre prévu ;
  - en écoutant attentivement jusqu'au bout toutes les présentations ;
  - en posant des questions qui permettent aux personnes-ressources de préciser leurs points de vue sur les thèmes abordés.

Des pièges à éviter

- Ne pas fixer à l'avance les règles de fonctionnement de la table ronde.
- Ne pas respecter ces mêmes règles au moment de la table ronde.
- Ne pas poser de questions aux personnes-ressources après leur présentation.

DES MOYENS POUR ÉLABORER UN POINT DE VUE

Il existe différents moyens pour élaborer un point de vue
dans la pratique du dialogue. Ce tableau en présente cinq.
Dans la colonne de droite, vous trouverez des indications
sur la meilleure façon d'utiliser l'un ou l'autre
de ces moyens.

LES DIFFÉRENTS MOYENS POUR ÉLABORER UN POINT DE VUE	
Moyens pour élaborer un point de vue	Descriptions
La description (outil 8)	
EXEMPLE *Lors d'un match de soccer, vous décrivez le stade et l'assistance.*	Énumération la plus complète possible des caractéristiques propres à un lieu ou à une situation. **On l'utilise** lorsqu'on cherche à rendre compte de lieux ou de situations. On l'élabore en répondant à certaines questions qui permettent de décrire les phénomènes en question : qui ? quoi ? quand ? où ? comment ? pourquoi ? combien ? etc.
La comparaison (outil 9)	
EXEMPLE *Vous comparez les temples religieux de la ville de Sherbrooke.*	Établissement de différences ou de ressemblances entre deux ou plusieurs éléments. **On l'utilise** lorsqu'on veut décrire et comparer des éléments ou des situations. Les comparaisons peuvent permettre de tirer certaines conclusions.
La synthèse (outil 10)	
EXEMPLE *Vous faites le résumé de la carrière d'une chanteuse.*	Résumé des principaux éléments (idées, faits, expériences, arguments, etc.) d'une discussion, d'un récit ou d'un texte. **On l'utilise** lorsqu'on veut : ■ mettre de l'ordre dans ses idées ou ses arguments ; ■ faire le point sur les idées et les arguments exprimés dans une discussion, un débat, une table ronde, etc. ; ■ résumer de façon cohérente un chapitre d'un livre, un article de journal, de l'information recueillie dans Internet, etc.
L'explication (outil 11)	
EXEMPLE *Dan explique le rôle des députés en prenant l'exemple du conseil étudiant.*	Développement qui vise à mieux faire comprendre le sens de quelque chose. **On l'utilise** lorsqu'on veut : ■ clarifier des idées, un point de vue ou des arguments en les rendant plus explicites ; ■ ajouter des définitions et des exemples à un texte pour en faciliter la compréhension ; ■ donner des informations supplémentaires.
La justification (outil 12)	
EXEMPLE *Dans un débat sur les limites de vitesse sur les routes, vous justifiez votre position en évoquant les victimes d'accidents.*	Présentation d'idées et d'arguments dans le but de démontrer et de faire valoir un point de vue. **On l'utilise** lorsqu'on veut exposer les motifs qui soutiennent notre point de vue.

LE GANGE, FLEUVE AUX EAUX PURES

Des pèlerins prenant le bain de purification
dans les eaux du Gange **1**

Pour sa recherche sur les différents lieux sacrés, Samuel a choisi de décrire un fleuve très significatif pour les adeptes de l'hindouisme en Inde : le Gange.

Samuel – Le Gange est le plus grand fleuve de l'Inde. Il traverse cet immense pays d'ouest en est sur une distance de près de 3000 km. Le fleuve, qui irrigue la plaine très peuplée où il coule, prend sa source dans les montagnes de l'Himalaya, au nord, et se jette dans le golfe du Bengale près de la frontière avec le Bangladesh. **2**

Le Gange fait partie des sept rivières aux eaux pures de l'Inde. Pour les croyants, il assure à la fois la fertilité du sol, la purification des corps et la libération de l'âme. **3**

Plusieurs millions d'adeptes s'y rendent tous les ans en pèlerinage pour méditer sur ses rives, s'y baigner et y recueillir l'eau qu'ils considèrent comme pure. Les pèlerins procèdent à leurs ablutions pour se purifier de leurs péchés. Une autre cérémonie d'importance a fréquemment lieu sur les rives du Gange : la crémation des corps. Une fois le corps brûlé, la famille immerge les cendres du défunt ou de la défunte dans les eaux du fleuve afin de les purifier. L'un des sites de pèlerinage et de crémation les plus célèbres est situé dans la ville sainte de Varanasi, appelée Bénarès sous le régime britannique. **4**

En conclusion, cette recherche m'a permis de comprendre pourquoi le Gange est considéré comme un fleuve aux eaux pures en Inde. **5**

COMMENTAIRES

1   Il est intéressant d'ajouter un élément visuel à une description.

2   Samuel situe géographiquement le Gange, ce qui répond à la question « où ? ».

3   Samuel répond à la question « pourquoi ? » en précisant le caractère pur du Gange.

4   Samuel répond aux questions « combien ? » et « comment ? » en décrivant le rapport que les adeptes entretiennent avec le Gange.

5   Samuel termine sa description par une conclusion.

Qu'est-ce qu'une description ?

- La description est une énumération la plus complète possible des caractéristiques propres à un lieu ou à une situation.
- On l'utilise lorsqu'on cherche à rendre compte de situations.

Démarche proposée

- Répondez aux questions suivantes si elles sont pertinentes pour ce que vous voulez décrire :
  - Qui ? Personne ou groupe à qui on attribue la fondation, la création, l'organisation, etc.
  - Quoi ? Œuvre artistique, rassemblement, événement, fait, etc.
  - Quand ? Année, époque, saison, etc.
  - Où ? Lieu, environnement, etc.
  - Comment ? Déroulement, moyen, etc.
  - Pourquoi ? Motivation, intérêt, besoin, etc.
  - Combien ? Fréquence, nombre de personnes, etc.
- Assurez-vous que la description soit complète.
  - Les réponses aux questions énumérées ci-haut vous ont-elles permis de décrire l'ensemble de votre sujet ? Sinon, complétez votre description.
  - Posez-vous la question suivante : « Est-ce que j'ai décrit uniquement ce qui m'intéresse ? » Si oui, ajoutez ce qui manque pour décrire toutes les caractéristiques.
- Déterminez l'ordre de présentation de votre description.
  - Faites un plan de votre description.
  - Présentez d'abord les éléments plus importants et ensuite les éléments secondaires.
  - Prenez soin de conclure votre description.

Des pièges à éviter

- Faire une description partielle qui ne présente pas les caractéristiques importantes des éléments à décrire.
- Faire une description subjective qui s'apparente davantage à une opinion qu'à une description.
- Présenter les faits dans le désordre.

Outil 9 · La comparaison

UNE COMPARAISON ENTRE DEUX MODÈLES D'ENTREPRISES

Simon a visité deux entreprises de restauration rapide. Il les a ensuite comparées en insistant sur leurs valeurs et leurs comportements éthiques. Cette comparaison vise à lancer une discussion sur la responsabilité sociale des entreprises.

Simon – Comme vous le savez, les activités des entreprises ont des répercussions dans la société. Une entreprise fait des affaires avec une large clientèle et beaucoup de fournisseurs. Elle doit aussi tenir compte du milieu dans lequel elle s'installe. À l'interne, chaque membre du personnel a son rôle à jouer. La façon dont les dirigeants et les dirigeantes traitent le personnel et le milieu témoigne des valeurs de l'entreprise. Pour vous aider à comprendre ce qu'est la responsabilité éthique d'une entreprise, j'ai fait une comparaison entre deux restaurants que j'ai visités : La cuillère verte et le Rapido-Four. **1**

À La cuillère verte, on informe la clientèle de la qualité de la nourriture en indiquant les ingrédients qu'on utilise. En plus du menu traditionnel de restauration rapide, on offre des repas santé. Pour stimuler l'équipe de travail, il y a des primes d'encouragement. Par contre, rien n'est fait pour assurer la sécurité du personnel dans la cuisine. Le restaurant produit beaucoup de déchets non recyclables, ce que je trouve inacceptable. **2** De plus, aucun bac n'est disponible pour récupérer les déchets recyclables.

Le Rapido-Four n'offre pas de menu santé et ne donne pas d'information sur les mets servis au comptoir. Cependant, des affiches mettent le personnel en garde contre les dangers de brûlures et leur rappellent des méthodes de travail sécuritaires. Le service se fait dans de la vaisselle jetable, mais on dispose de bacs pour le recyclage.

Voici ce que j'ai trouvé en comparant les deux restaurants. Chacun se comporte en partie comme une entreprise responsable. **3** À partir de cette comparaison, j'aimerais qu'on discute des comportements d'une entreprise qui serait responsable socialement. [...]

COMMENTAIRES

1 Dans ce paragraphe, Simon annonce les deux éléments qu'il veut comparer et l'angle sous lequel il fera cette comparaison.

2 Simon donne son opinion sur le comportement d'une des entreprises, ce qui n'est pas le but recherché dans une comparaison.

3 La conclusion de Simon découle logiquement de sa comparaison. De plus, elle permet d'élargir la discussion sur le thème de la responsabilité éthique des entreprises.

Qu'est-ce qu'une comparaison ?

- La comparaison est une façon d'établir des différences ou des ressemblances entre deux ou plusieurs éléments.
- On l'utilise lorsqu'on veut décrire et comparer des situations.
- Elle peut permettre de tirer certaines conclusions.

Démarche proposée

- Cernez le sujet de votre comparaison en précisant les éléments que vous voulez comparer.
- Établissez les différences et les ressemblances entre ces éléments.
- Posez-vous les questions suivantes :
  - Les éléments choisis peuvent-ils être comparés ?
  - Ma comparaison tient-elle compte des principales caractéristiques des éléments comparés ?
  - Ma comparaison manifeste-t-elle un parti pris pour l'un ou l'autre des éléments comparés ?
- Déterminez l'ordre de présentation de votre comparaison.
  - Faites un plan de votre comparaison.
  - Décrivez en premier lieu les points communs, puis les différences.
- Si nécessaire, tirez certaines conclusions.

> ## Des pièges à éviter
> - Décrire deux éléments sans établir de liens entre eux.
> - Faire une comparaison partiale, qui valorise un des éléments et dévalorise l'autre.
> - Tirer d'une comparaison une conclusion qui reflète ses préférences plutôt qu'une conclusion qui découle d'un raisonnement logique.

LES CHANGEMENTS CLIMATIQUES

À la fin d'une table ronde sur les enjeux éthiques associés au problème des changements climatiques, une élève fait une synthèse de la contribution des personnes-ressources.

Kim – Je remercie nos personnes-ressources, soit notre professeure de science et technologie, notre professeur d'éthique et culture religieuse ainsi que notre invité, un représentant du groupe Greenpeace, qui se consacre à la défense de l'environnement. En terminant, je voudrais faire une synthèse de la discussion.

Notre table ronde portait sur les questions éthiques reliées aux effets possibles des changements climatiques sur l'avenir de la planète. Nous savons que le réchauffement rapide de notre planète pourrait avoir des conséquences graves pour les prochaines générations, mais notre attitude actuelle peut influencer l'avenir et éviter les catastrophes appréhendées. **1**

Notre professeure de science et technologie, madame Lapointe, nous a présenté une explication scientifique du problème. Elle a mentionné que ce sont les êtres humains eux-mêmes qui ont provoqué cette augmentation de la température. Les gaz générés en partie par leurs activités ont contribué à garder la chaleur captive, comme dans une serre, d'où l'expression « gaz à effet de serre ».

Notre professeur d'éthique et culture religieuse, monsieur Latour, a ensuite abordé les enjeux éthiques associés à ce phénomène. Il a souligné que le réchauffement climatique nous oblige à repenser le développement économique dans la perspective de notre responsabilité face aux générations futures qui devront subir nos choix actuels. Il a aussi abordé la notion de développement durable, une forme de développement économique respectueux de l'environnement.

Finalement, le représentant du groupe Greenpeace, monsieur Labonté, a plutôt mis l'accent sur les moyens concrets à prendre pour diminuer les activités polluantes. Il a rappelé que, si tout le monde s'y mettait, un simple geste, comme marcher ou se déplacer en autobus plutôt qu'en voiture, pourrait contribuer à diminuer la production de gaz à effet de serre. **2**

Nos personnes-ressources ont donc abordé la question des enjeux éthiques des changements climatiques tout en nous proposant des pistes d'action.

Merci à tous. **3**

COMMENTAIRES

1 Kim commence sa synthèse en énonçant le sujet et les principaux éléments.

2 Kim inclut dans sa synthèse tous les aspects importants du phénomène.

3 Kim termine sa synthèse par une brève conclusion.

Qu'est-ce qu'une synthèse ?

- La synthèse est un résumé des principaux éléments (idées, faits, expériences, arguments, etc.) d'une discussion, d'un récit ou d'un texte.

- On l'utilise lorsqu'on veut :

  - mettre de l'ordre dans ses idées ou ses arguments ;

  - faire le point sur les idées et les arguments exprimés dans une discussion, un débat, une table ronde, etc. ;

  - résumer, de façon cohérente, un chapitre d'un livre, un article de journal, de l'information recueillie dans Internet, etc.

- Elle peut inclure une conclusion.

Démarche proposée

- Cernez de façon précise ce que vous voulez résumer.

- Posez-vous les questions suivantes :

  - Dans ce que j'ai retenu pour faire ma synthèse, quel est le fait, l'idée, l'expérience ou l'argument qui ressort le plus ?

  - Quels sont les faits, les idées, les expériences ou les arguments qui ressortent moins, mais que je trouve important d'inclure à ma synthèse ?

- Assurez-vous que la synthèse est complète et conforme à ce que vous voulez résumer.

  - Validez votre synthèse en vérifiant si vous avez bien retenu les éléments essentiels. Les réponses aux questions précédentes vous ont-elles permis de décrire l'ensemble de votre sujet ? Sinon, complétez cette description.

  - Posez-vous la question suivante : « Ai-je tenu compte de tous les éléments essentiels ? » Sinon, ajoutez les éléments manquants à votre synthèse.

- Déterminez l'ordre de présentation de votre synthèse.

  - Spécifiez le sujet que vous voulez synthétiser.

  - Indiquez les éléments essentiels de votre sujet.

  - Indiquez les éléments secondaires que vous jugez nécessaire d'inclure.

  - Terminez avec une conclusion, si nécessaire.

Des pièges à éviter

- Retenir uniquement des éléments secondaires et laisser de côté des éléments essentiels.

- Ne pas suivre un ordre de présentation logique.

Outil 11   L'explication

QU'EST-CE QUE LE PANTHÉISME ?

Dans une discussion sur les diverses formes d'expériences du divin, des élèves posent des questions sur le panthéisme. Louis a lu sur ce sujet et il explique en quoi consiste cette conception du divin.

Jade – Selon leur religion, les gens ont des façons différentes de se représenter le divin. Par exemple, les chrétiens et chrétiennes croient en un seul dieu, alors que pour les adeptes de l'hindouisme, il en existe plusieurs. Les Amérindiens, pour leur part, voient dans la nature une manifestation du divin. Mais quand je lis le mot « panthéisme », ça ne me dit rien. Quelqu'un peut-il me renseigner ? **1**

Louis – Ça tombe bien, Jade, j'ai fait une recherche là-dessus. Alors je t'explique. Le panthéisme est une façon particulière de se représenter le divin. Tu as sûrement déjà été fascinée par certains phénomènes naturels. Parfois nous pouvons même avoir l'impression de faire partie de l'immensité : par exemple, en admirant un ciel étoilé. **2** Nous ressentons alors profondément que nous appartenons à un monde infiniment plus grand que nous. Pour certaines personnes, l'ordre qui règne dans cet univers et l'expérience qu'elles vivent en le contemplant est une forme particulière de l'expérience du divin. Et si des gens divinisent l'univers et croient en une forme de communion spirituelle avec lui, alors là, on parle de panthéisme. **3** Cette forme du divin ne se limite pas à une religion en particulier. Des croyants de différentes confessionnalités ont témoigné d'expériences de ce genre.

Jade – Merci pour ces explications. Ce n'est pas un mot facile à comprendre, mais je comprends mieux ce qu'est le panthéisme. Donc, les gens divinisent l'univers… Mais un tel dieu n'est pas un dieu personnel, il semble se confondre avec l'univers lui-même. […] **4**

COMMENTAIRES

1.   Jade demande des précisions.
2.   Pour rendre son explication plus concrète, Louis commence celle-ci en donnant l'exemple d'une expérience que Jade a pu elle-même faire.
3.   L'explication de Louis lui permet de clarifier le sens de ce concept.
4.   À partir de la réponse de Louis, Jade poursuit le dialogue.

Qu'est-ce qu'une explication?

- L'explication est un développement qui vise à mieux faire comprendre le sens de quelque chose.
- On l'utilise lorsqu'on veut:
  - clarifier des idées, un point de vue ou des arguments en les rendant plus explicites;
  - ajouter des définitions et des exemples à un texte pour en faciliter la compréhension;
  - donner des informations supplémentaires en réponse aux questions posées.

Démarche proposée

- Cernez, dans votre sujet, ce qui mérite d'être plus détaillé.
- Trouvez des exemples, des définitions ou d'autres renseignements qui permettraient de mieux faire comprendre certains aspects de votre sujet.
- Posez-vous les questions suivantes:
  - Quels aspects de mon sujet mériteraient d'être plus détaillés?
  - Quels seraient les meilleurs moyens, définitions ou exemples pour mieux faire comprendre mon sujet?
- Déterminez l'ordre de présentation de votre explication.
  - Faites un plan de votre explication.
  - Formulez la partie la plus générale de votre texte en utilisant, si possible, une définition de ce que vous voulez expliquer. Présentez d'abord les éléments plus importants et ensuite les éléments secondaires.
  - Poursuivez avec des exemples.
  - Si nécessaire, terminez avec certains cas particuliers ou exceptionnels.

Des pièges à éviter

- Donner une explication qui complique le sens de ce qu'on veut expliquer au lieu de le rendre plus compréhensible.
- Donner uniquement des exemples secondaires ou des exceptions pour illustrer le sujet.
- Ne pas définir les termes qu'on veut expliquer.
- Faire une description.

L'EUGÉNISME AUJOURD'HUI

Une enseignante explique ce qu'est l'eugénisme : « L'eugénisme consiste à améliorer volontairement des caractères héréditaires de l'espèce humaine par divers moyens. » Elle poursuit en demandant à ses élèves : « Si, grâce au progrès de la génétique, vous pouviez décider des caractéristiques de vos futurs enfants, le feriez-vous ? »

Xavier – Si un jour j'ai des enfants, j'aimerais qu'ils soient aussi beaux, intelligents et en santé que possible. C'est ce que tous les parents veulent. **1** Si la science me permet de choisir le genre d'enfants que j'aurai, alors pourquoi pas ? De toute façon, je ne suis pas contre l'eugénisme si cela aide à améliorer l'espèce humaine.

Cassandra – Xavier, la vie nous donne des enfants plus ou moins beaux et plus ou moins intelligents, et nous les aimons comme ils sont. Je ne vois pas pourquoi nous devrions décider à leur place de ce qu'ils devraient être. Si tous les parents agissaient comme toi, les enfants de demain finiraient par être tous pareils. On perdrait la richesse que représentent les différences entre les êtres humains. En plus, je crois qu'il est dangereux de remplacer la nature par de nouvelles technologies comme les manipulations génétiques. On connaît déjà les dangers potentiels des OGM dans notre alimentation. Certaines personnes rêvent de réussir un jour à cloner un être humain. C'est encore une fois l'idée d'un monde composé d'humains identiques. **2** Pour toutes ces raisons, je suis contre l'eugénisme. Mais je ferais peut-être une exception pour les cas de maladies incurables graves qu'on peut détecter par des tests génétiques sur l'embryon. **3**

L'enseignante – Merci d'avoir justifié ton point de vue, Cassandra. Limiter les interventions qui sélectionnent des embryons aux cas de maladies graves… voilà une suggestion qui mérite réflexion ! Xavier, que penses-tu des arguments de Cassandra ? [...]

COMMENTAIRES

1   Xavier émet une première opinion qui n'est pas encore pleinement justifiée.

2   Cassandra justifie sa position contre l'eugénisme.

3   Cassandra nuance sa position.

Qu'est-ce qu'une justification ?

- La justification est une présentation d'idées et d'arguments ordonnés dans le but de démontrer et de faire valoir un point de vue.
- On l'utilise lorsqu'on veut exposer les motifs qui soutiennent notre point de vue.

Démarche proposée

- Cernez, dans votre sujet, le point de vue que vous souhaitez justifier.
- Précisez clairement votre point de vue, vos arguments et prévoyez les objections qu'on pourrait vous faire.
- Assurez-vous que vos arguments sont pertinents, cohérents et suffisants pour convaincre les autres de la justesse de votre point de vue.
- Posez-vous les questions suivantes :
  - Le point de vue que je veux justifier est-il clairement exprimé ?
  - Les arguments et les exemples de ma justification sont-ils pertinents ? Ces arguments sont-ils suffisants pour amener les autres à partager mon point de vue ? Mes arguments sont-ils présentés de façon cohérente ?
  - Ma justification tient-elle compte des objections des autres qui s'opposent à mon point de vue ?
- Déterminez l'ordre de présentation de votre justification.
  - Présentez clairement votre point de vue.
  - Exposez vos arguments et vos exemples.
  - Poursuivez en répondant aux objections des autres.

Des pièges à éviter

- Faire appel à des arguments non pertinents qui font obstacle au dialogue plutôt que de contribuer à élaborer son point de vue.
- Ne pas tenir compte des objections des autres dans sa justification.

Des moyens pour interroger un point de vue

Dans la pratique du dialogue, il existe différents moyens pour interroger un point de vue. Dans cette section, vous apprendrez à reconnaître des types de jugements, des types de raisonnements ainsi que des procédés susceptibles d'entraver le dialogue.

Les types de jugements

Le tableau qui suit présente quatre types de jugements qui peuvent constituer un point de vue. Dans la colonne de droite, vous trouverez la description de chacun de ces éléments ainsi que des moyens pour l'interroger.

LES DIFFÉRENTS MOYENS POUR INTERROGER UN POINT DE VUE	
Types de jugements	Descriptions
Le jugement de préférence (outil 13)	
EXEMPLE « J'aime mieux les cours d'éthique et culture religieuse que ceux de sciences. »	Proposition qui exprime de façon subjective des préférences. **On y réagit** en s'interrogeant sur ses préférences et celles des autres, pour mieux les comprendre, et sur les raisons qui sont derrière ces préférences.
Le jugement de prescription (outil 14)	
EXEMPLE « Réduisez votre empreinte écologique en buvant l'eau du robinet. »	Proposition qui émet un conseil, une recommandation ou une obligation dans le but d'inciter à l'action. **On y réagit** en se demandant sur quel fait, quelle raison ou quelle valeur repose la prescription. On s'assure aussi que la proposition est réaliste.
Le jugement de réalité (outil 15)	
EXEMPLE « La publicité nous incite à consommer. »	Proposition qui constate un fait, un événement ou le témoignage d'une personne. **On y réagit** en demandant à la personne qui formule la proposition sur quoi repose son jugement, car un jugement de réalité n'est pas nécessairement vrai. On vérifie également la crédibilité des sources.
Le jugement de valeur (outil 16)	
EXEMPLE « En amitié, l'honnêteté est essentielle. »	Proposition privilégiant une ou plusieurs valeurs par rapport à d'autres. Contrairement au jugement de préférence, le jugement de valeur repose généralement sur une réflexion personnelle. **On y réagit** en demandant à la personne de livrer la réflexion qui l'a amenée à formuler ce jugement. On s'assure de plus que la signification de la proposition est claire.

Le jugement de préférence

L'ENDROIT OÙ JE PRÉFÉRERAIS VIVRE

À la cafétéria, des élèves discutent de leurs rêves d'avenir. Cette conversation a débuté avec Martin, qui est allé conduire ses grands-parents à l'aéroport la veille.

Martin – Moi, un jour, j'aimerais être assez riche pour aller passer mes hivers dans le Sud comme mes grands-parents le font chaque année. **1**

Sobannamy – On n'a vraiment pas les mêmes goûts. Moi, j'adore faire du ski l'hiver et plus tard, j'espère pouvoir passer mes vacances à pratiquer mon sport préféré. J'aimerais un jour élever ma famille à la campagne pour profiter à plein de la nature. **2**

Giullio – Je ne te comprends pas, Sob. Comment peux-tu aimer geler tout l'hiver au Québec ? J'aime bien mon nouveau pays, mais certainement pas l'hiver. De toute façon, ce qui compte le plus pour moi, c'est de travailler un jour dans le domaine que j'ai choisi. J'adore les avions et je rêve de devenir pilote. **3**

Pricillia – Moi, je voudrais être psychologue parce que j'aime venir en aide aux autres. **4** J'aimerais travailler dans un pays pauvre, là où je peux vraiment être utile. Je me retrouverais dans le Sud comme Martin, mais probablement pas dans le même pays...

Martin – On ne sait jamais, tu vas peut-être réussir à me convaincre de venir en aide aux autres si tes projets d'avenir se passent dans les pays chauds !

Tout le monde rit et la conversation est interrompue par la sonnerie qui annonce la prochaine période de cours.

COMMENTAIRES

1 Martin exprime un jugement de préférence.

2 Sobannamy exprime deux jugements de préférence.

3 Giullio exprime à son tour des jugements de préférence.

4 Dans son intervention, Pricillia donne les raisons de ses préférences.

Qu'est-ce qu'un jugement de préférence ?

- Un jugement de préférence est une proposition subjective qui exprime des goûts, des intérêts, des préférences.
- On l'utilise lorsqu'on veut exprimer son point de vue.

Démarche proposée

- Recherchez les jugements de préférence utilisés pour élaborer votre point de vue et celui des autres dans un échange.
- Formulez clairement vos jugements de préférence. Si nécessaire, demandez aux autres des clarifications sur les leurs.
- Établissez les raisons qui sous-tendent vos jugements de préférence et ceux des autres.
- Posez-vous les questions suivantes :
  - Existe-t-il des jugements de préférence dans mon point de vue ou dans celui des autres ?
  - Quelles sont mes raisons, ou celles des autres, pour appuyer les jugements de préférence ? Ces raisons sont-elles suffisantes pour les justifier ?
  - Quelles sont les raisons implicites, non exprimées, qui sous-tendent les jugements de préférence ?
- Recherchez les conclusions tirées à partir de jugements de préférence et demandez-vous si elles sont justifiées.

Des pièges à éviter

- Vouloir imposer ses jugements de préférence aux autres.
- Ne pas exprimer clairement ses jugements de préférence.
- Ne pas demander aux autres de clarifier leurs jugements de préférence.
- Ne pas examiner les raisons qui sous-tendent ses jugements de préférence ou ceux des autres.
- Tirer des conclusions trop générales à partir d'un jugement de préférence.

Outil 14 LE JUGEMENT DE PRESCRIPTION

TRAVAILLER EN ÉQUIPE

Les élèves doivent préparer leur participation à un débat sur l'avortement qui aura lieu dans leur cours d'Éthique et culture religieuse. L'enseignante intervient dans la discussion entre Marie-Laure et Steven.

L'enseignante – Si j'ai bien entendu, vous voulez que Marie-Laure fasse les recherches et que Steven exprime votre point de vue devant la classe ? Vous ne pouvez pas fonctionner ainsi. Tous les deux, vous devez faire des recherches et vous exprimer devant la classe lors du débat. **1**

Steven – Pourquoi notre façon de faire ne convient-elle pas ? **2**

L'enseignante – Tous les élèves doivent effectuer des recherches pour élaborer leur point de vue. Un débat n'est pas une tribune pour exprimer des préjugés : il faut fonder ses interventions sur des faits, des statistiques et les valeurs qui sont en cause. **3**

Marie-Laure – Steven, tu te concentreras sur l'avortement aux États-Unis et au Canada, tandis que je me pencherai davantage sur l'avortement au Québec. **4**

Steven – Pourquoi ? **5**

Marie-Laure – Tu es habitué à lire en anglais, alors que moi, j'ai de la difficulté à le faire.

Steven – Je suis d'accord, mais si c'est moi qui couvre les informations provenant des États-Unis et du Canada anglais, c'est toi qui devras rédiger tous les textes. **6**

L'enseignante – Steven, il n'est pas question que Marie-Laure soit la seule à rédiger les textes. La préparation fait partie des moyens qui vous permettront d'élaborer vos arguments, en plus de vous fournir des informations pour pouvoir répondre aux questions des autres participants quand ils interrogeront votre point de vue. De plus, le travail en équipe fait partie des façons d'améliorer le dialogue entre vous. Vous devez donc participer tous les deux à chacune des étapes de la préparation et de la présentation. **7**

Marie-Laure – D'accord ! Steven, je pense que nous travaillerons ensemble pour les trois prochaines périodes.

COMMENTAIRES

1 L'enseignante formule plusieurs jugements de prescription concernant le débat qui aura lieu en classe.

2 Steven interroge le point de vue de l'enseignante en lui demandant les raisons qui sous-tendent ses jugements de prescription.

3 L'enseignante donne la raison qui justifie ses jugements de prescription.

4 Marie-Laure formule à son tour un jugement de prescription.

5 Steven demande à Marie-Laure de justifier son jugement de prescription.

6 Steven formule un nouveau jugement de prescription.

7 L'enseignante précise ses exigences en formulant un nouveau jugement de prescription.

Qu'est-ce qu'un jugement de prescription?

- Un jugement de prescription est une proposition qui permet d'énoncer un ordre, une obligation, une recommandation. Le jugement de prescription affirme la nécessité d'accomplir un acte, de modifier une situation ou de résoudre un problème.

- On l'utilise lorsqu'on veut exprimer sa volonté qu'un acte soit accompli dans le but de modifier une situation ou de résoudre un problème.

Démarche proposée

- Recherchez les jugements de prescription utilisés pour élaborer votre point de vue et celui des autres dans un échange.

- Formulez clairement vos jugements de prescription. Si nécessaire, demandez aux autres des clarifications sur les leurs.

- Établissez les raisons qui sous-tendent vos jugements de prescription et ceux des autres.

- Assurez-vous que la proposition est réaliste.

- Posez-vous les questions suivantes :
  - Existe-t-il des jugements de prescription dans mon point de vue ou dans celui des autres ?
  - Quelles sont mes raisons, ou celles des autres, pour appuyer les jugements de prescription ? Ces raisons sont-elles suffisantes pour les justifier ?
  - Quelles sont les raisons implicites, non exprimées, qui sous-tendent les jugements de prescription ?
  - Est-ce que les jugements de prescription sont réalistes ?

Des pièges à éviter

- Formuler des jugements de prescription sans une justification suffisante.
- Formuler des jugements de prescription sur lesquels on ne peut pas agir.
- Ne pas exprimer clairement ses jugements de prescription.
- Ne pas demander aux autres participants de clarifier leurs jugements de prescription.
- Ne pas exprimer les raisons qui sous-tendent ses jugements de prescription et ceux des autres.

RÉFLÉCHIR SUR L'AVORTEMENT

L'infirmière de l'école rencontre des élèves pour leur donner de l'information sur l'avortement et aborder certaines questions éthiques à ce sujet. Après sa présentation, elle engage une discussion avec les élèves.

Mélanie – Moi, je trouve que l'avortement est un crime, parce que le fœtus est un futur être humain et qu'on ne peut décider de son droit à la vie. Il y a des moyens de contraception, comme la pilule, qui évitent aux filles de tomber enceintes. **1** Alors comment pouvons-nous en venir à tuer un être humain parce que nous avons été négligentes ?

Maxime – Je ne suis pas d'accord avec ton point de vue, Mélanie ! L'avortement est un moyen de dernier recours, mais pas un crime. Le fœtus n'est pas une personne, ni un être conscient et raisonnable. C'est un simple amas de cellules. **2**

Philippe – Tu exagères, Max. Je ne parlerais pas comme Mélanie d'un crime, mais on doit quand même admettre que le fœtus est une personne potentielle, **3** un embryon qui pourrait devenir un être humain comme toi ou moi.

Anna – Je suis d'accord avec Philippe, mais on ne devrait pas se culpabiliser d'avoir recours à un avortement. Il y a des accidents, des imprévus, et on ne doit pas garder un enfant juste parce qu'on se sent coupable. Il faut être responsable **4** et penser aux conséquences à long terme de cette grave décision. Cela me semble particulièrement évident à notre âge !

L'infirmière – Merci. Vos arguments sont intéressants, et ils reflètent bien le débat éthique qui entoure cette question dans la société.

COMMENTAIRES

1 Mélanie appuie son point de vue sur deux jugements de réalité.

2 Maxime appuie sa conception du fœtus sur un jugement de réalité.

3 Philippe formule un jugement de réalité.

4 Anna fait appel ici à une autre forme de jugement, le jugement de valeur.

Qu'est-ce qu'un jugement de réalité?

- Un jugement de réalité est une proposition qui permet d'établir une constatation objective en s'appuyant explicitement ou implicitement sur des événements, des faits ou des témoignages.
- Un jugement de réalité peut être faux.

Démarche proposée

- Recherchez les jugements de réalité utilisés pour élaborer votre point de vue et celui des autres dans un échange.
- Établissez clairement les faits sur lesquels reposent vos jugements de réalité ou ceux des autres.
- Posez-vous les questions suivantes:
  - Existe-t-il des jugements de réalité dans mon point de vue ou dans celui des autres?
  - Les jugements de réalité énoncés sont-ils vrais? Peut-on les vérifier? Proviennent-ils de sources qui ont une valeur scientifique? Les témoignages sont-ils crédibles?
- Recherchez les conclusions tirées à partir de jugements de réalité et demandez-vous si elles sont justifiées.

Des pièges à éviter

- Ne pas vérifier les jugements de réalité qu'on formule lors d'un échange.
- Ne pas interroger les autres sur les jugements de réalité qu'ils formulent lors d'un échange.
- Considérer qu'une chose est nécessairement vraie parce qu'une personne l'affirme sous la forme d'un jugement de réalité.
- Tirer des conclusions à partir de jugements de réalité qui n'ont pas été vérifiés.

Outil 16 | Le jugement de valeur

POUR OU CONTRE LE COMMERCE ÉQUITABLE ?

Des élèves ont remarqué, sur des emballages d'aliments, qu'il s'agit de produits équitables. Avec leur enseignant, ils décident d'organiser un débat sur le sujet pour discuter de certaines questions éthiques associées à la consommation.

Francesca – À l'épicerie, j'ai vu que le café équitable coûte beaucoup plus cher que les autres sortes de café. On m'a dit que le prix est plus élevé parce que les personnes qui le récoltent sont mieux payées que les autres. Pourquoi faudrait-il aider les gens des autres pays ? Charité bien ordonnée commence par soi-même ! **1** Selon moi, on devrait commencer par aider nos propres travailleurs et travailleuses en les payant mieux.

Émilie – J'ai une autre opinion, Francesca. Quand nous payons le café moins cher, c'est simplement que les compagnies profitent des personnes qui travaillent au maximum en leur versant des salaires de famine. Moi, je ne veux pas participer à cette exploitation. Je crois en un monde plus égalitaire où chacun et chacune a sa juste part. **2**

Fakri – Je pense comme toi, Émilie. Dans mon pays d'origine, j'ai vu des gens gagner presque rien en travaillant 12 heures par jour. Pour moi, le commerce équitable va dans le bon sens, car exploiter les gens est inacceptable. **3**

Francesca – De toute façon, seuls les riches peuvent se payer des produits équitables. Ce n'est pas un peu contradictoire ? À mon avis, on devrait d'abord s'entraider ici.

Fakri – Il n'y a pas de contradiction, Franco. C'est normal de payer plus cher pour des produits équitables. C'est une question de valeurs, pas nécessairement de revenus. Il y a plein de gens riches qui n'achètent pas de produits équitables. On peut s'entraider ici, tout en soutenant les personnes qui travaillent dans les pays plus pauvres. **4**

COMMENTAIRES

1   Francesca porte un jugement de valeur.

2   Le jugement de valeur d'Émilie repose sur un jugement de réalité.

3   Le jugement de valeur formulé par Fakri repose sur ses expériences passées dans son pays d'origine.

4   Dans sa réflexion éthique, Fakri apporte une nuance dans le jugement de valeur de Francesca.

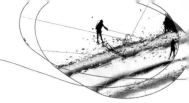

Qu'est-ce qu'un jugement de valeur?

■ Un jugement de valeur est une proposition qui privilégie une ou plusieurs valeurs par rapport à d'autres.

■ On l'utilise lorsqu'on veut exprimer son point de vue.

Démarche proposée

■ Recherchez les jugements de valeur utilisés pour élaborer votre point de vue et celui des autres dans un échange.

■ Formulez clairement vos jugements de valeur. Si nécessaire, demandez aux autres de clarifier les leurs.

■ Établissez les raisons qui sous-tendent vos jugements de valeur et ceux des autres.

■ Posez-vous les questions suivantes:

– Existe-t-il des jugements de valeur dans mon point de vue ou dans celui des autres?

– Quelles sont mes raisons, ou celles des autres, pour appuyer mes jugements de valeur et ceux des autres? Ces raisons sont-elles suffisantes pour justifier mes jugements de valeur ou ceux des autres?

– Quelles sont les raisons implicites, non dites, qui sous-tendent mes jugements de valeur ou ceux des autres?

■ Recherchez les conclusions tirées à partir de jugements de valeur et demandez-vous si elles sont justifiées.

Des pièges à éviter

■ Ne pas formuler clairement un jugement de valeur.

■ Refuser de discuter de ses jugements de valeur et de ceux des autres.

■ Ne pas expliquer les raisons qui sous-tendent ses jugements de valeur.

■ Ne pas demander aux autres de clarifier le sens de leurs jugements de valeur et les raisons qui les sous-tendent.

■ Tirer des conclusions qui reflètent ses préférences plutôt que le résultat d'un raisonnement logique.

Les types de raisonnements

Le tableau qui suit présente quatre types de raisonnements qui peuvent constituer un point de vue. Dans la colonne de droite, vous trouverez la description de chacun de ces éléments ainsi que des moyens pour l'interroger.

LES DIFFÉRENTS MOYENS POUR INTERROGER UN POINT DE VUE	
Types de raisonnements	Descriptions
L'induction (outil 17)	
EXEMPLE *« Depuis qu'il y a un centre sportif et une maison pour les jeunes, il y a moins de flânage dans les rues. Donc, des activités appropriées réduisent les risques de délinquance. »*	Raisonnement qui consiste à énoncer une règle générale à partir des caractéristiques communes de certains de nos jugements. L'induction va du particulier au général. **On y réagit** en se demandant si les jugements qui servent de prémisse à l'induction sont vrais, s'ils sont pertinents et s'ils sont en nombre suffisant pour en tirer une conclusion acceptable.
La déduction (outil 18)	
EXEMPLE *« Tous les membres de cet orchestre savent lire la musique. Paulo et Myriam en font partie. Ils peuvent donc lire cette partition. »*	Raisonnement qui consiste à appliquer une règle générale à un jugement ou à un ensemble de jugements pour en tirer une conclusion. La déduction va du général au particulier. **On y réagit** en se demandant si les jugements utilisés dans un raisonnement déductif sont vrais et si la règle générale qui en découle est valide.
L'analogie (outil 19)	
EXEMPLE *« En cas de malheur, les familles et les amis qui se serrent les coudes passent mieux au travers, tout comme, lors de tempêtes, les membres de l'équipage qui s'entraident peuvent éviter le naufrage. Cela montre que la solidarité aide à surmonter les épreuves. »*	Raisonnement qui établit des ressemblances entre des choses ou des personnes dans le but d'en tirer une conclusion. Plus précisément, l'analogie établit une relation entre deux énoncés. **On y réagit** en se demandant si l'analogie est fondée sur une relation entre deux énoncés qui sont comparables. Par exemple, comparer des animaux qui tuent pour manger à des meurtriers ne serait pas pertinent pour justifier des crimes. En effet, on ne peut comparer des animaux et des humains pour évoquer un comportement proprement humain comme la responsabilité.
L'hypothèse (outil 20)	
EXEMPLE *« Depuis que Jamil, Sophia et Diane ont créé un comité d'embellissement de la cour, de plus en plus d'élèves dînent à l'école pour participer à sa décoration. Je prévois que ce comité sera le plus populaire cette année. »*	Raisonnement qui consiste, à partir d'un nombre restreint de jugements, à formuler une supposition. **On y réagit** en se demandant si le nombre de jugements justifie de formuler une hypothèse. On doit également s'assurer qu'ils sont acceptables et en lien avec l'hypothèse.

DES LIEUX DE CULTE DANS TOUTES LES RELIGIONS

Aïcha prépare une présentation sur les temples religieux. En comparant différentes religions, elle constate qu'elles ont en commun de comporter des lieux réservés au culte. Elle en arrive à cette conclusion probable par un raisonnement inductif. Elle l'explique devant sa classe.

Aïcha – Pendant ma recherche, j'ai constaté que des lieux de culte existent pour plusieurs religions. **1** C'est le cas bien sûr de la mosquée que je fréquente depuis mon enfance et des églises chrétiennes qu'on peut voir un peu partout au Québec. Mais je sais aussi qu'il existe des temples bouddhiques et des synagogues. J'en suis donc venue à la conclusion qu'il existe probablement des lieux de culte pour toutes les religions. **2**

Ces endroits offrent souvent l'occasion aux fidèles de venir se recueillir et participer à certains rituels. Par exemple, les musulmans vont régulièrement prier à la mosquée alors que les chrétiens assistent à des offices religieux dans leurs églises. Je connais moins les habitudes des adeptes d'autres religions comme le judaïsme et le bouddhisme, mais j'ai l'intention de poursuivre mes recherches et aussi de me renseigner sur l'hindouisme. Finalement, j'ai remarqué que plusieurs lieux religieux abritent des reliques et des objets sacrés. Je crois que John est d'origine amérindienne. Peut-être aurait-il des choses intéressantes à nous apprendre sur les lieux de culte des Amérindiens. **3**

John – J'aimerais d'abord préciser qu'il n'y a pas de religions amérindiennes à proprement parler, c'est pourquoi on préfère parler de spiritualités autochtones [...].

COMMENTAIRES

1 Aïcha présente les jugements de réalité qui serviront de prémisses à son raisonnement inductif.

2 Aïcha formule un raisonnement inductif en notant que sa conclusion n'est pas certaine, mais probable.

3 Aïcha poursuit sa recherche sur les lieux de culte en interrogeant un élève de sa classe.

Qu'est-ce qu'une induction ?

■ Une induction est un raisonnement qui mène à une conclusion à partir d'un certain nombre de jugements qu'on qualifie de prémisses.

■ La conclusion d'une induction ne peut être une certitude. On dira qu'elle est probable.

■ On l'utilise lorsqu'on veut tirer une conclusion probable à partir d'un certain nombre d'observations.

Démarche proposée

■ Cernez le sujet de votre raisonnement inductif en précisant les observations ou jugements à partir desquels vous voulez tirer une conclusion.

■ Indiquez clairement le point commun aux différents jugements qui servent de base à votre induction. Si nécessaire, tirez certaines conclusions.

■ Posez-vous les questions suivantes :

- Les jugements à la base de mon induction sont-ils vrais ?

- Existe-t-il véritablement un point commun entre tous les jugements qui servent de base à mon raisonnement ?

- Ma conclusion est-elle acceptable ?

- Ma conclusion est-elle formulée de façon à mettre en évidence son caractère probable ?

■ Déterminez l'ordre de présentation de votre raisonnement inductif.

- Établissez les jugements sur lesquels votre raisonnement s'appliquera.

- Définissez clairement le point commun aux jugements que vous voulez induire par raisonnement.

- Tirez une conclusion probable.

Des pièges à éviter

■ Faire reposer l'induction sur un nombre insuffisant de jugements.

■ Comparer des jugements sans vérifier si ceux-ci sont vrais.

■ Trouver des points communs qui ne s'appliquent pas à l'ensemble des jugements qui servent de prémisses au raisonnement.

■ Tirer une conclusion catégorique qui ne correspond pas au caractère probable de celle d'une induction.

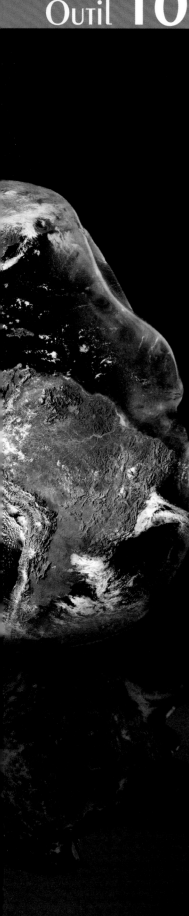

Outil 18 La déduction

LES RISQUES DES CHANGEMENTS CLIMATIQUES POUR L'AVENIR

Après une recherche sur nos responsabilités environnementales face aux générations futures, des élèves présentent à la classe leurs travaux sur le réchauffement climatique et ses conséquences. Nicole parle des effets de ce phénomène sur des populations pauvres qui habitent sans protection en bordure des océans.

Nicole – Vous savez peut-être que les populations les plus pauvres qui habitent les rives de certains océans risquent d'être parmi les plus touchées par les changements climatiques. Ces gens sont affectés par le moindre changement du niveau de la mer et ont peu de moyens de se défendre contre d'éventuelles inondations. **1** Certaines personnes vivent presque au niveau de la mer. Or, le niveau de la mer pourrait augmenter considérablement à cause du réchauffement de la planète. Donc, un pays comme le Bangladesh, dont une partie des habitants vivent sous le niveau de la mer, risque d'être durement affecté par ce réchauffement. **2**

Au Québec, les îles de la Madeleine pourraient connaître un problème semblable, car elles ne sont situées qu'à quelques mètres au-dessus du niveau de la mer.

Par conséquent, nous avons de grandes responsabilités quant à l'avenir des populations côtières et même de notre planète. Heureusement, nous pouvons agir et peut-être éviter le pire. Connaissez-vous des moyens à notre portée qui nous permettraient d'éviter de tels désastres ? **3**

COMMENTAIRES

1 Pour débuter, Nicole présente les jugements de réalité qui serviront de prémisses à son raisonnement déductif.

2 Nicole formule un raisonnement déductif qui la conduit d'une prémisse générale à une conclusion singulière.

3 Nicole poursuit sa réflexion.

Qu'est-ce qu'une déduction ?

- Une déduction est un raisonnement qui consiste à appliquer une règle générale à un jugement ou à un ensemble de jugements pour en tirer une conclusion. Le raisonnement déductif va du général au particulier.

- Dans une déduction, si les prémisses sont vraies, la conclusion le sera nécessairement. Contrairement à l'induction, la déduction ne conduit pas à une conclusion probable, mais vraie.

- La conclusion d'une déduction est vraie si les prémisses sont vraies et si le raisonnement logique est valide.

- On l'utilise lorsqu'on veut tirer, d'un jugement général, un jugement sur un cas particulier.

Démarche proposée

- Cernez le sujet de votre raisonnement déductif en énonçant le jugement général à partir duquel vous souhaitez déduire un jugement particulier.

- Formulez clairement le raisonnement logique qui vous conduira à tirer une conclusion sur un cas particulier.

- Posez-vous les questions suivantes :
  - Le jugement général à la base de ma déduction est-il vrai ?
  - L'ordre logique de ma déduction est-il valide ?

- Déterminez l'ordre de présentation de votre raisonnement déductif.
  - Établissez la ou les prémisses à la base de votre raisonnement.
  - Définissez clairement l'ordre logique de l'enchaînement des propositions.
  - Tirez une conclusion.

Des pièges à éviter

- Établir une déduction sans vérifier si les prémisses sont vraies.
- Faire reposer sa déduction sur un raisonnement non valide.
- Tirer une conclusion probable qui ne constitue pas une conséquence logique.

OUTIL 19 L'ANALOGIE

VIVRE EN FAMILLE ET EN SOCIÉTÉ

Lors d'une discussion sur la tolérance, on invite les élèves à observer dans leurs familles des façons d'agir qui pourraient être bénéfiques dans la société en général. Nadia amorce la réflexion en parlant de sa famille.

Nadia – Chez moi, il y a souvent des querelles entre mes frères et ma sœur parce que nous avons des goûts et des âges différents. Nous ne sommes pas assez riches pour répondre à toutes les exigences ; alors il faut partager, mais en respectant les goûts personnels. Ce n'est pas toujours facile. Mon frère écoute une variété de musique insupportable, que je déteste. Cela m'empêche de me concentrer pour faire mes devoirs. Ma sœur lit jusqu'à tard le soir et la lumière m'empêche de dormir. En plus, nous n'aimons pas les mêmes films. **1** Ce n'est pas facile, mais à force de discuter, nous avons trouvé des règles. Par exemple, mon frère doit écouter sa musique au sous-sol et baisser le volume quand je fais mes devoirs. Je me suis maintenant entendue avec ma sœur pour qu'elle lise moins souvent au lit. Et c'est chacun son tour quand on loue des vidéos.

Je crois que nous pouvons tirer des leçons de la vie familiale. Dans la famille, nous pouvons nous donner des moyens pour être plus tolérants entre nous, tout en respectant nos goûts. De même, dans la société, on doit mettre en place des mesures qui favorisent la tolérance entre les individus et les communautés, tout en respectant la diversité de leurs cultures et de leurs besoins. **2**

Hai – Tu as raison Nadia, mais ton exemple a des limites. Toutes les familles ne sont pas aussi tolérantes que la tienne. **3** Pour ma part, je ne voudrais pas que la société fonctionne comme ma famille. Moi, je suis homosexuel et mes parents ne l'acceptent vraiment pas. Ils disent que cela passera avec le temps et ils m'interdisent d'inviter des garçons à la maison. À l'école, on se moque parfois de moi, mais en général, c'est un milieu bien plus tolérant que ma famille.

Karine – Hai, je crois que Nadia prend comme modèle sa famille à elle. Tu as raison d'apporter des nuances, ce n'est pas pareil partout. Mais je pense quand même qu'on devrait s'inspirer des familles tolérantes pour bâtir une société qui accepte mieux les différences. **4**

COMMENTAIRES

1 Dans ce paragraphe, Nadia présente sa situation familiale, qui lui servira à introduire son raisonnement analogique.

2 Nadia formule un raisonnement analogique dans le but de tirer certaines conclusions sur la société à partir de son expérience familiale.

3 Hai témoigne de sa propre expérience et démontre les limites de la conclusion de Nadia.

4 Karine reformule la conclusion de Nadia de façon à tenir compte de l'objection de Hai.

Qu'est-ce qu'une analogie?

- Une analogie est un raisonnement qui établit des ressemblances entre des choses ou des personnes dans le but d'en tirer une conclusion.
- On l'utilise lorsqu'on veut tirer une conclusion à partir d'une comparaison pertinente.

Démarche proposée

- Cernez le sujet de votre raisonnement analogique en précisant les énoncés que vous voulez comparer.
- Assurez-vous que les énoncés permettent une comparaison pertinente et éclairante.
- Assurez-vous que votre conclusion découle logiquement de votre analogie.
- Posez-vous les questions suivantes :
  - Les réalités que je veux comparer sont-elles comparables ?
  - Les éléments que je veux comparer sont-ils comparables ?
  - La conclusion que j'en tire a-t-elle un lien logique avec mon analogie ?
- Déterminez l'ordre de présentation de votre raisonnement analogique.
  - Établissez les termes de comparaison sur lesquels votre raisonnement s'appuiera.
  - Définissez clairement l'ordre logique des propositions.

Des pièges à éviter

- Établir une analogie sans vérifier si les liens entre les éléments comparés sont valides.
- Établir une analogie entre des énoncés qui ne sont pas comparables.
- Tirer une conclusion qui ne constitue pas une conséquence logique du raisonnement analogique.

RÉDUIRE LA VIOLENCE DANS LES SPORTS D'ÉQUIPE

Un groupe d'élèves est préoccupé par la violence dans les sports d'équipe. Claudie leur soumet l'hypothèse qu'elle a formulée pour trouver des moyens efficaces de réduire les comportements agressifs dans les compétitions sportives.

Claudie – La semaine dernière, il y a eu une bagarre générale pendant la partie de handball féminin. Deux jours plus tard, un joueur de soccer s'en est pris à l'arbitre parce qu'il avait annulé son but. Il y a vraiment de plus en plus de violence dans les sports, et je me suis demandé comment on pourrait y mettre fin. On dirait que les moyens traditionnels, qui consistent à punir les personnes fautives, ne font plus autant effet. Alors, j'ai mené une petite enquête et j'ai demandé aux joueurs et joueuses que je connais ce qui, à leur avis, serait le plus efficace comme punition : punir la personne ou toute l'équipe ? Leur réponse était unanime : « Punir l'équipe ! » On pourrait, par exemple, lui enlever des points au classement. Après cette discussion, j'en suis venue à formuler l'idée que, si on punit toute l'équipe au lieu de quelques individus, cela pourrait aider à réduire la violence de façon plus efficace. **1**

Jean-Joseph – C'est une hypothèse intéressante, Claudie, mais il faudrait voir si toutes les équipes sont du même avis. Certaines penseront peut-être que ce moyen n'est pas plus efficace que les punitions individuelles. **2**

Lucas – Je suis d'accord avec Jean-Joseph. Mais ton hypothèse est quand même intéressante parce que, si cette nouvelle règle était appliquée, il y a de fortes chances que l'équipe fasse pression sur les membres violents pour qu'ils apprennent à se contrôler. **3**

COMMENTAIRES

1 Claudie formule un raisonnement hypothétique dans le but de proposer une hypothèse.

2 Jean-Joseph rappelle qu'une hypothèse demande à être vérifiée.

3 Lucas a un point de vue nuancé sur l'hypothèse de Claudie.

Qu'est-ce qu'une hypothèse ?

- Une hypothèse est un raisonnement qui consiste, à partir d'un nombre restreint de jugements, à formuler une supposition.
- On l'utilise lorsqu'on veut élaborer une proposition à partir d'un nombre de cas limité.

Démarche proposée

- Cernez le sujet de votre raisonnement en précisant les jugements qui sont à la base de votre hypothèse.
- Assurez-vous que les jugements sur lesquels repose votre hypothèse sont vrais.
- Assurez-vous que votre hypothèse découle logiquement des jugements sur lesquels elle repose.
- Prévoyez une façon de vérifier votre hypothèse à partir de nouveaux éléments.
- Posez-vous les questions suivantes :
  - Les jugements à partir desquels je formule mon hypothèse sont-ils vrais ?
  - L'hypothèse que je formule est-elle pertinente par rapport aux jugements qui la fondent ?
  - Mon hypothèse pourrait-elle être vérifiée par de nouveaux éléments ?
- Déterminez l'ordre de présentation de votre raisonnement hypothétique.
  - Énoncez les jugements sur lesquels repose votre hypothèse.
  - Formulez votre hypothèse.

Des pièges à éviter

- Fonder son hypothèse sur des jugements non avérés.
- Fonder son hypothèse sur un nombre trop restreint de jugements.
- Établir une hypothèse qui n'est pas pertinente par rapport aux jugements qui doivent la fonder.
- Formuler une hypothèse qui ne pourrait pas par la suite être vérifiée.

Les entraves au dialogue

Certains procédés nuisent à la communication, c'est-à-dire qu'ils font entrave au dialogue. C'est parfois ce qui arrive lorsqu'on fait appel aux autres ou qu'on a recours à des raisonnements erronés.

L'appel aux autres et le raisonnement ne sont toutefois pas toujours nuisibles.

- Faire appel à des autorités qui possèdent un savoir ou des expériences reconnues peut aider à la discussion. Mais il faut prendre soin de clarifier leurs propos avant d'en tirer trop rapidement des conclusions.

- S'appuyer sur l'opinion de groupes tels que la famille, la classe ou les amis est valable dans la mesure où on se réfère aux idées et non à la réputation de ces groupes.

- Généraliser à partir d'un nombre suffisant de cas particuliers, expliquer un phénomène en déterminant sa vraie cause, évoquer des conséquences réalistes et raisonnables pour une action ou une décision, faire des comparaisons ou des analogies entre des éléments véritablement comparables sont autant de raisonnements qui peuvent aider à exprimer et faire comprendre un point de vue.

C'est lorsque le recours à ces procédés démontre un manque d'éthique, de respect et d'honnêteté qu'il peut entraver le dialogue.

COMMENT CONTRER UN APPEL INCORRECT AUX AUTRES ?

Faire appel aux autres incorrectement consiste à se servir de ces personnes ou de leurs opinions pour soutenir ou contredire un point de vue. Le tableau suivant décrit ce genre de procédé et explique comment y réagir.

QUELQUES ENTRAVES AU DIALOGUE FONDÉES SUR L'APPEL AUX AUTRES	
Entraves au dialogue	**Descriptions**
L'attaque personnelle	
EXEMPLE « *Tu dis que l'exercice physique est bon pour la santé. Quelqu'un comme toi est mal placé pour dire cela. Tu n'en fais jamais et tu passes ton temps libre devant ton ordinateur.* »	Argument qui vise à détruire la crédibilité d'une personne afin d'affaiblir son point de vue et de renforcer le nôtre. **On y réagit** en proposant de revenir au sujet discuté sans porter de jugement sur les personnes qui participent à la discussion. Dans cet exemple, poursuivre en parlant de santé, plutôt que bloquer la discussion en jugeant les loisirs personnels de l'autre, et lui demander de justifier son affirmation.
L'appel à la popularité	
EXEMPLE « *Tu es vraiment la seule à suivre cette série télévisée. Tout le reste de la classe écoute la téléréalité qui est diffusée en même temps à l'autre chaîne. Elle est donc bien plus intéressante. Tu devrais faire comme nous et l'écouter aussi.* »	Argument qui laisse croire qu'une chose est exacte ou non, sans l'avoir vérifiée soi-même, en prétendant qu'un grand nombre de personnes l'affirme. **On y réagit** en se rappelant que la valeur d'un point de vue ne dépend pas du nombre de personnes qui appuient ce point de vue. Des opinions populaires n'impliquent pas nécessairement des vérités. Dans cet exemple, même si une seule élève trouve la série intéressante, plutôt que de faire appel aux autres, lui demander pourquoi elle pense ainsi et peut-être aussi écouter la série pour pouvoir établir sa propre opinion.
L'appel au clan	
EXEMPLE « *Tu ne devrais pas partir à 23 h. Tu n'as qu'à dire à tes parents que toutes les filles de notre groupe resteront au moins jusqu'à minuit pour voir la fin du spectacle. Il n'y en a aucune autre qui doive partir si tôt.* »	Argument qui vise à appuyer un point de vue sur l'opinion d'un groupe auquel on accorde une valeur particulière. **On y réagit** en se rappelant que chaque personne dans un groupe peut avoir un point de vue personnel valable, même si le groupe a une opinion contraire. Dans cet exemple, au lieu d'isoler cette fille, on peut lui faire valoir qu'on trouve dommage pour elle qu'elle doive partir, mais qu'elle a sûrement de bonnes raisons de le faire.
L'argument d'autorité	
EXEMPLE « *Tu te trompes royalement si tu penses qu'aller voter est inutile. Un commentateur a dit, à la télé, que c'est très important d'aller voter, sinon on finira par se réveiller dans un régime totalitaire avant longtemps !* »	Argument qui s'appuie incorrectement ou abusivement sur l'autorité pour soutenir son point de vue ou critiquer celui des autres. **On y réagit** en se rappelant que la valeur d'un point de vue ne tient pas uniquement au fait qu'une autorité l'appuie. Il faut aussi faire appel à des arguments pertinents pour défendre son point de vue. Dans cet exemple, au lieu de clore la discussion en s'appuyant sur l'opinion d'un commentateur comme s'il s'agissait d'un spécialiste, la poursuivre en échangeant sur les raisons d'aller voter.

... ➡

QUELQUES ENTRAVES AU DIALOGUE FONDÉES SUR L'APPEL AUX AUTRES (suite)	
Entraves au dialogue	**Descriptions**
Le complot	
EXEMPLE *« Les élèves de 5ᵉ secondaire utilisent l'auditorium pour préparer leur spectacle de fin d'année. C'est sûrement à cause d'eux qu'il est maintenant interdit d'y aller le midi pour faire du théâtre. »*	Argument qui consiste à laisser entendre que ceux ou celles qui profitent d'une situation au détriment d'autres personnes en sont la cause. **On y réagit** en se rappelant que la valeur d'un point de vue n'est pas renforcée lorsqu'on laisse croire injustement qu'on a été victime d'un complot. Dans cet exemple, avant d'accuser quelqu'un, chercher les raisons de l'interdiction : Avait-on l'autorisation d'y aller ? Y avait-il assez de surveillance ? Y a-t-il eu des bris d'équipement ? Etc.
L'appel au stéréotype	
EXEMPLE *« Il y a plus de chômage dans cette région que dans ma ville. C'est parce que les gens sont paresseux. »*	Argument qui fait appel à une image négative, figée et réductrice d'un groupe de personnes pour soutenir ou critiquer un point de vue. **On y réagit** en se rappelant que faire appel à des images négatives et figées ne fait pas avancer la discussion, mais contribue au contraire à entretenir des stéréotypes. Dans cet exemple, porter un tel jugement empêche même de comprendre la situation. Il faudrait plutôt chercher à savoir s'il y a eu des fermetures d'usines, si on manque de programmes de formation, s'il n'y a que du travail saisonnier.
La caricature	
EXEMPLE *« Si ça continue, vous allez nous demander de marcher sur la tête pour ne pas déranger les autres classes. »*	Argument qui vise à ridiculiser une proposition ou une opinion en la déformant de façon à la rendre simpliste et non crédible. **On y réagit** en se rappelant que ridiculiser un point de vue en le caricaturant n'apporte aucun argument valable dans la discussion. Dans cet exemple, on laisse entendre qu'on demande l'impossible, alors que le but de la discussion est de chercher ensemble des moyens pour réduire le bruit.

Démarche proposée

- Remarquez, dans vos propos ou ceux des autres, les arguments qui font appel aux autres de manière incorrecte.
- Interrogez-vous ou interrogez les autres pour prendre conscience de la manière dont ce genre de propos nuit au dialogue.
- Assurez-vous que les arguments invoqués dans la discussion ne sont fondés sur aucun des procédés énumérés dans le tableau précédent.
- Repérez et critiquez les opinions provenant d'appels injustifiés aux autres.
- Reformulez vos propos ou amenez les autres à reformuler les leurs d'une manière rigoureuse, qui respecte les points de vue de tous, et revenez au sujet discuté.

COMMENT CONTRER UNE ERREUR DE RAISONNEMENT ?

Faire une erreur de raisonnement consiste à se baser sur des opinions ou sur des conclusions mal élaborées pour soutenir ou contredire un point de vue. Le tableau suivant décrit ce genre d'erreur et explique comment y réagir.

QUELQUES ENTRAVES AU DIALOGUE FONDÉES SUR DES ERREURS DE RAISONNEMENT	
Entraves au dialogue	**Descriptions**
La généralisation abusive	
EXEMPLE « Mon arrière-grand-père est mort dans un accident à 82 ans. Il avait fumé toute sa vie et était en pleine forme. Donc, la cigarette ne rend pas malade. »	Erreur qui consiste à tirer une conclusion générale à partir d'un petit nombre de cas non représentatifs. **On y réagit** en se rappelant qu'on ne peut tirer des conclusions générales d'un cas particulier. Dans cet exemple, il faudrait se demander jusqu'à quel point ce cas est exceptionnel et prendre la peine de considérer des études scientifiques et médicales pour pouvoir tirer une conclusion valable.
L'appel au préjugé	
EXEMPLE « C'est inutile de consulter des gens à la retraite pour organiser notre exposition sur le recyclage et l'environnement. Ces personnes ont des idées de vieux. »	Erreur qui consiste à s'appuyer sur une opinion préconçue favorable ou défavorable qui est souvent imposée par le milieu. **On y réagit** en se rappelant qu'on doit réfléchir avant de répéter des idées toutes faites qu'on a entendues fréquemment. Dans cet exemple, on nuit à la discussion dont le but est de chercher des personnes-ressources pour un projet. Pourquoi les personnes âgées auraient-elles nécessairement des idées dépassées ?
La double faute	
EXEMPLE « Ce n'est pas juste d'être punie pour avoir copié. Je connais plein d'élèves qui font leurs recherches avec des copier-coller qu'ils trouvent dans Internet. »	Erreur qui consiste à justifier un comportement en affirmant que d'autres font la même chose ou pire encore. **On y réagit** en se rappelant qu'un comportement ne peut être excusé parce que quelqu'un d'autre agit comme nous. Dans cet exemple, se justifier en citant les autres élèves qui utilisent Internet sans mentionner leurs sources évite de discuter des raisons pour lesquelles ce comportement est considéré inacceptable.
Le faux dilemme	
EXEMPLE « Vous avez le choix : ou on organise un lave-auto pour financer le rallye en vélo, ou on le laisse tomber. »	Erreur qui consiste à obliger une personne à faire un choix entre deux possibilités dont l'une est tellement indésirable qu'il ne reste plus qu'à choisir l'autre. **On y réagit** en se rappelant qu'on ne doit pas présenter un choix de façon à piéger l'autre. Dans cet exemple, le faux dilemme consiste à imposer le lave-auto comme seule possibilité, en menaçant d'annuler le rallye, ce que personne ne veut. Cela nuit à la discussion, qui consiste à chercher des moyens pour réaliser un projet.

QUELQUES ENTRAVES AU DIALOGUE FONDÉES SUR DES ERREURS DE RAISONNEMENT (suite)	
Entraves au dialogue	Descriptions
La fausse causalité	
EXEMPLE « L'an dernier, Dominique était souvent malade et trouvait difficile de se diviser entre les cours et le travail. Cette année, juste avec le travail, ça va mieux. Donc, l'école nuisait à sa santé. »	Erreur qui consiste à établir un lien douteux de cause à effet entre deux phénomènes. **On y réagit** en se rappelant qu'un lien entre deux phénomènes n'est pas nécessairement un lien de cause à effet. Dans cet exemple, les deux phénomènes sont réels, mais les relier pour conclure que l'école nuit à la santé constitue une erreur. Il faudrait reprendre la discussion en recherchant la véritable cause de maladie.
La pente fatale	
EXEMPLE « Tu veux emprunter de l'argent pour payer ton dîner ? Après ce sera pour tes vêtements, puis tes sorties. Tu vas finir avec des dettes jusqu'au cou. »	Erreur qui consiste à exagérer les conséquences d'une action en affirmant qu'elle pourrait avoir des effets démesurément désastreux. **On y réagit** en se rappelant que les conséquences d'une action doivent être évaluées prudemment et avec nuances. Dans cet exemple, mentionner que le fait d'emprunter de l'argent un midi ne mène pas à un endettement excessif. Prédire des conséquences catastrophiques nuit au dialogue.
La fausse analogie	
EXEMPLE « Le soir, sauf pour mes travaux, j'ai droit à l'ordinateur juste une heure. Au bureau, ma mère passe toute sa journée devant son écran. Ça ne doit pas être si mauvais. »	Erreur qui consiste à tirer une conclusion à partir d'une analogie entre des choses qui ne sont pas suffisamment semblables pour être comparées. **On y réagit** en se rappelant que, pour être valables, les comparaisons doivent être faites entre des éléments véritablement comparables. Dans cet exemple, il faudrait rappeler la différence entre se servir de l'ordinateur pour le travail et s'en servir pour s'amuser. Tirer une conclusion simpliste détourne du sujet discuté.

Démarche proposée

■ Remarquez, dans vos propos ou ceux des autres, les arguments qui constituent des erreurs de raisonnement.

■ Interrogez-vous ou interrogez les autres pour prendre conscience de la manière dont ces erreurs nuisent au dialogue.

■ Assurez-vous que les conclusions servant à la discussion ne découlent pas d'erreurs comme celles énumérées dans le tableau précédent.

■ Reformulez vos conclusions ou amenez les autres à reformuler les leurs d'une manière rigoureuse, qui découle d'un raisonnement logique, et revenez au sujet discuté.

Annexes

Annexe A

Fiches signalétiques des principales traditions religieuses
Ces fiches signalétiques incluent les principaux repères chronologiques.

Fiche 1

Le catholicisme

Le catholicisme est la plus ancienne des confessions chrétiennes issues de la tradition prophétique d'Abraham.

Tradition

Religion monothéiste abrahamique.

Nom des fidèles

Catholiques romains.

Lieu de culte

L'église, qui peut aussi être une basilique, une cathédrale ou une chapelle.

Principaux intervenants

Le prêtre, ministre du culte, obligatoirement célibataire.

Le curé, prêtre responsable d'une ou plusieurs paroisses.

L'évêque, prêtre responsable de plusieurs paroisses (diocèse).

L'archevêque, prêtre responsable de plusieurs diocèses, dont le sien (l'archidiocèse).

Le cardinal, dignitaire choisi par le pape pour l'assister.

Le pape, évêque de Rome, chef suprême de l'Église.

Écrits fondamentaux

La Bible catholique (qui comprend l'Ancien Testament et le Nouveau Testament), les édits des conciles et les encycliques papales.

Croyances fondamentales

Dieu est universel, tout-puissant, omniprésent, éternel et créateur de toutes choses.

Dieu est amour et Dieu est juste.

Dieu est unique, mais constitué de trois personnes distinctes : le Père, le Fils et le Saint-Esprit.

Jésus est le Messie annoncé par les prophètes juifs. Il est aussi Dieu le Fils devenu homme.

La mort et la résurrection de Jésus sont les fondements de la foi des chrétiens dans le salut ; sa résurrection le révèle comme le Messie revêtu de la puissance divine.

Tout être humain naît pécheur, mais peut être sauvé par sa foi en Jésus, les sacrements et les bonnes actions.

Il existe, auprès de Dieu, des anges, des saints et des martyrs.

Le pape est l'autorité suprême dans l'Église, guidé par la Bible, la tradition et les conciles.

La basilique Notre-Dame, Montréal, Canada.

Rites importants

La prière, notamment le *Notre Père* et le *Je vous salue Marie*.

Les sept sacrements : baptême, confirmation, eucharistie (ou communion), pénitence, mariage, ordre et onction des malades.

La messe, durant laquelle est célébrée l'eucharistie.

Fêtes importantes

Noël célèbre la naissance de Jésus.

L'Épiphanie rappelle les mages venus rendre hommage à Jésus.

Le Vendredi saint commémore la crucifixion de Jésus.

Pâques, précédée du carême, célèbre la résurrection de Jésus.

L'Ascension commémore la montée de Jésus aux cieux.

La Pentecôte rappelle la descente du Saint-Esprit sur les apôtres.

L'Annonciation rappelle le moment où il a été annoncé à Marie qu'elle porterait le fils de Dieu.

L'Assomption célèbre le jour où Marie est montée aux cieux.

La Toussaint honore tous les saints.

Règles importantes

Aimer Dieu plus que tout, de tout son être et de toutes ses forces.

Aimer son prochain comme soi-même.

Respecter les dix commandements transmis par Dieu à Moïse.

Participer à la messe le dimanche.

Recevoir les sacrements de la communion et de la pénitence (confession) au moins une fois par année.

Débats contemporains

Le rapprochement des différentes confessions chrétiennes.

La foi dans un monde moderne et scientifique.

Les positions de l'Église concernant la procréation : contraception, fécondation, avortement, etc.

La place des femmes et des homosexuels au sein de l'Église.

Repères chronologiques

Vers -5 Naissance de Jésus.

Vers 30 Crucifixion de Jésus.

Vers 40 Conversion de Paul.

Vers 65 à 100 Rédaction des quatre évangiles.

312 Conversion de l'empereur Constantin Ier le Grand.

330 Fondation de Constantinople, sur l'ancienne Byzance.

1054 Séparation de l'Église d'Orient et de l'Église d'Occident.

1534 Fondation de la Compagnie de Jésus, l'ordre des Jésuites.

1615 Établissement en Nouvelle-France des Récollets, suivis en 1625 des Jésuites.

1639 Établissement des Ursulines à Québec.

1642 Fondation de la mission Ville-Marie, sur l'île de Montréal.

1763 Cession de la Nouvelle-France à la Grande-Bretagne et assurance de la liberté de culte. Arrivée de catholiques romains anglophones (immigration irlandaise).

Vers 1841 Première loi scolaire du Canada, qui mènera aux systèmes scolaires confessionnels.

1997 Abolition des commissions scolaires confessionnelles du Québec.

2008 Congrès eucharistique mondial, à Québec.

L'église St. Edward the Confessor, Romford, Angleterre.

Le protestantisme est un ensemble de confessions chrétiennes issues du catholicisme romain.

Tradition

Religion monothéiste abrahamique.

Nom des fidèles

Protestants réformés : luthériens, calvinistes, presbytériens, baptistes, méthodistes, et plusieurs autres.

Lieux de culte

L'église ou la chapelle.

Principal intervenant

Le pasteur, qui instruit les fidèles grâce à sa connaissance de la Bible et, parfois, de l'hébreu et du grec.

Écrits fondamentaux

La Bible protestante (qui comprend l'Ancien Testament et le Nouveau Testament) et certains écrits des fondateurs, tels Martin Luther et Jean Calvin.

Croyances fondamentales

Dieu est universel, tout-puissant, omniprésent, éternel et créateur de toutes choses.

Dieu est amour et Dieu est juste.

Dieu est constitué de trois personnes distinctes : le Père, le Fils et le Saint-Esprit.

Jésus est le Messie annoncé par les prophètes juifs. Il est aussi Dieu le Fils devenu homme.

La mort et la résurrection de Jésus sont les fondements de la foi des chrétiens dans le salut ; sa résurrection le révèle comme le Messie revêtu de la puissance divine.

Tout être humain naît pécheur, mais peut être sauvé par sa seule foi en Jésus.

Il n'existe pas d'intermédiaire entre Dieu et les hommes, hormis Jésus.

La Bible est la seule vérité et le seul guide dans la foi.

Tous les baptisés sont égaux et libres, à la fois fidèles, prêtres et prophètes.

Les interprétations et les institutions peuvent être remises en question.

Repères chronologiques

Rites importants

La prière, notamment le *Notre Père*, enseigné par Jésus lui-même.

Le baptême, qui marque l'entrée dans la vie chrétienne.

La communion, qui rappelle le dernier repas de Jésus et la nouvelle Alliance.

La célébration du dimanche, qui rassemble les fidèles.

Fêtes importantes

Nombre d'Églises protestantes n'ont pas de calendrier liturgique et ne soulignent pas certaines fêtes.

Noël célèbre la naissance de Jésus.

Le Vendredi saint commémore le sacrifice de Jésus.

Pâques célèbre la résurrection de Jésus.

La Pentecôte rappelle la descente du Saint-Esprit sur les apôtres.

La fête de la Réforme commémore, dans certaines Églises protestantes, l'affichage public des 95 thèses de Luther.

Le jour du Seigneur rassemble les fidèles le premier jour de la semaine, le dimanche.

Règles importantes

Aimer Dieu plus que tout, de tout son être et de toutes ses forces.

Aimer son prochain comme soi-même.

Étudier la Bible.

Prier et prêcher l'Évangile.

Débats contemporains

L'histoire religieuse et la science chez une catégorie de croyants conservateurs.

L'unité entre les Églises conservatrices et modernistes.

L'ordination des femmes et des homosexuels.

Le mariage des homosexuels.

La transformation des liturgies pour rejoindre les non-pratiquants.

1400

1434 Invention de l'imprimerie.

1450

1455 Première impression de la Bible par Gutenberg.

1517 Publication des 95 thèses de Martin Luther.

1500

1533 Conversion au protestantisme de Jean Calvin.

1572 Massacre de la Saint-Barthélemy.

1550

1598 Tolérance des protestants en France, grâce à l'Édit de Nantes.

1600

1600 Établissement de Tadoussac par Pierre Chauvin.

1605 Établissement de Port-Royal par le sieur de Monts.

1650

De 1618 à 1648 Guerre de Trente Ans.

1685 Interdiction du culte protestant en Nouvelle-France et en Acadie.

1700

1750

1752 Première assemblée luthérienne au Canada, à Halifax.

1763 Cession de la Nouvelle-France à la Grande-Bretagne et assurance de la liberté de culte. Installation des premières communautés protestantes.

1800

1764 Reconnaissance officielle du protestantisme dans la nouvelle colonie britannique.

1850

1875 Fondation de l'Église presbytérienne du Canada.

1900

1925 Formation de l'Église unie du Canada.

1950

1967 Pavillon Sermons de la Science, contribution des Églises protestantes du Québec à l'Exposition universelle de Montréal.

2000

L'anglicanisme est une confession chrétienne qui se situe entre le catholicisme romain et le protestantisme.

Tradition

Religion monothéiste abrahamique.

Nom des fidèles

Anglicans ou épiscopaliens.

Lieu de culte

L'église, qui peut aussi être une cathédrale ou une chapelle.

Principaux intervenants

Le diacre, clerc inférieur du prêtre.

Le prêtre, ministre du culte, homme ou femme, célibataire ou non.

L'évêque, responsable d'un diocèse, souvent élu par le diocèse lui-même.

L'archevêque, grand gestionnaire autour duquel se regroupent les évêques.

Le roi ou la reine d'Angleterre, chef suprême de l'Église.

Écrits fondamentaux

La Bible (qui comprend l'Ancien Testament et le Nouveau Testament), le *Livre de la prière commune* (*Book of Common Prayer*) et les 39 articles de 1563, *The Thirty-Nine Articles of Religion*.

Croyances fondamentales

Dieu est universel, tout-puissant, omniprésent, éternel et créateur de toutes choses.

Dieu est amour et Dieu est juste.

Dieu est constitué de trois personnes distinctes : le Père, le Fils et le Saint-Esprit.

Jésus est le Messie annoncé par les prophètes juifs. Il est aussi Dieu le Fils devenu homme.

La mort et la résurrection de Jésus sont les fondements de la foi des chrétiens dans le salut ; sa résurrection le révèle comme le Messie revêtu de la puissance divine.

Tout être humain naît pécheur, mais peut être sauvé par sa seule foi en Jésus.

Il n'existe pas d'intermédiaire entre Dieu et les hommes, hormis Jésus.

La Bible est la seule vérité et le seul guide dans la foi.

La cathédrale St. Paul, Valletta, Malte.

Tous les baptisés sont égaux et libres, à la fois fidèles, prêtres et prophètes.

Les interprétations et les institutions peuvent être remises en question.

Rites importants

La prière, notamment le *Notre Père*, enseigné par Jésus lui-même.

Le baptême, qui marque l'entrée dans la vie chrétienne.

La communion, qui rappelle le dernier repas de Jésus et la nouvelle Alliance.

Fêtes importantes

Noël célèbre la naissance de Jésus.

Le Vendredi saint commémore le sacrifice de Jésus.

Pâques célèbre la résurrection de Jésus mort sur la croix.

La Pentecôte rappelle la descente du Saint-Esprit sur les apôtres.

Règles importantes

Aimer Dieu plus que tout, de tout son être et de toutes ses forces.

Aimer son prochain comme soi-même.

Participer à la messe le dimanche et y communier par le pain et le vin.

Débats contemporains

L'unité et la diversité de la foi chrétienne.

L'ordination des femmes et des homosexuels.

Le mariage entre conjoints de même sexe.

Repères chronologiques

1500

1521 Défense des sept sacrements par Henri VIII, déclaré «défenseur de la foi».

1530 Refus par le pape d'annuler le mariage d'Henri VIII avec Catherine d'Aragon.

1534 Autoproclamation d'Henri VIII à la tête de l'Église d'Angleterre.

1550

De 1547 à 1553 Règne d'Édouard VI, qui favorise le protestantisme.

De 1553 à 1558 Règne de Marie Tudor, qui persécute les protestants au profit des catholiques.

De 1558 à 1603 Règne d'Élisabeth Ire, durant lequel l'anglicanisme prend racine.

1600

1578 Première célébration d'un office anglican au Canada, par l'aumônier de l'expédition de sir Martin Frobisher.

1750

1763 Cession de la Nouvelle-France à la Grande-Bretagne et assurance de la liberté de culte. Arrivée des premiers colons anglicans.

1800

1783 Fin de la guerre de l'Indépendance américaine et fuite des Loyalistes défaits vers le Canada.

1787 Premier évêché anglican d'Amérique du Nord établi en Nouvelle-Écosse.

1793 Création du diocèse de Québec.

1850

1900

1893 Constitution du synode général de l'Église d'Angleterre au Canada, renommée Église anglicane du Canada en 1955.

1950

1976 Première femme ordonnée prêtre.

1994 Consécration de la très révérende Victoria Matthews, évêque auxiliaire de Toronto.

2000

Fiche 4 L'orthodoxie

L'église Saint-Dimitrios, Thessalonique, Grèce.

L'orthodoxie est une confession chrétienne issue de la tradition prophétique d'Abraham.

Tradition

Religion monothéiste abrahamique.

Nom des fidèles

Chrétiens orthodoxes.

Lieu de culte

L'église orthodoxe.

Principaux intervenants

L'higoumène, moine élu à vie qui dirige le monastère.

Le diacre, clerc inférieur au prêtre, célibataire ou non.

Le prêtre, ministre du culte, célibataire ou non, responsable d'une paroisse.

L'évêque, moine consacré responsable d'un diocèse, regroupant plusieurs paroisses.

Le patriarche, l'archevêque ou le métropolite, élu, responsable religieux d'un groupe de diocèses ou d'une Église autonome ou métropolitaine.

Écrits fondamentaux

La Bible (qui comprend l'Ancien Testament et le Nouveau Testament), les crédos ainsi que les écrits des théologiens et des conciles d'avant la division de 1054.

Croyances fondamentales

Dieu est universel, tout-puissant, omniprésent, éternel et créateur de toutes choses.

Dieu est amour et Dieu est juste.

Dieu est constitué de trois personnes distinctes : le Père, le Fils et le Saint-Esprit.

Le Saint-Esprit ne tire son origine que du Père.

Jésus est le Messie annoncé par les prophètes juifs. Il est aussi Dieu le Fils devenu homme.

La mort et la résurrection de Jésus sont les fondements de la foi des chrétiens dans le salut ; sa résurrection le révèle comme le Messie revêtu de la puissance divine.

Tout être humain naît pécheur, mais peut être sauvé par sa foi en Jésus, les sacrements et les bonnes actions, et il entre dans un processus de divinisation progressive.

Il existe, auprès de Dieu, des anges, des saints et des martyrs.

Les patriarches forment ensemble l'autorité suprême de l'Église, guidés par la Bible, la tradition et les conciles. Le pape de Rome est égal aux autres patriarches.

Rites importants

La prière, souvent pratiquée à la lumière de bougies et dans la contemplation d'icônes.

Les sept sacrements : baptême, confirmation (ou chrismation), eucharistie (ou communion), pénitence, mariage, ordre et onction des malades.

Fêtes importantes

La Nativité de la Mère de Dieu célèbre la naissance de Marie.

Noël célèbre la naissance de Jésus.

L'Épiphanie fête le baptême de Jésus dans le Jourdain.

Pâques, précédée du carême, célèbre la résurrection de Jésus.

L'Ascension commémore la montée de Jésus aux cieux.

La Pentecôte rappelle la descente du Saint-Esprit sur les apôtres.

La Transfiguration fête l'apparition de Jésus dans son état divin à certains apôtres.

La Dormition de la très Sainte Mère de Dieu commémore la mort de Marie et sa montée aux cieux avec son corps.

Règles importantes

Aimer Dieu plus que tout, de tout son être et de toutes ses forces.

Aimer son prochain comme soi-même.

Respecter les dix commandements transmis par Dieu à Moïse.

Participer à la messe le dimanche, y confesser ses péchés et y communier par le pain et le vin.

S'abstenir de manger de la viande, du poisson et des produits laitiers durant les quatre jeûnes.

Débats contemporains

Le rapprochement des orthodoxes et des catholiques romains.

L'importance de l'écologie pour protéger la création divine.

La prépondérance des valeurs spirituelles et morales sur la production et la consommation.

Repères chronologiques

Vers -5 Naissance de Jésus.

Vers 30 Crucifixion de Jésus.

Vers 40 Conversion de Paul.

Vers 65 à 100 Rédaction des quatre évangiles.

312 Conversion de l'empereur Constantin Ier le Grand.

330 Fondation de Constantinople, sur l'ancienne Byzance.

1054 Excommunication du patriarche de Constantinople par un ambassadeur du pape. Début de la séparation de l'Église d'Orient et de l'Église d'Occident.

1204 Destruction de Constantinople par les croisés. Séparation définitive de l'Église d'Orient et de l'Église d'Occident.

1453 Victoire des Turcs sur Constantinople et essor de l'orthodoxie en Russie.

1794 Arrivée des premiers moines missionnaires russes en Alaska.

1898 Fondation en Alberta de la première église orthodoxe au Canada.

De 1911 à 1916 Construction, à Lachine, de l'église Saint-Jean de Suchawa, le plus ancien lieu de culte orthodoxe toujours actif au Québec.

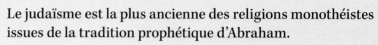

Fiche **5** Le judaïsme

La synagogue Ben Zakaï, Jérusalem, Israël.

Le judaïsme est la plus ancienne des religions monothéistes issues de la tradition prophétique d'Abraham.

Tradition

Religion monothéiste abrahamique.

Nom des fidèles

Juifs : orthodoxes, réformés, conservateurs, reconstructionnistes, humanistes et hassidiques.

Lieux de culte

La synagogue et le foyer.

Principaux intervenants

Le sofer, qui est seul habilité à transcrire et à restaurer le rouleau de la Torah.

Le mohel, qui pratique la circoncision.

Le hazan, qui dirige l'office à la synagogue.

Le rabbi, ou rabbin, autorité religieuse et maître spirituel.

Écrits fondamentaux

La Bible hébraïque (le Tanakh), dont le cœur est la Torah, et le Talmud.

Croyances fondamentales

Il n'y a qu'un seul Dieu, sans forme ni figure, universel et éternel, créateur et maître de toutes choses.

Dieu guide, protège et libère le peuple qu'il a élu, celui des descendants d'Abraham, en échange du respect de ses directives et de sa parole.

Principaux rites

La circoncision des garçons (brit mila), à huit jours.

La majorité religieuse des garçons (bar-mitsvah) et des filles (bat-mitsvah).

La profession de foi (Shema), récitée au moins une fois par jour.

Le jour de repos (Shabbat), du vendredi à la tombée du jour au samedi à la tombée du jour.

Le mariage (kiddouchin).

La cérémonie funéraire (halvaya).

Le deuil (shivah), les sept jours qui suivent la cérémonie funéraire.

Principales fêtes

Le Nouvel An (Rosh Hashanah), célèbre la Création du monde.

Le Grand Pardon (Kippour), jour de jeûne et de pénitence.

Les Tabernacles (Soukkôth), rappelle l'errance du peuple d'Israël dans le désert.

Les Lumières (Hanoukkah), commémore la libération de Jérusalem et du Temple.

Les Sorts (Pourim), célèbre la délivrance du peuple.

La Pâque (Pessah), fête la sortie d'Égypte.

Principales règles

Respecter l'ensemble des instructions provenant de la Torah.

Ne jamais représenter le Dieu unique, ni même prononcer son nom.

Respecter le Shabbat et faire les trois prières quotidiennes.

Porter la kippa lors des prières et des offices, et parfois le tallith et les tefillins.

Ne consommer de viande que si elle provient d'oiseaux non carnassiers, de ruminants au sabot fendu en deux ongles et d'animaux aquatiques qui ont des écailles et des nageoires.

Abattre les animaux et préparer leur viande selon le rituel *kasher*.

Ne jamais cuisiner, servir et consommer de la viande et des produits laitiers ensemble.

Débats contemporains

La coexistence des croyances et pratiques traditionnelles et des connaissances et philosophies modernes.

La place des femmes dans les pratiques judaïques.

Repères chronologiques

-2000

Vers -1800 Voyage d'Abraham vers la Terre promise.

-1500

Vers -1100 Retour des 12 tribus d'Israël au pays de Canaan.

-1000

Vers -1000 Couronnement de David, second roi d'Israël.

Vers -960 Construction du premier Temple, sous la royauté de Salomon.

-500

0

70 Destruction du second Temple et début de la deuxième diaspora.

Vers 400 Achèvement du Talmud de Jérusalem.

500

Vers 500 Achèvement du Talmud de Babylone.

1700

1750

1768 Fondation, à Montréal, de la première congrégation juive au Canada, la Shearith Israël.

1777 Édification, à Montréal, de la première synagogue au Canada.

1800

1850

1870 Fondation de nouvelles congrégations juives à Hamilton, à Montréal, à Québec, à Toronto, à Trois-Rivières, à Victoria et à Winnipeg.

1900

Vers 1900 Arrivée en grand nombre au Canada de juifs de l'Europe de l'Est.

De 1933 à 1945 La Shoah : persécution et extermination des juifs d'Europe sous le régime nazi.

1950

1948 Proclamation, le 14 mai, de l'État d'Israël.

2000

Une kiva chez les Pueblos,
parc national Mesa Verde, Colorado,
États-Unis.

Bien que les croyances et les pratiques spirituelles des peuples autochtones soient très variées, il est possible d'observer certaines similarités entre elles.

Tradition
Spiritualités de type polythéiste et holistique.

Nom des fidèles
Le nom de la nation à laquelle s'identifient les individus.

Lieux de culte
Certains lieux où l'on identifie les quatre directions (nord, sud, est, ouest) et, souvent, un point central, créant les bases d'un cercle ; la hutte de sudation et la maison longue, chez certaines nations de l'est ; parfois aussi, l'église.

Principaux intervenants
Les aînés et aînées, en qui l'on reconnaît une grande sagesse.

Le guérisseur ou la guérisseuse, qui pratique à la fois la guérison physique et spirituelle.

L'homme ou femme, appelé parfois *chaman*, qui crée des alliances avec le monde spirituel, possède des moyens d'y accéder et peut intercéder auprès des diverses puissances.

Éléments fondamentaux
Les mythes fondateurs (création du monde), institutionnels (règles morales et sociales) et rituels, généralement transmis oralement ou sous forme de danses et de chants.

Croyances fondamentales
Un esprit habite toute chose, vivante ou non, et l'unit aux autres dans un cercle de vie.

Le monde a été créé par un esprit universel, à la fois unique et multiple, qui veille sur lui.

Après la mort ou la destruction physique du corps qu'il habite, l'esprit poursuit son existence.

Les humains et les non-humains partagent de nombreux traits communs et communiquent ensemble.

Rites importants
L'attribution d'un nom traditionnel.

Les rites de remerciement, qui consistent à faire des prières et des offrandes aux divers esprits, parfois sur les lieux de culte.

Le rite du calumet, qui transporte les pensées des fumeurs aux esprits.

Les rites de purification et de guérison.

Le rassemblement (pow-wow), qui peut servir à célébrer les solstices, les mariages, les échanges commerciaux ou culturels, ou tout autre événement d'importance.

La quête de visions, pour obtenir des directives de vie de la part d'esprits alliés.

Les funérailles, très diverses, qui consistent à préparer le défunt pour son parcours vers le monde des esprits, et à disposer de son corps adéquatement.

Fêtes importantes

Elles diffèrent selon les traditions. Par exemple, certains passages saisonniers récurrents, comme les solstices, les grandes chasses ou les grandes pêches.

Règles importantes

Respecter la Terre et tous les êtres et les choses qu'elle porte.

Remercier l'esprit des plantes ou des animaux lorsqu'on prend leur vie.

Respecter la famille, surtout les enfants et les aînés et aînées.

Respecter les lieux et les objets sacrés.

Manger certains mets rituels.

Jeûner pour prendre part à certaines expériences spirituelles.

Débats contemporains

La transmission de la tradition alors que les langues disparaissent et que la vie se modernise.

La récupération des traditions spirituelles.

La propriété et la gestion territoriale de certaines nations.

Les types de gouvernance et d'autorité en changement.

-50 000 Présence probable de groupes humains sur les continents américains.

-5000 Début de la culture du maïs.

De -2000 à 1521 Essor des grands empires précolombiens.

1492 Arrivée de Christophe Colomb en Amérique.

1534 Arrivée de Jacques Cartier au Canada.

1701 Traité de la Grande Paix de Montréal, entre la France et les 39 nations amérindiennes.

1857 Adoption de l'Acte pour encourager la Civilisation graduelle des Indiens.

1880 Prohibition de toute cérémonie autochtone sur le sol canadien.

Vers 1885 Début de l'établissement d'un réseau de pensionnats autochtones au Canada.

1951 Fin de la prohibition des cérémonies autochtones au Canada.

1960 Attribution du droit de vote à tous les Amérindiens et Amérindiennes du Canada.

2008 Excuses officielles du gouvernement du Canada à propos des pensionnats.

La mosquée du Sultan Hasan, Caire, Égypte.

Fondée par Muhammad, l'islam est une religion monothéiste issue de la tradition prophétique d'Abraham.

Tradition
Religion monothéiste abrahamique.

Nom des croyants
Musulmans : sunnites et chiites.

Lieu de culte
La mosquée.

Principaux intervenants
Le muezzin, qui appelle les fidèles à la prière.

L'imam, qui dirige la prière et la communauté.

Le recteur, qui dirige la mosquée.

Le cheikh, ou sage.

Le mufti, qui donne des consultations juridiques.

L'ouléma, qui détient la science chez les sunnites.

Le mollah, qui peut être nommé ayatollah, la plus haute autorité religieuse chiite.

Écrits fondamentaux
Le Coran et les hadiths.

Croyances fondamentales
Il n'y a qu'un seul Dieu.

Les anges sont les messagers de Dieu.

Le Coran, les Évangiles, les Psaumes et la Torah sont les livres révélés.

Les prophètes sont les envoyés de Dieu.

Les fidèles seront jugés au jour du jugement dernier.

Tout ce qui se passe dans l'univers a été décrété à l'avance par Dieu (destin).

Rites importants
Les cinq piliers de l'islam, soit :

- la profession de foi (shahâda), récitée régulièrement ;
- la prière rituelle (salât), accomplie cinq fois par jour ;
- le jeûne du ramadan (sawm), qui a lieu une fois l'an et dure un mois ;
- l'aumône obligatoire (zakât), prélevée sur les biens des fidèles ;

- le pèlerinage à La Mecque (hajj), entrepris au moins une fois au cours de sa vie, si la situation financière le permet.

La circoncision, pratiquée avant la puberté du garçon.

Fêtes importantes

La Petite fête (Id al-Saghir) célèbre la fin du jeûne du ramadan.

La Grande fête (Id al-Adha) célèbre, à la fin du pèlerinage à La Mecque, le sacrifice d'Abraham.

L'anniversaire du prophète Muhammad (Id al-Mawlid).

La nuit de l'Ascension (Laylat al-Mirâj) commémore le voyage spirituel de Muhammad.

La nuit du Destin (Laylat al-Qadr) rappelle la première révélation du Coran à Muhammad.

Règles importantes

Respecter les cinq piliers de l'islam.

Se soumettre à la volonté de Dieu, transmise dans le Coran.

Se purifier par l'eau avant la prière et se déchausser à l'entrée d'un lieu saint.

Se rendre à la mosquée le vendredi midi, pour la prière et y écouter le prêche.

Se vêtir convenablement, de façon modeste et pudique.

Porter les vêtements rituels et ne pas couper ongles, poils et cheveux lors du pèlerinage.

S'abstenir de consommer de l'alcool et de la viande de porc.

Abattre selon les règles coraniques les animaux dont la consommation est permise.

Débats contemporains

Les réinterprétations du discours religieux.

Le port du hidjab et, pour certaines communautés, de la burka.

L'éducation contemporaine et l'éducation traditionaliste.

Les pratiques religieuses et les obligations sociales.

Repères chronologiques

571 Naissance de Muhammad.

610 Premières révélations de Muhammad.

622 Migration de Muhammad vers Médine.

630 Conquête de La Mecque par Muhammad.

632 Mort de Muhammad.

634 Début des grandes conquêtes musulmanes.

661 Division de la communauté musulmane en deux grands courants: sunnites et chiites.

De 1096 à 1291 Période des croisades en Terre sainte.

1453 Prise de Constantinople.

1870 Arrivée des premières communautés musulmanes au Canada.

1938 Construction à Edmonton de la première mosquée au Canada.

1965 Construction à Saint-Laurent de la première mosquée au Québec.

1972 Fondation du Conseil de la communauté musulmane du Canada.

1979 Révolution islamiste en Iran.

2005 Vote d'opposition à l'implantation de tribunaux islamiques au Québec et au Canada par l'Assemblée nationale du Québec.

Fiche 8 | Le bouddhisme

Le bouddhisme est une discipline spirituelle issue de la même tradition ancienne que l'hindouisme, la tradition védique, et des enseignements du Bouddha.

Tradition

Tradition religieuse originaire de l'Inde.

Nom des fidèles

Bouddhistes, répartis en un grand nombre de courants.

Lieux de culte

Le temple, le monastère, le sanctuaire domestique et quelques lieux naturels.

Principaux intervenants

Le laïc assure la subsistance des moines.

Le moine partage son enseignement avec les laïcs.

Le maître supervise la formation des moines.

Le maître accompli (Bodhisattva), bouddha en devenir, aide les autres à s'éveiller.

Le panchen-lama, bras droit du dalaï-lama.

Le dalaï-lama, chef spirituel et politique des Tibétains.

Écrits fondamentaux

Le Tripitaka, ou les Trois corbeilles, composé du Vinaya (les règles monastiques), du Sutta (les sermons du Bouddha), et de l'Abhidharma (les commentaires et analyses des sermons) ; chez les lamaïstes tibétains, le Kanjur.

Croyances fondamentales

Il y a quatre nobles vérités, enseignées par le Bouddha :

- la vérité de la souffrance : rien n'est permanent, le monde n'est qu'insatisfaction et souffrance ;
- la vérité de l'origine de la souffrance : les désirs et les illusions enchaînent l'individu au cycle des renaissances ;
- la vérité de l'extinction de la souffrance : il est possible d'éliminer les désirs et les illusions, et de rompre le cycle des renaissances ;
- la vérité de la Voie : c'est le Noble sentier octuple, ou Voie du milieu, qui permet l'extinction de la souffrance et l'atteinte de l'éveil (nirvana).

Lors du nirvana, la conscience individuelle se dissout dans la conscience universelle.

Le temple Wat Phra Chang Khan, Nan, Thaïlande.

Rites importants

Les cérémonies liées à la naissance.

Les rites préfunéraires, pour faciliter le transfert vers la vie prochaine.

Les rites funéraires, très importants puisque liés au cycle des renaissances.

Les offrandes faites aux moines ou au Bouddha.

La pratique assidue d'exercices, qui permettent de suivre le Noble sentier octuple et de créer les conditions propices au nirvana.

Les pèlerinages.

Fêtes importantes

Le jour du Bouddha (Wesak), célèbre à la fois sa naissance, son éveil et sa mort.

L'extinction complète du Bouddha (Parinirvana).

La fête en l'honneur des moines et de la vie monastique (Sangha).

Règles importantes

Respecter les Trois refuges : le Bouddha, son enseignement et la communauté de ceux et celles qui suivent son enseignement.

Respecter les cinq préceptes : ne pas détruire la vie, ne pas voler, ne pas commettre d'adultère, ne pas mentir et ne pas s'enivrer.

Faire des actions justes et sans excès.

Discipliner son esprit.

Chercher la connaissance juste de la nature des choses et de soi.

Suivre le Noble sentier octuple : la parole juste, l'action juste, les moyens d'existence justes, l'effort juste, l'attention juste, la compréhension juste, la concentration juste et la pensée juste.

Débats contemporains

La lutte incessante du 14e dalaï-lama, prix Nobel de la paix en 1989, pour permettre aux Tibétains de pratiquer leur religion librement.

La lutte d'Aung San Suu Kyi, prix Nobel de la paix en 1991, pour établir au Myanmar une démocratie bouddhiste.

Repères chronologiques

-566 Naissance de Siddhartha Gautama.

Vers -486 Premier concile et constitution de la doctrine des Trois corbeilles.

Vers -386 Second concile et premier schisme. Début de l'apparition des écoles.

Vers -272 à -232 Règne d'Ashoka, qui favorise la diffusion du bouddhisme en Inde et au Sri Lanka.

Vers -200 Débuts du bouddhisme Mahayana.

Vers 100 Établissement du bouddhisme en Chine.

Vers 550 Établissement du bouddhisme au Japon.

Vers 650 Établissement du bouddhisme au Tibet.

Vers 1200 Disparition presque complète du bouddhisme en Inde.

1904 Première assemblée connue de bouddhistes au Canada.

1955 Fondation de la *Buddhist Churches of Canada* (BCC).

1959 Fuite hors du Tibet du 14e dalaï-lama, Tenzin Gyatso.

1978 Construction du premier temple Theravada au Canada.

L'hindouisme est une religion aux multiples formes, constituée d'un vaste réseau de courants de pensée et de pratiques spirituelles qui partagent une tradition commune.

Tradition
Religion polythéiste védique.

Nom des fidèles
Hindous.

Lieux de culte
Le sanctuaire (qui peut être domestique), les temples, l'ashram et certains lieux naturels.

Principaux intervenants
Le gourou, maître spirituel.

L'acharya et le swami, gourous à la tête d'un groupe ou d'un ashram.

Le sâdhu, qui renonce aux biens matériels pour mener une vie de recueillement.

Le brahmane, spécialiste de la religion, membre de la plus élevée des castes traditionnelles.

Écrits fondamentaux
Les Veda, textes les plus anciens, les Upanishad, le Mahabharata, qui inclut la Bhagavad-Gita, le Ramayana, et plusieurs textes propres à chaque groupe et à chaque courant.

Croyances fondamentales
L'univers est régi par le Brahman, l'Absolu, la réalité suprême, qui n'a ni début ni fin.

Il existe une multitude de divinités, qui sont toutes des aspects différents du Brahman.

Brahma, le principe de création, Vishnu, le principe de conservation, et Shiva, le principe de destruction, sont les trois aspects fondamentaux du Brahman.

L'univers est créé par Brahma et retourne à Brahma dans un cycle sans fin de renaissances, le samsara.

La partie essentielle de tout être humain est l'atman, le souffle, le soi universel, immortel et identifié au Brahman.

L'atman est soumis au cycle des renaissances.

La destinée de l'individu est déterminée par ses actions (karma).

Le temple Sri Srinivasa Perumal, Singapour.

Les quatre buts de la vie sont l'artha, la prospérité sans cupidité, le kama, le plaisir, le dharma, la vertu, et le moksha, la délivrance du cycle des renaissances.

La caste d'un individu, sa catégorie sociale, est héréditaire et déterminée par le karma.

Rites importants

Le culte aux divinités (puja), qui comprend les offrandes, les prières, la contemplation de l'image et l'adoration.

La pratique d'activités qui permettent de s'approcher de la libération : la méditation, le yoga, la récitation de textes ou de mantras, etc.

La pratique de danses et de chants de dévotion.

Les jeûnes, les pèlerinages, les purifications.

Divers rituels, dont la crémation, rituel funéraire.

Fêtes importantes

La fête des Lumières (Divali) célèbre la victoire du bien.

La fête dédiée à Shiva (Shivaratri).

La fête du Printemps (Holi), dédiée à Krishna, à Rama ou à d'autres divinités, selon l'endroit.

La naissance de Krishna (Krishna Jayanti).

Les dix jours (Dussera Durga Puja) célèbrent la déesse Durga.

Règles importantes

Se purifier régulièrement selon les divers rites, le corps et l'esprit.

Retirer ses chaussures à l'entrée des lieux saints.

Observer les règles qui sont celles de sa caste, notamment pour le régime alimentaire. Les hautes castes observent un régime végétarien pur.

Débats contemporains

L'abolition de la discrimination envers les basses castes.

Repères chronologiques

-3000

Vers -3000 Développement de la civilisation de l'Indus.

-2000

Vers -1500 Arrivée des Aryens dans la vallée de l'Indus et début de la période védique.

Vers -1500 à -900 Rédaction des textes les plus anciens du Veda.

-1000

Vers -700 à -500 Rédaction des premières Upanishad et introduction des concepts nouveaux de samsara, de karma et de moksha.

0

Vers -400 à 300 Rédaction des épopées et développement des concepts de caste et de dharma.

1000

Vers 700 Arrivée des musulmans en Inde.

1100

1200

De 1193 à 1526 Sultanat de Delhi (cinq dynasties successives). Début d'un empire musulman en Inde.

1500

De 1526 à 1858 Empire moghol musulman en Inde du Nord.

1600

1800

Vers 1858 Fin de l'Empire moghol et début de la domination britannique.

1869 Naissance de Gandhi, qui élabore la doctrine de l'action non violente.

1900

Vers 1903 Arrivée au Canada des premiers immigrants hindous.

1947 Indépendance de l'Inde ou Partition : une partie du pays devient le Pakistan, le reste devient l'Union indienne.

2000

1950 Interdiction constitutionnelle de toute discrimination fondée sur la caste et la religion.

1967 Fondation à Toronto du premier temple hindou au Canada.

Déclaration universelle des droits de l'homme

Adoptée en 1948 par l'Assemblée des Nations unies, la *Déclaration universelle des droits de l'homme* n'a aucune portée juridique. De nombreuses nations en ont toutefois consacré les principes dans leur constitution.

Préambule

- *Considérant* que la reconnaissance de la dignité inhérente à tous les membres de la famille humaine et de leurs droits égaux et inaliénables constitue le fondement de la liberté, de la justice et de la paix dans le monde ;

- *Considérant* que la méconnaissance et le mépris des droits de l'homme ont conduit à des actes de barbarie qui révoltent la conscience de l'humanité et que l'avènement d'un monde où les êtres humains seront libres de parler et de croire, libérés de la terreur et de la misère, a été proclamé comme la plus haute aspiration de l'homme ;

- *Considérant* qu'il est essentiel que les droits de l'homme soient protégés par un régime de droit pour que l'homme ne soit pas contraint, en suprême recours, à la révolte contre la tyrannie et l'oppression ;

- *Considérant* qu'il est essentiel d'encourager le développement de relations amicales entre nations ;

- *Considérant* que dans la Charte les peuples des Nations unies ont proclamé à nouveau leur foi dans les droits fondamentaux de l'homme, dans la dignité et la valeur de la personne humaine, dans l'égalité des droits des hommes et des femmes, et qu'ils se sont déclarés résolus à favoriser le progrès social et à instaurer de meilleures conditions de vie dans une liberté plus grande ;

- *Considérant* que les États Membres se sont engagés à assurer, en coopération avec l'Organisation des Nations unies, le respect universel et effectif des droits de l'homme et des libertés fondamentales ;

- *Considérant* qu'une conception commune de ces droits et libertés est de la plus haute importance pour remplir pleinement cet engagement ;

L'Assemblée Générale proclame la présente Déclaration universelle des droits de l'homme comme l'idéal commun à atteindre par tous les peuples et toutes les nations afin que tous les individus et tous les organes de la société, ayant cette Déclaration constamment à l'esprit, s'efforcent, par l'enseignement et l'éducation, de développer le respect de ces droits et libertés et d'en assurer, par des mesures progressives d'ordre national et international, la reconnaissance et l'application universelles et effectives, tant parmi les populations des États Membres eux-mêmes que parmi celles des territoires placés sous leur juridiction.

Article premier	Tous les êtres humains naissent libres et égaux en dignité et en droits. Ils sont doués de raison et de conscience et doivent agir les uns envers les autres dans un esprit de fraternité.
Article 2	1. Chacun peut se prévaloir de tous les droits et de toutes les libertés proclamés dans la présente Déclaration, sans distinction aucune, notamment de race, de couleur, de sexe, de langue, de religion, d'opinion politique ou de toute autre opinion, d'origine nationale ou sociale, de fortune, de naissance ou de toute autre situation. 2. De plus, il ne sera fait aucune distinction fondée sur le statut politique, juridique ou international du pays ou du territoire dont une personne est ressortissante, que ce pays ou territoire soit indépendant, sous tutelle, non autonome ou soumis à une limitation quelconque de souveraineté.
Article 3	Tout individu a droit à la vie, à la liberté et à la sûreté de sa personne.
Article 4	Nul ne sera tenu en esclavage ni en servitude; l'esclavage et la traite des esclaves sont interdits sous toutes leurs formes.
Article 5	Nul ne sera soumis à la torture, ni à des peines ou traitements cruels, inhumains ou dégradants.
Article 6	Chacun a le droit à la reconnaissance en tous lieux de sa personnalité juridique.
Article 7	Tous sont égaux devant la loi et ont droit sans distinction à une égale protection de la loi. Tous ont droit à une protection égale contre toute discrimination qui violerait la présente Déclaration et contre toute provocation à une telle discrimination.
Article 8	Toute personne a droit à un recours effectif devant les juridictions nationales compétentes contre les actes violant les droits fondamentaux qui lui sont reconnus par la constitution ou par la loi.
Article 9	Nul ne peut être arbitrairement arrêté, détenu ou exilé.
Article 10	Toute personne a droit, en pleine égalité, à ce que sa cause soit entendue équitablement et publiquement par un tribunal indépendant et impartial, qui décidera, soit de ses droits et obligations, soit du bien-fondé de toute accusation en matière pénale dirigée contre elle.
Article 11	1. Toute personne accusée d'un acte délictueux est présumée innocente jusqu'à ce que sa culpabilité ait été légalement établie au cours d'un procès public où toutes les garanties nécessaires à sa défense lui auront été assurées. 2. Nul ne sera condamné pour des actions ou omissions qui, au moment où elles ont été commises, ne constituaient pas un acte délictueux d'après le droit national ou international. De même, il ne sera infligé aucune peine plus forte que celle qui était applicable au moment où l'acte délictueux a été commis.
Article 12	Nul ne sera l'objet d'immixtions arbitraires dans sa vie privée, sa famille, son domicile ou sa correspondance, ni d'atteintes à son honneur et à sa réputation. Toute personne a droit à la protection de la loi contre de telles immixtions ou de telles atteintes.
Article 13	1. Toute personne a le droit de circuler librement et de choisir sa résidence à l'intérieur d'un État. 2. Toute personne a le droit de quitter tout pays, y compris le sien, et de revenir dans son pays.

... ➡

Article 14	1. Devant la persécution, toute personne a le droit de chercher asile et de bénéficier de l'asile en d'autres pays. 2. Ce droit ne peut être invoqué dans le cas de poursuites réellement fondées sur un crime de droit commun ou sur des agissements contraires aux buts et aux principes des Nations unies.
Article 15	1. Tout individu a droit à une nationalité. 2. Nul ne peut être arbitrairement privé de sa nationalité, ni du droit de changer de nationalité.
Article 16	1. À partir de l'âge nubile, l'homme et la femme, sans aucune restriction quant à la race, la nationalité ou la religion, ont le droit de se marier et de fonder une famille. Ils ont des droits égaux au regard du mariage, durant le mariage et lors de sa dissolution. 2. Le mariage ne peut être conclu qu'avec le libre et plein consentement des futurs époux. 3. La famille est l'élément naturel et fondamental de la société et a droit à la protection de la société et de l'État.
Article 17	1. Toute personne, aussi bien seule qu'en collectivité, a droit à la propriété. 2. Nul ne peut être arbitrairement privé de sa propriété.
Article 18	Toute personne a droit à la liberté de pensée, de conscience et de religion ; ce droit implique la liberté de changer de religion ou de conviction ainsi que la liberté de manifester sa religion ou sa conviction seule ou en commun, tant en public qu'en privé, par l'enseignement, les pratiques, le culte et l'accomplissement des rites.
Article 19	Tout individu a droit à la liberté d'opinion et d'expression, ce qui implique le droit de ne pas être inquiété pour ses opinions et celui de chercher, de recevoir et de répandre, sans considérations de frontières, les informations et les idées par quelque moyen d'expression que ce soit.
Article 20	1. Toute personne a droit à la liberté de réunion et d'association pacifiques. 2. Nul ne peut être obligé de faire partie d'une association.
Article 21	1. Toute personne a le droit de prendre part à la direction des affaires publiques de son pays, soit directement, soit par l'intermédiaire de représentants librement choisis. 2. Toute personne a droit à accéder, dans des conditions d'égalité, aux fonctions publiques de son pays. 3. La volonté du peuple est le fondement de l'autorité des pouvoirs publics ; cette volonté doit s'exprimer par des élections honnêtes qui doivent avoir lieu périodiquement, au suffrage universel égal et au vote secret ou suivant une procédure équivalente assurant la liberté du vote.
Article 22	Toute personne, en tant que membre de la société, a droit à la sécurité sociale ; elle est fondée à obtenir la satisfaction des droits économiques, sociaux et culturels indispensables à sa dignité et au libre développement de sa personnalité, grâce à l'effort national et à la coopération internationale, compte tenu de l'organisation et des ressources de chaque pays.
Article 23	1. Toute personne a droit au travail, au libre choix de son travail, à des conditions équitables et satisfaisantes de travail et à la protection contre le chômage. 2. Tous ont droit, sans aucune discrimination, à un salaire égal pour un travail égal. 3. Quiconque travaille a droit à une rémunération équitable et satisfaisante lui assurant ainsi qu'à sa famille une existence conforme à la dignité humaine et complétée, s'il y a lieu, par tous autres moyens de protection sociale. 4. Toute personne a le droit de fonder avec d'autres des syndicats et de s'affilier à des syndicats pour la défense de ses intérêts.

Article 24	Toute personne a droit au repos et aux loisirs et notamment à une limitation raisonnable de la durée du travail et à des congés payés périodiques.
Article 25	1. Toute personne a droit à un niveau de vie suffisant pour assurer sa santé, son bien-être et ceux de sa famille, notamment pour l'alimentation, l'habillement, le logement, les soins médicaux ainsi que pour les services sociaux nécessaires ; elle a droit à la sécurité en cas de chômage, de maladie, d'invalidité, de veuvage, de vieillesse ou dans les autres cas de perte de ses moyens de subsistance par suite de circonstances indépendantes de sa volonté. 2. La maternité et l'enfance ont droit à une aide et à une assistance spéciales. Tous les enfants, qu'ils soient nés dans le mariage ou hors mariage, jouissent de la même protection sociale.
Article 26	1. Toute personne a droit à l'éducation. L'éducation doit être gratuite, au moins en ce qui concerne l'enseignement élémentaire et fondamental. L'enseignement élémentaire est obligatoire. L'enseignement technique et professionnel doit être généralisé ; l'accès aux études supérieures doit être ouvert en pleine égalité à tous en fonction de leur mérite. 2. L'éducation doit viser au plein épanouissement de la personnalité humaine et au renforcement du respect des droits de l'homme et des libertés fondamentales. Elle doit favoriser la compréhension, la tolérance et l'amitié entre toutes les nations et tous les groupes raciaux ou religieux, ainsi que le développement des activités des Nations unies pour le maintien de la paix. 3. Les parents ont, par priorité, le droit de choisir le genre d'éducation à donner à leurs enfants.
Article 27	1. Toute personne a le droit de prendre part librement à la vie culturelle de la communauté, de jouir des arts et de participer au progrès scientifique et aux bienfaits qui en résultent. 2. Chacun a droit à la protection des intérêts moraux et matériels découlant de toute production scientifique, littéraire ou artistique dont il est l'auteur.
Article 28	Toute personne a droit à ce que règne, sur le plan social et sur le plan international, un ordre tel que les droits et libertés énoncés dans la présente Déclaration puissent y trouver plein effet.
Article 29	1. L'individu a des devoirs envers la communauté dans laquelle seul le libre et plein développement de sa personnalité est possible. 2. Dans l'exercice de ses droits et dans la jouissance de ses libertés, chacun n'est soumis qu'aux limitations établies par la loi exclusivement en vue d'assurer la reconnaissance et le respect des droits et libertés d'autrui et afin de satisfaire aux justes exigences de la morale, de l'ordre public et du bien-être général dans une société démocratique. 3. Ces droits et libertés ne pourront, en aucun cas, s'exercer contrairement aux buts et aux principes des Nations unies.
Article 30	Aucune disposition de la présente Déclaration ne peut être interprétée comme impliquant pour un État, un groupement ou un individu un droit quelconque de se livrer à une activité ou d'accomplir un acte visant à la destruction des droits et libertés qui y sont énoncés.

Adoptée en 1975 par l'Assemblée nationale, la *Charte québécoise des droits et libertés de la personne* prime sur toutes les autres lois adoptées par l'Assemblée nationale du Québec.

Préambule

- *Considérant* que tout être humain possède des droits et libertés intrinsèques, destinés à assurer sa protection et son épanouissement;

- *Considérant* que tous les êtres humains sont égaux en valeur et en dignité et ont droit à une égale protection de la loi;

- *Considérant* que le respect de la dignité de l'être humain, l'égalité entre les femmes et les hommes et la reconnaissance des droits et libertés dont ils sont titulaires constituent le fondement de la justice, de la liberté et de la paix;

- *Considérant* que les droits et libertés de la personne humaine sont inséparables des droits et libertés d'autrui et du bien-être général;

- *Considérant* qu'il y a lieu d'affirmer solennellement dans une Charte les libertés et droits fondamentaux de la personne afin que ceux-ci soient garantis par la volonté collective et mieux protégés contre toute violation;

À ces causes, Sa Majesté, de l'avis et du consentement de l'Assemblée nationale du Québec, décrète ce qui suit:

Libertés et droits fondamentaux

1.	Tout être humain a droit à la vie, ainsi qu'à la sûreté, à l'intégrité et à la liberté de sa personne.	**Droit à la vie**
	Il possède également la personnalité juridique.	**Personnalité juridique**
2.	Tout être humain dont la vie est en péril a droit au secours.	**Droit au secours**
	Toute personne doit porter secours à celui dont la vie est en péril, personnellement ou en obtenant du secours, en lui apportant l'aide physique nécessaire et immédiate, à moins d'un risque pour elle ou pour les tiers ou d'un autre motif raisonnable.	**Secours à une personne dont la vie est en péril**
3.	Toute personne est titulaire des libertés fondamentales telles la liberté de conscience, la liberté de religion, la liberté d'opinion, la liberté d'expression, la liberté de réunion pacifique et la liberté d'association.	**Libertés fondamentales**
4.	Toute personne a droit à la sauvegarde de sa dignité, de son honneur et de sa réputation.	**Sauvegarde de la dignité**
5.	Toute personne a droit au respect de sa vie privée.	**Respect de la vie privée**
6.	Toute personne a droit à la jouissance paisible et à la libre disposition de ses biens, sauf dans la mesure prévue par la loi.	**Jouissance paisible des biens**

...➡

	Libertés et droits fondamentaux (suite)	
7.	La demeure est inviolable.	**DEMEURE INVIOLABLE**
8.	Nul ne peut pénétrer chez autrui ni y prendre quoi que ce soit sans son consentement exprès ou tacite.	**RESPECT DE LA PROPRIÉTÉ PRIVÉE**
9.	Chacun a droit au respect du secret professionnel.	**SECRET PROFESSIONNEL**
	Toute personne tenue par la loi au secret professionnel et tout prêtre ou autre ministre du culte ne peuvent, même en justice, divulguer les renseignements confidentiels qui leur ont été révélés en raison de leur état ou profession, à moins qu'ils n'y soient autorisés par celui qui leur a fait ces confidences ou par une disposition expresse de la loi.	**DIVULGATION DE RENSEIGNEMENTS CONFIDENTIELS**
	Le tribunal doit, d'office, assurer le respect du secret professionnel.	**DEVOIR DU TRIBUNAL**
9.1.	Les libertés et les droits fondamentaux s'exercent dans le respect des valeurs démocratiques, de l'ordre public et du bien-être général des citoyens du Québec.	**EXERCICE DES LIBERTÉS ET DROITS FONDAMENTAUX**
	La loi peut, à cet égard, en fixer la portée et en aménager l'exercice.	**RÔLE DE LA LOI**

	Droit à l'égalité	
10.	Toute personne a droit à la reconnaissance et à l'exercice, en pleine égalité, des droits et libertés de la personne, sans distinction, exclusion ou préférence fondée sur la race, la couleur, le sexe, la grossesse, l'orientation sexuelle, l'état civil, l'âge sauf dans la mesure prévue par la loi, la religion, les convictions politiques, la langue, l'origine ethnique ou nationale, la condition sociale, le handicap ou l'utilisation d'un moyen pour pallier ce handicap.	**DISCRIMINATION INTERDITE**
	Il y a discrimination lorsqu'une telle distinction, exclusion ou préférence a pour effet de détruire ou de compromettre ce droit.	**MOTIF DE DISCRIMINATION**
10.1.	Nul ne doit harceler une personne en raison de l'un des motifs visés dans l'article 10.	**HARCÈLEMENT INTERDIT**
11.	Nul ne peut diffuser, publier ou exposer en public un avis, un symbole ou un signe comportant discrimination ni donner une autorisation à cet effet.	**PUBLICITÉ DISCRIMINATOIRE INTERDITE**
12.	Nul ne peut, par discrimination, refuser de conclure un acte juridique ayant pour objet des biens ou des services ordinairement offerts au public.	**DISCRIMINATION DANS FORMATION D'ACTE JURIDIQUE**
13.	Nul ne peut, dans un acte juridique, stipuler une clause comportant discrimination.	**CLAUSE INTERDITE**
	Une telle clause est sans effet.	**NULLITÉ**
14.	L'interdiction visée dans les articles 12 et 13 ne s'applique pas au locateur d'une chambre située dans un local d'habitation, si le locateur ou sa famille réside dans le local, ne loue qu'une seule chambre et n'annonce pas celle-ci, en vue de la louer, par avis ou par tout autre moyen public de sollicitation.	**BAIL D'UNE CHAMBRE DANS LOCAL D'HABITATION**

...➡

15.	Nul ne peut, par discrimination, empêcher autrui d'avoir accès aux moyens de transport ou aux lieux publics, tels les établissements commerciaux, hôtels, restaurants, théâtres, cinémas, parcs, terrains de camping et de caravaning, et d'y obtenir les biens et les services qui y sont disponibles.	**LIEUX PUBLICS ACCESSIBLES À TOUS**
16.	Nul ne peut exercer de discrimination dans l'embauche, l'apprentissage, la durée de la période de probation, la formation professionnelle, la promotion, la mutation, le déplacement, la mise à pied, la suspension, le renvoi ou les conditions de travail d'une personne ainsi que dans l'établissement de catégories ou de classifications d'emploi.	**NON-DISCRIMINATION DANS L'EMBAUCHE**
17.	Nul ne peut exercer de discrimination dans l'admission, la jouissance d'avantages, la suspension ou l'expulsion d'une personne d'une association d'employeurs ou de salariés ou de tout ordre professionnel ou association de personnes exerçant une même occupation.	**DISCRIMINATION PAR ASSOCIATION D'EMPLOYEURS OU DE SALARIÉS INTERDITE**
18.	Un bureau de placement ne peut exercer de discrimination dans la réception, la classification ou le traitement d'une demande d'emploi ou dans un acte visant à soumettre une demande à un employeur éventuel.	**DISCRIMINATION PAR BUREAU DE PLACEMENT INTERDITE**
18.1.	Nul ne peut, dans un formulaire de demande d'emploi ou lors d'une entrevue relative à un emploi, requérir d'une personne des renseignements sur les motifs visés dans l'article 10 sauf si ces renseignements sont utiles à l'application de l'article 20 ou à l'application d'un programme d'accès à l'égalité existant au moment de la demande.	**RENSEIGNEMENTS RELATIFS À UN EMPLOI**
18.2.	Nul ne peut congédier, refuser d'embaucher ou autrement pénaliser dans le cadre de son emploi une personne du seul fait qu'elle a été déclarée coupable d'une infraction pénale ou criminelle, si cette infraction n'a aucun lien avec l'emploi ou si cette personne en a obtenu le pardon.	**CULPABILITÉ À UNE INFRACTION**
19.	Tout employeur doit, sans discrimination, accorder un traitement ou un salaire égal aux membres de son personnel qui accomplissent un travail équivalent au même endroit.	**ÉGALITÉ DE TRAITEMENT POUR UN TRAVAIL ÉQUIVALENT**
	Il n'y a pas de discrimination si une différence de traitement ou de salaire est fondée sur l'expérience, l'ancienneté, la durée du service, l'évaluation au mérite, la quantité de production ou le temps supplémentaire, si ces critères sont communs à tous les membres du personnel.	**DIFFÉRENCE BASÉE SUR L'EXPÉRIENCE NON DISCRIMINATOIRE**
	Les ajustements salariaux ainsi qu'un programme d'équité salariale sont, eu égard à la discrimination fondée sur le sexe, réputés non discriminatoires, s'ils sont établis conformément à la Loi sur l'équité salariale.	**AJUSTEMENTS NON DISCRIMINATOIRES**
20.	Une distinction, exclusion ou préférence fondée sur les aptitudes ou qualités requises par un emploi, ou justifiée par le caractère charitable, philanthropique, religieux, politique ou éducatif d'une institution sans but lucratif ou qui est vouée exclusivement au bien-être d'un groupe ethnique est réputée non discriminatoire.	**DISTINCTION FONDÉE SUR APTITUDES NON DISCRIMINATOIRE**

... ➡

Droit à l'égalité (suite)

20.1.	Dans un contrat d'assurance ou de rente, un régime d'avantages sociaux, de retraite, de rentes ou d'assurance ou un régime universel de rentes ou d'assurance, une distinction, exclusion ou préférence fondée sur l'âge, le sexe ou l'état civil est réputée non discriminatoire lorsque son utilisation est légitime et que le motif qui la fonde constitue un facteur de détermination de risque, basé sur des données actuarielles.	**Utilisation non discriminatoire**
	Dans ces contrats ou régimes, l'utilisation de l'état de santé comme facteur de détermination de risque ne constitue pas une discrimination au sens de l'article 10.	**État de santé**

Droits politiques

21.	Toute personne a droit d'adresser des pétitions à l'Assemblée nationale pour le redressement de griefs.	**Pétition à l'assemblée**
22.	Toute personne légalement habilitée et qualifiée a droit de se porter candidate lors d'une élection et a droit d'y voter.	**Droit de voter et d'être candidat**

Droits judiciaires

23.	Toute personne a droit, en pleine égalité, à une audition publique et impartiale de sa cause par un tribunal indépendant et qui ne soit pas préjugé, qu'il s'agisse de la détermination de ses droits et obligations ou du bien-fondé de toute accusation portée contre elle.	**Audition impartiale par tribunal indépendant**
	Le tribunal peut toutefois ordonner le huis clos dans l'intérêt de la morale ou de l'ordre public.	**Huis clos**
24.	Nul ne peut être privé de sa liberté ou de ses droits, sauf pour les motifs prévus par la loi et suivant la procédure prescrite.	**Motifs de privation de liberté**
24.1.	Nul ne peut faire l'objet de saisie, perquisitions ou fouilles abusives.	**Abus interdits**
25.	Toute personne arrêtée ou détenue doit être traitée avec humanité et avec le respect dû à la personne humaine.	**Traitement de personne arrêtée**
26.	Toute personne détenue dans un établissement de détention a droit d'être soumise à un régime distinct approprié à son sexe, son âge et sa condition physique ou mentale.	**Régime carcéral distinct**
27.	Toute personne détenue dans un établissement de détention en attendant l'issue de son procès a droit d'être séparée, jusqu'au jugement final, des prisonniers qui purgent une peine.	**Séparation des détenus attendant l'issue de leur procès**
28.	Toute personne arrêtée ou détenue a droit d'être promptement informée, dans une langue qu'elle comprend, des motifs de son arrestation ou de sa détention.	**Information sur motifs d'arrestation**
28.1.	Tout accusé a le droit d'être promptement informé de l'infraction particulière qu'on lui reproche.	**Information à l'accusé**

... ➡

Droits judiciaires (suite)

29.	Toute personne arrêtée ou détenue a droit, sans délai, d'en prévenir ses proches et de recourir à l'assistance d'un avocat. Elle doit être promptement informée de ces droits.	**Droit de prévenir les proches**
30.	Toute personne arrêtée ou détenue doit être promptement conduite devant le tribunal compétent ou relâchée.	**Comparution**
31.	Nulle personne arrêtée ou détenue ne peut être privée, sans juste cause, du droit de recouvrer sa liberté sur engagement, avec ou sans dépôt ou caution, de comparaître devant le tribunal dans le délai fixé.	**Liberté sur engagement**
32.	Toute personne privée de sa liberté a droit de recourir à l'habeas corpus.	**Habeas corpus**
32.1.	Tout accusé a le droit d'être jugé dans un délai raisonnable.	**Délai raisonnable**
33.	Tout accusé est présumé innocent jusqu'à ce que la preuve de sa culpabilité ait été établie suivant la loi.	**Présomption d'innocence**
33.1.	Nul accusé ne peut être contraint de témoigner contre lui-même lors de son procès.	**Témoignage interdit**
34.	Toute personne a droit de se faire représenter par un avocat ou d'en être assistée devant tout tribunal.	**Assistance d'avocat**
35.	Tout accusé a droit à une défense pleine et entière et a le droit d'interroger et de contre-interroger les témoins.	**Défense pleine et entière**
36.	Tout accusé a le droit d'être assisté gratuitement d'un interprète s'il ne comprend pas la langue employée à l'audience ou s'il est atteint de surdité.	**Assistance d'un interprète**
37.	Nul accusé ne peut être condamné pour une action ou une omission qui, au moment où elle a été commise, ne constituait pas une violation de la loi.	**Non-rétroactivité des lois**
37.1.	Une personne ne peut être jugée de nouveau pour une infraction dont elle a été acquittée ou dont elle a été déclarée coupable en vertu d'un jugement passé en force de chose jugée.	**Chose jugée**
37.2.	Un accusé a droit à la peine la moins sévère lorsque la peine prévue pour l'infraction a été modifiée entre la perpétration de l'infraction et le prononcé de la sentence.	**Peine moins sévère**
38.	Aucun témoignage devant un tribunal ne peut servir à incriminer son auteur, sauf le cas de poursuites pour parjure ou pour témoignages contradictoires.	**Protection de la loi**

Droits économiques et sociaux

39.	Tout enfant a droit à la protection, à la sécurité et à l'attention que ses parents ou les personnes qui en tiennent lieu peuvent lui donner.	**Protection de l'enfant**
40.	Toute personne a droit, dans la mesure et suivant les normes prévues par la loi, à l'instruction publique gratuite.	**Instruction publique gratuite**
41.	Les parents ou les personnes qui en tiennent lieu ont le droit d'assurer l'éducation religieuse et morale de leurs enfants conformément à leurs convictions, dans le respect des droits de leurs enfants et de l'intérêt de ceux-ci.	**Éducation religieuse et morale**

Droits économiques et sociaux (suite)		
42.	Les parents ou les personnes qui en tiennent lieu ont le droit de choisir pour leurs enfants des établissements d'enseignement privés, pourvu que ces établissements se conforment aux normes prescrites ou approuvées en vertu de la loi.	ÉTABLISSEMENTS D'ENSEIGNEMENT PRIVÉS
43.	Les personnes appartenant à des minorités ethniques ont le droit de maintenir et de faire progresser leur propre vie culturelle avec les autres membres de leur groupe.	VIE CULTURELLE DES MINORITÉS
44.	Toute personne a droit à l'information, dans la mesure prévue par la loi.	DROIT À L'INFORMATION
45.	Toute personne dans le besoin a droit, pour elle et sa famille, à des mesures d'assistance financière et à des mesures sociales, prévues par la loi, susceptibles de lui assurer un niveau de vie décent.	ASSISTANCE FINANCIÈRE
46.	Toute personne qui travaille a droit, conformément à la loi, à des conditions de travail justes et raisonnables et qui respectent sa santé, sa sécurité et son intégrité physique.	CONDITIONS DE TRAVAIL
46.1.	Toute personne a droit, dans la mesure et suivant les normes prévues par la loi, de vivre dans un environnement sain et respectueux de la biodiversité.	DROIT À UN ENVIRONNEMENT SAIN
47.	Les conjoints ont, dans le mariage ou dans l'union civile, les mêmes droits, obligations et responsabilités.	ÉGALITÉ DES CONJOINTS
	Ils assurent ensemble la direction morale et matérielle de la famille et l'éducation de leurs enfants communs.	DIRECTION CONJOINTE DE LA FAMILLE
48.	Toute personne âgée ou toute personne handicapée a droit d'être protégée contre toute forme d'exploitation.	PROTECTION DES PERSONNES ÂGÉES
	Telle personne a aussi droit à la protection et à la sécurité que doivent lui apporter sa famille ou les personnes qui en tiennent lieu.	PROTECTION DE LA FAMILLE

Dispositions spéciales et interprétatives		
49.	Une atteinte illicite à un droit ou à une liberté reconnu par la présente Charte confère à la victime le droit d'obtenir la cessation de cette atteinte et la réparation du préjudice moral ou matériel qui en résulte.	RÉPARATION DE PRÉJUDICE POUR ATTEINTE ILLICITE À UN DROIT
	En cas d'atteinte illicite et intentionnelle, le tribunal peut en outre condamner son auteur à des dommages-intérêts punitifs.	DOMMAGES-INTÉRÊTS PUNITIFS
49.1.	Les plaintes, différends et autres recours dont l'objet est couvert par la Loi sur l'équité salariale sont réglés exclusivement suivant cette loi.	RÈGLEMENT DES PLAINTES
	En outre, toute question relative à l'équité salariale entre une catégorie d'emplois à prédominance féminine et une catégorie d'emplois à prédominance masculine dans une entreprise qui compte moins de 10 salariés doit être résolue par la Commission de l'équité salariale en application de l'article 19 de la présente Charte.	ENTREPRISE DE MOINS DE 10 SALARIÉS
50.	La Charte doit être interprétée de manière à ne pas supprimer ou restreindre la jouissance ou l'exercice d'un droit ou d'une liberté de la personne qui n'y est pas inscrit.	DROIT NON SUPPRIMÉ

Dispositions spéciales et interprétatives (suite)		
50.1.	Les droits et libertés énoncés dans la présente Charte sont garantis également aux femmes et aux hommes.	**DROITS GARANTIS**
51.	La Charte ne doit pas être interprétée de manière à augmenter, restreindre ou modifier la portée d'une disposition de la loi, sauf dans la mesure prévue par l'article 52.	**PORTÉE DE DISPOSITION NON AUGMENTÉE**
52.	Aucune disposition d'une loi, même postérieure à la Charte, ne peut déroger aux articles 1 à 38, sauf dans la mesure prévue par ces articles, à moins que cette loi n'énonce expressément que cette disposition s'applique malgré la Charte.	**DÉROGATION INTERDITE**
53.	Si un doute surgit dans l'interprétation d'une disposition de la loi, il est tranché dans le sens indiqué par la Charte.	**DOUTE D'INTERPRÉTATION**
54.	La Charte lie l'État.	**ÉTAT LIÉ**
55.	La Charte vise les matières qui sont de la compétence législative du Québec.	**MATIÈRES VISÉES**

[...]

Les programmes d'accès à l'égalité		
86.	Un programme d'accès à l'égalité a pour objet de corriger la situation de personnes faisant partie de groupes victimes de discrimination dans l'emploi, ainsi que dans les secteurs de l'éducation ou de la santé et dans tout autre service ordinairement offert au public.	**ACCÈS À L'ÉGALITÉ**
	Un tel programme est réputé non discriminatoire s'il est établi conformément à la Charte.	**PROGRAMME NON DISCRIMINATOIRE**
	Un programme d'accès à l'égalité en emploi est, eu égard à la discrimination fondée sur la race, la couleur, le sexe ou l'origine ethnique, réputé non discriminatoire s'il est établi conformément à la Loi sur l'accès à l'égalité en emploi dans des organismes publics.	**PROGRAMME NON DISCRIMINATOIRE**
	Un programme d'accès à l'égalité en emploi établi pour une personne handicapée au sens de la Loi assurant l'exercice des droits des personnes handicapées en vue de leur intégration scolaire, professionnelle et sociale est réputé non discriminatoire s'il est établi conformément à la Loi sur l'accès à l'égalité en emploi dans des organismes publics.	**PROGRAMME NON DISCRIMINATOIRE**
87.	Tout programme d'accès à l'égalité doit être approuvé par la Commission à moins qu'il ne soit imposé par un tribunal. [non en vigueur]	**APPROBATION**
	La Commission, sur demande, prête son assistance à l'élaboration d'un tel programme.	**ASSISTANCE**

... ➡

Les programmes d'accès à l'égalité (suite)		
88.	La Commission peut, après enquête, si elle constate une situation de discrimination prévue par l'article 86, proposer l'implantation, dans un délai qu'elle fixe, d'un programme d'accès à l'égalité.	**Propositions**
	La Commission peut, lorsque sa proposition n'a pas été suivie, s'adresser à un tribunal et, sur preuve d'une situation visée dans l'article 86, obtenir dans le délai fixé par ce tribunal l'élaboration et l'implantation d'un programme. Le programme ainsi élaboré est déposé devant ce tribunal qui peut, en conformité avec la Charte, y apporter les modifications qu'il juge adéquates.	**Recours au tribunal**
89.	La Commission surveille l'application des programmes d'accès à l'égalité. Elle peut effectuer des enquêtes et exiger des rapports.	**Surveillance**
90.	Lorsque la Commission constate qu'un programme d'accès à l'égalité n'est pas implanté dans le délai imparti ou n'est pas observé, elle peut, s'il s'agit d'un programme qu'elle a approuvé, retirer son approbation ou, s'il s'agit d'un programme dont elle a proposé l'implantation, s'adresser à un tribunal conformément au deuxième alinéa de l'article 88.	**Retrait de l'approbation**
91.	Un programme visé dans l'article 88 peut être modifié, reporté ou annulé si des faits nouveaux le justifient.	**Faits nouveaux**
	Lorsque la Commission et la personne requise ou qui a convenu d'implanter le programme s'entendent, l'accord modifiant, reportant ou annulant le programme d'accès à l'égalité est constaté par écrit.	**Accord écrit**
	En cas de désaccord, l'une ou l'autre peut s'adresser au tribunal auquel la Commission s'est adressée en vertu du deuxième alinéa de l'article 88, afin qu'il décide si les faits nouveaux justifient la modification, le report ou l'annulation du programme.	**Désaccord**
	Toute modification doit être établie en conformité avec la Charte.	**Modification**
92.	Le gouvernement doit exiger de ses ministères et organismes dont le personnel est nommé suivant la Loi sur la fonction publique l'implantation de programmes d'accès à l'égalité dans le délai qu'il fixe.	**Exigences du gouvernement**
	Les articles 87 à 91 ne s'appliquent pas aux programmes visés dans le présent article. Ceux-ci doivent toutefois faire l'objet d'une consultation auprès de la Commission avant d'être implantés.	**Dispositions applicables**

[...]

138.	Le ministre de la Justice est chargé de l'application de la présente Charte.

[...]

Selon mise à jour du 18 février 2009.
Reproduction autorisée par Les Publications du Québec.

Charte québécoise des droits et libertés de la personne | **239**

Charte canadienne des droits et libertés

La *Charte canadienne des droits et libertés* est entrée en vigueur le 17 avril 1982. La Charte a pour fondement le principe de la primauté du droit et enchâsse dans la Constitution du Canada les droits et libertés que les Canadiennes et Canadiens estiment essentiels au maintien d'une société libre et démocratique.

Attendu que le Canada est fondé sur des principes qui reconnaissent la suprématie de Dieu et la primauté du droit:

Garantie des droits et libertés

1.	La *Charte canadienne des droits et libertés* garantit les droits et libertés qui y sont énoncés. Ils ne peuvent être restreints que par une règle de droit, dans des limites qui soient raisonnables et dont la justification puisse se démontrer dans le cadre d'une société libre et démocratique.	**DROITS ET LIBERTÉS AU CANADA**

Libertés fondamentales

2.	Chacun a les libertés fondamentales suivantes: **a)** liberté de conscience et de religion; **b)** liberté de pensée, de croyance, d'opinion et d'expression, y compris la liberté de la presse et des autres moyens de communication; **c)** liberté de réunion pacifique; **d)** liberté d'association.	**LIBERTÉS FONDAMENTALES**

Droits démocratiques

3.	Tout citoyen canadien a le droit de vote et est éligible aux élections législatives fédérales ou provinciales.	**DROITS DÉMOCRATIQUES DES CITOYENS**
4.	**(1)** Le mandat maximal de la Chambre des communes et des assemblées législatives est de cinq ans à compter de la date fixée pour le retour des brefs relatifs aux élections générales correspondantes.	**MANDAT MAXIMAL DES ASSEMBLÉES**
	(2) Le mandat de la Chambre des communes ou celui d'une assemblée législative peut être prolongé respectivement par le Parlement ou par la législature en question au-delà de cinq ans en cas de guerre, d'invasion ou d'insurrection, réelles ou appréhendées, pourvu que cette prolongation ne fasse pas l'objet d'une opposition exprimée par les voix de plus du tiers des députés de la Chambre des communes ou de l'assemblée législative.	
5.	Le Parlement et les législatures tiennent une séance au moins une fois tous les douze mois.	**SÉANCE ANNUELLE**

... ➡

Liberté de circulation et d'établissement

6.		
	(1) Tout citoyen canadien a le droit de demeurer au Canada, d'y entrer ou d'en sortir.	**LIBERTÉ DE CIRCULATION**
	(2) Tout citoyen canadien et toute personne ayant le statut de résident permanent au Canada ont le droit : **a)** de se déplacer dans tout le pays et d'établir leur résidence dans toute province ; **b)** de gagner leur vie dans toute province.	**LIBERTÉ D'ÉTABLISSEMENT**
	(3) Les droits mentionnés au paragraphe (2) sont subordonnés : **a)** aux lois et usages d'application générale en vigueur dans une province donnée, s'ils n'établissent entre les personnes aucune distinction fondée principalement sur la province de résidence antérieure ou actuelle ; **b)** aux lois prévoyant de justes conditions de résidence en vue de l'obtention des services sociaux publics.	**RESTRICTION**
	(4) Les paragraphes (2) et (3) n'ont pas pour objet d'interdire les lois, programmes ou activités destinés à améliorer, dans une province, la situation d'individus défavorisés socialement ou économiquement, si le taux d'emploi dans la province est inférieur à la moyenne nationale.	**PROGRAMMES DE PROMOTION SOCIALE**

Garanties juridiques

7.		
	Chacun a droit à la vie, à la liberté et à la sécurité de sa personne ; il ne peut être porté atteinte à ce droit qu'en conformité avec les principes de justice fondamentale.	**VIE, LIBERTÉ ET SÉCURITÉ**
8.	Chacun a droit à la protection contre les fouilles, les perquisitions ou les saisies abusives.	**FOUILLES, PERQUISITIONS OU SAISIES**
9.	Chacun a droit à la protection contre la détention ou l'emprisonnement arbitraires.	**DÉTENTION OU EMPRISONNEMENT**
10.	Chacun a le droit, en cas d'arrestation ou de détention : **a)** d'être informé dans les plus brefs délais des motifs de son arrestation ou de sa détention ; **b)** d'avoir recours sans délai à l'assistance d'un avocat et d'être informé de ce droit ; **c)** de faire contrôler, par *habeas corpus*, la légalité de sa détention et d'obtenir, le cas échéant, sa libération.	**ARRESTATION OU DÉTENTION**
11.	Tout inculpé a le droit : **a)** d'être informé sans délai anormal de l'infraction précise qu'on lui reproche ; **b)** d'être jugé dans un délai raisonnable ; **c)** de ne pas être contraint de témoigner contre lui-même dans toute poursuite intentée contre lui pour l'infraction qu'on lui reproche ; **d)** d'être présumé innocent tant qu'il n'est pas déclaré coupable, conformément à la loi, par un tribunal indépendant et impartial à l'issue d'un procès public et équitable ; **e)** de ne pas être privé sans juste cause d'une mise en liberté assortie d'un cautionnement raisonnable ; **f)** sauf s'il s'agit d'une infraction relevant de la justice militaire, de bénéficier d'un procès avec jury lorsque la peine maximale prévue pour l'infraction dont il est accusé est un emprisonnement de cinq ans ou une peine plus grave ;	**AFFAIRES CRIMINELLES ET PÉNALES**

...➡

11. (suite)	g) de ne pas être déclaré coupable en raison d'une action ou d'une omission qui, au moment où elle est survenue, ne constituait pas une infraction d'après le droit interne du Canada ou le droit international et n'avait pas de caractère criminel d'après les principes généraux de droit reconnus par l'ensemble des nations; h) d'une part de ne pas être jugé de nouveau pour une infraction dont il a été définitivement acquitté, d'autre part de ne pas être jugé ni puni de nouveau pour une infraction dont il a été définitivement déclaré coupable et puni; i) de bénéficier de la peine la moins sévère, lorsque la peine qui sanctionne l'infraction dont il est déclaré coupable est modifiée entre le moment de la perpétration de l'infraction et celui de la sentence.	AFFAIRES CRIMINELLES ET PÉNALES
12.	Chacun a droit à la protection contre tous traitements ou peines cruels et inusités.	CRUAUTÉ
13.	Chacun a droit à ce qu'aucun témoignage incriminant qu'il donne ne soit utilisé pour l'incriminer dans d'autres procédures, sauf lors de poursuites pour parjure ou pour témoignages contradictoires.	TÉMOIGNAGE INCRIMINANT
14.	La partie ou le témoin qui ne peuvent suivre les procédures, soit parce qu'ils ne comprennent pas ou ne parlent pas la langue employée, soit parce qu'ils sont atteints de surdité, ont droit à l'assistance d'un interprète.	INTERPRÈTE

Droits à l'égalité

15.	(1) La loi ne fait acception de personne et s'applique également à tous, et tous ont droit à la même protection et au même bénéfice de la loi, indépendamment de toute discrimination, notamment des discriminations fondées sur la race, l'origine nationale ou ethnique, la couleur, la religion, le sexe, l'âge ou les déficiences mentales ou physiques.	ÉGALITÉ DEVANT LA LOI, ÉGALITÉ DE BÉNÉFICE ET PROTECTION ÉGALE DE LA LOI
	(2) Le paragraphe (1) n'a pas pour effet d'interdire les lois, programmes ou activités destinés à améliorer la situation d'individus ou de groupes défavorisés, notamment du fait de leur race, de leur origine nationale ou ethnique, de leur couleur, de leur religion, de leur sexe, de leur âge ou de leurs déficiences mentales ou physiques.	PROGRAMMES DE PROMOTION SOCIALE

Langues officielles du Canada

16.	(1) Le français et l'anglais sont les langues officielles du Canada; ils ont un statut et des droits et privilèges égaux quant à leur usage dans les institutions du Parlement et du gouvernement du Canada.	LANGUES OFFICIELLES DU CANADA
	(2) Le français et l'anglais sont les langues officielles du Nouveau-Brunswick; ils ont un statut et des droits et privilèges égaux quant à leur usage dans les institutions de la Législature et du gouvernement du Nouveau-Brunswick.	LANGUES OFFICIELLES DU NOUVEAU-BRUNSWICK
	(3) La présente charte ne limite pas le pouvoir du Parlement et des législatures de favoriser la progression vers l'égalité de statut ou d'usage du français et de l'anglais.	PROGRESSION VERS L'ÉGALITÉ

...➡

	Langues officielles du Canada (suite)	
16.1.	**(1)** La communauté linguistique française et la communauté linguistique anglaise du Nouveau-Brunswick ont un statut et des droits et privilèges égaux, notamment le droit à des institutions d'enseignement distinctes et aux institutions culturelles distinctes nécessaires à leur protection et à leur promotion.	**COMMUNAUTÉS LINGUISTIQUES FRANÇAISE ET ANGLAISE DU NOUVEAU-BRUNSWICK**
	(2) Le rôle de la législature et du gouvernement du Nouveau-Brunswick de protéger et de promouvoir le statut, les droits et les privilèges visés au paragraphe (1) est confirmé.	**RÔLE DE LA LÉGISLATURE ET DU GOUVERNEMENT DU NOUVEAU-BRUNSWICK**
17.	**(1)** Chacun a le droit d'employer le français ou l'anglais dans les débats et travaux du Parlement.	**TRAVAUX DU PARLEMENT**
	(2) Chacun a le droit d'employer le français ou l'anglais dans les débats et travaux de la Législature du Nouveau-Brunswick.	**TRAVAUX DE LA LÉGISLATURE DU NOUVEAU-BRUNSWICK**
18.	**(1)** Les lois, les archives, les comptes rendus et les procès-verbaux du Parlement sont imprimés et publiés en français et en anglais, les deux versions des lois ayant également force de loi et celles des autres documents ayant même valeur.	**DOCUMENTS PARLEMENTAIRES**
	(2) Les lois, les archives, les comptes rendus et les procès-verbaux de la Législature du Nouveau-Brunswick sont imprimés et publiés en français et en anglais, les deux versions des lois ayant également force de loi et celles des autres documents ayant même valeur.	**DOCUMENTS DE LA LÉGISLATURE DU NOUVEAU-BRUNSWICK**
19.	**(1)** Chacun a le droit d'employer le français ou l'anglais dans toutes les affaires dont sont saisis les tribunaux établis par le Parlement et dans tous les actes de procédure qui en découlent.	**PROCÉDURES DEVANT LES TRIBUNAUX ÉTABLIS PAR LE PARLEMENT**
	(2) Chacun a le droit d'employer le français ou l'anglais dans toutes les affaires dont sont saisis les tribunaux du Nouveau-Brunswick et dans tous les actes de procédure qui en découlent.	**PROCÉDURES DEVANT LES TRIBUNAUX DU NOUVEAU-BRUNSWICK**
20.	**(1)** Le public a, au Canada, droit à l'emploi du français ou de l'anglais pour communiquer avec le siège ou l'administration centrale des institutions du Parlement ou du gouvernement du Canada ou pour en recevoir les services ; il a le même droit à l'égard de tout autre bureau de ces institutions là où, selon le cas : a) l'emploi du français ou de l'anglais fait l'objet d'une demande importante ; b) l'emploi du français et de l'anglais se justifie par la vocation du bureau.	**COMMUNICATIONS ENTRE LES ADMINISTRÉS ET LES INSTITUTIONS FÉDÉRALES**
	(2) Le public a, au Nouveau-Brunswick, droit à l'emploi du français ou de l'anglais pour communiquer avec tout bureau des institutions de la législature ou du gouvernement ou pour en recevoir les services.	**COMMUNICATIONS ENTRE LES ADMINISTRÉS ET LES INSTITUTIONS DU NOUVEAU-BRUNSWICK**
21.	Les articles 16 à 20 n'ont pas pour effet, en ce qui a trait à la langue française ou anglaise ou à ces deux langues, de porter atteinte aux droits, privilèges ou obligations qui existent ou sont maintenus aux termes d'une autre disposition de la Constitution du Canada.	**MAINTIEN EN VIGUEUR DE CERTAINES DISPOSITIONS**
22.	Les articles 16 à 20 n'ont pas pour effet de porter atteinte aux droits et privilèges, antérieurs ou postérieurs à l'entrée en vigueur de la présente charte et découlant de la loi ou de la coutume, des langues autres que le français ou l'anglais.	**DROITS PRÉSERVÉS**

Droits à l'instruction dans la langue de la minorité		
23.	**(1)** Les citoyens canadiens : **a)** dont la première langue apprise et encore comprise est celle de la minorité francophone ou anglophone de la province où ils résident ; **b)** qui ont reçu leur instruction, au niveau primaire, en français ou en anglais au Canada et qui résident dans une province où la langue dans laquelle ils ont reçu cette instruction est celle de la minorité francophone ou anglophone de la province, ont, dans l'un ou l'autre cas, le droit d'y faire instruire leurs enfants, aux niveaux primaire et secondaire, dans cette langue.	**Langue d'instruction**
	(2) Les citoyens canadiens dont un enfant a reçu ou reçoit son instruction, au niveau primaire ou secondaire, en français ou en anglais au Canada ont le droit de faire instruire tous leurs enfants, aux niveaux primaire et secondaire, dans la langue de cette instruction.	**Continuité d'emploi de la langue d'instruction**
	(3) Le droit reconnu aux citoyens canadiens par les paragraphes (1) et (2) de faire instruire leurs enfants, aux niveaux primaire et secondaire, dans la langue de la minorité francophone ou anglophone d'une province : **a)** s'exerce partout dans la province où le nombre des enfants des citoyens qui ont ce droit est suffisant pour justifier à leur endroit la prestation, sur les fonds publics, de l'instruction dans la langue de la minorité ; **b)** comprend, lorsque le nombre de ces enfants le justifie, le droit de les faire instruire dans des établissements d'enseignement de la minorité linguistique financés sur les fonds publics.	**Justification par le nombre**

Recours		
24.	**(1)** Toute personne, victime de violation ou de négation des droits ou libertés qui lui sont garantis par la présente charte, peut s'adresser à un tribunal compétent pour obtenir la réparation que le tribunal estime convenable et juste eu égard aux circonstances.	**Recours en cas d'atteinte aux droits et libertés**
	(2) Lorsque, dans une instance visée au paragraphe (1), le tribunal a conclu que des éléments de preuve ont été obtenus dans des conditions qui portent atteinte aux droits ou libertés garantis par la présente charte, ces éléments de preuve sont écartés s'il est établi, eu égard aux circonstances, que leur utilisation est susceptible de déconsidérer l'administration de la justice.	**Irrecevabilité d'éléments de preuve qui risqueraient de déconsidérer l'administration de la justice**

Dispositions générales		
25.	Le fait que la présente charte garantit certains droits et libertés ne porte pas atteinte aux droits ou libertés – ancestraux, issus de traités ou autres – des peuples autochtones du Canada, notamment : **a)** aux droits ou libertés reconnus par la proclamation royale du 7 octobre 1763 ; **b)** aux droits ou libertés existants issus d'accords sur des revendications territoriales ou ceux susceptibles d'être ainsi acquis.	**Maintien des droits et libertés des autochtones**
26.	Le fait que la présente charte garantit certains droits et libertés ne constitue pas une négation des autres droits ou libertés qui existent au Canada.	**Maintien des autres droits et libertés**
27.	Toute interprétation de la présente charte doit concorder avec l'objectif de promouvoir le maintien et la valorisation du patrimoine multiculturel des Canadiens.	**Maintien du patrimoine culturel**

... ➡

Dispositions générales (suite)		
28.	Indépendamment des autres dispositions de la présente charte, les droits et libertés qui y sont mentionnés sont garantis également aux personnes des deux sexes.	**ÉGALITÉ DE GARANTIE DES DROITS POUR LES DEUX SEXES**
29.	Les dispositions de la présente charte ne portent pas atteinte aux droits ou privilèges garantis en vertu de la Constitution du Canada concernant les écoles séparées et autres écoles confessionnelles.	**MAINTIEN DES DROITS RELATIFS À CERTAINES ÉCOLES**
30.	Dans la présente charte, les dispositions qui visent les provinces, leur législature ou leur assemblée législative visent également le territoire du Yukon, les territoires du Nord-Ouest ou leurs autorités législatives compétentes.	**APPLICATION AUX TERRITOIRES**
31.	La présente charte n'élargit pas les compétences législatives de quelque organisme ou autorité que ce soit.	**NON-ÉLARGISSEMENT DES COMPÉTENCES LÉGISLATIVES**

Application de la charte		
32.	**(1)** La présente charte s'applique : **a)** au Parlement et au gouvernement du Canada, pour tous les domaines relevant du Parlement, y compris ceux qui concernent le territoire du Yukon et les territoires du Nord-Ouest ; **b)** à la législature et au gouvernement de chaque province, pour tous les domaines relevant de cette législature.	**APPLICATION DE LA CHARTE**
	(2) Par dérogation au paragraphe (1), l'article 15 n'a d'effet que trois ans après l'entrée en vigueur du présent article.	**RESTRICTION**
33.	**(1)** Le Parlement ou la législature d'une province peut adopter une loi où il est expressément déclaré que celle-ci ou une de ses dispositions a effet indépendamment d'une disposition donnée de l'article 2 ou des articles 7 à 15 de la présente charte.	**DÉROGATION PAR DÉCLARATION EXPRESSE**
	(2) La loi ou la disposition qui fait l'objet d'une déclaration conforme au présent article et en vigueur a l'effet qu'elle aurait sauf la disposition en cause de la charte.	**EFFET DE LA DÉROGATION**
	(3) La déclaration visée au paragraphe (1) cesse d'avoir effet à la date qui y est précisée ou, au plus tard, cinq ans après son entrée en vigueur.	**DURÉE DE VALIDITÉ**
	(4) Le Parlement ou une législature peut adopter de nouveau une déclaration visée au paragraphe (1).	**NOUVELLE ADOPTION**
	(5) Le paragraphe (3) s'applique à toute déclaration adoptée sous le régime du paragraphe (4).	**DURÉE DE VALIDITÉ**

Titre		
34.	Titre de la présente partie : *Charte canadienne des droits et libertés.*	**TITRE**

Édictée comme l'annexe B de la *Loi de 1982 sur le Canada*, 1982, ch. 11 (R.-U.), entrée en vigueur le 17 avril 1982.

Glossaire

Les mots **soulignés** renvoient aux notions et concepts prescrits.

A

Adultère
Qui a des relations sexuelles avec une personne autre que son conjoint ou sa conjointe.

Affranchir (s')
Se rendre politiquement indépendant, se libérer de tout ce qui peut gêner.

Amendement
Modification à un texte de loi après l'avoir proposée à une assemblée qui en a discuté et l'a acceptée.

Amnistie
Annulation d'infractions à la loi ainsi que de leurs conséquences pénales.

Antagoniste
Du grec *antagônistês*, qui signifie « qui lutte contre ». Désigne ce qui est en opposition, en rivalité, en concurrence.

Apostolique
Du grec *apostolos*, qui signifie « envoyé ». Désigne ce qui se rapporte aux apôtres et qui est conforme à leur mission de prêcher l'Évangile.

Ascétique
Qui lutte contre les exigences du corps, à l'aide d'exercices de pénitence et de privations.

Assentiment
Acte par lequel on donne son accord, son consentement à quelqu'un ou à quelque chose.

Athée
Personne qui nie l'existence de toute divinité.

Avatar
Personnage virtuel interactif contrôlé par la personne qui le crée.

B

Béatifier
Dans l'Église catholique romaine, reconnaître, par un acte officiel, la perfection chrétienne d'une personne décédée et donner l'autorisation qu'une vénération locale lui soit rendue.

C

Canoniser
Dans l'Église catholique romaine, reconnaître, par un acte officiel, le très haut degré de perfection chrétienne d'une personne décédée, lui accorder le statut de saint ou de sainte, et donner l'autorisation qu'une vénération publique et universelle lui soit rendue.

Cohésion
Union, solidarité entre les membres d'un groupe qui ont des valeurs communes.

Concordat
Acte de conciliation, accord écrit qui constitue un compromis entre deux adversaires. Ce terme est utilisé principalement en matière de droit ecclésiastique ou commercial.

Conformisme
Fait de se comporter de manière à être en accord avec les normes, les usages.

Constitution
Charte, textes fondamentaux qui déterminent la forme du gouvernement d'un pays, qui régissent l'ensemble des rapports entre gouvernants et gouvernés et qui déterminent l'organisation des pouvoirs publics.

Cyborg
Terme formé à partir des mots CYBernétique et ORGanisme. Personnage de science-fiction se présentant comme un robot à forme humaine, constitué à la fois de chair vivante et de circuits intégrés en silicium.

D

Déréaliser
Faire perdre à quelque chose son caractère réel.

Désaffection
Perte de l'affection, détachement.

Désintéressé
Qui ne suppose aucun intérêt personnel, financier, publicitaire ou autre. Peut aussi désigner ce qui est objectif, impartial.

Diktat
Chose imposée, volonté dictée par une puissance étrangère.

Dîme
Impôt, fraction variable de la récolte prélevée par l'Église.

Dissidence
Opposition ou désaccord avec l'idéologie dominante, et division qui en résulte.

Droit de *veto*
En latin, *veto* signifie «j'interdis», «je refuse» ou «je m'oppose». Le droit de *veto* sert à empêcher l'entrée en vigueur d'une loi ou d'une décision.

E

Éclectique
Du grec *eklektikos*, qui signifie «qui choisit». Se dit d'une personne qui adopte ce qui lui paraît valable dans un ensemble d'idées ou de choses issues d'une grande variété de tendances.

Enjeu éthique
Valeur ou norme qui est l'objet d'une question éthique.

Exaction
Mauvais traitements, sévices.

Expression du religieux
Élément (signe, objet, geste, rite, récit, croyance, règle, etc.) manifestant une ou plusieurs dimensions d'une religion.

F

Fédération
Regroupement de plusieurs États en un seul. Par extension, une fédération peut désigner l'association de plusieurs sociétés ou groupes structurés sous une autorité commune.

Finitude
Fait d'être fini, limité. Caractère de l'être humain qui se sait mortel.

H

Hippie
Dans les années 1970, jeune adepte d'un mouvement contestant la société de consommation et les valeurs sociales et morales traditionnelles.

I

Impunité
Absence de sanction ou de punition. L'impunité est assurée dans l'exercice de certaines fonctions politiques ou juridiques dans divers pays.

Inaliénable
Qui ne peut être enlevé à quelqu'un d'aucune façon.

Ingérence
Fait d'intervenir dans les affaires d'autrui sans en avoir la permission ou le droit.

Instance
Autorité, groupe qui possède le pouvoir décisionnel.

K

Kiva
Chez les Pueblos, pièce cérémonielle souterraine, circulaire ou rectangulaire.

L

Laïciser
Rendre indépendant du clergé et de toute confession religieuse. Rendre conforme à la laïcité, soit au principe de séparation complète des pouvoirs religieux et civil.

Libre arbitre
Propriété de la volonté humaine de prendre la décision d'agir et de penser librement, sans contrainte.

Litanie
Prière où les invocations sont suivies de formules brèves, récitées ou chantées.

M

Maladie de Parkinson
Maladie dégénérative du système nerveux se manifestant par des tremblements et une raideur musculaire.

Marguillier
Laïc chargé de l'entretien d'une église.

Militantisme
Attitudes et comportements de celles et ceux qui agissent ou luttent, habituellement sans violence, pour une idée ou une opinion, et qui tentent de rallier les autres à leur cause.

Mission
Dérivé du latin *missio*, qui signifie « action d'envoyer ». Désigne la tâche d'évangélisation, le groupe des personnes chargées d'accomplir cette tâche, et les lieux et bâtiments établis à cette fin.

Mobiliser
Rassembler, faire appel à un groupe et le préparer pour une action collective.

Monarchie
Du grec *monarkhos*, qui signifie « celui qui guide seul ». Régime politique qui consiste en un État dirigé par un roi ou une reine héréditaire.

Multiculturalisme
Attitude politique qui reconnaît et prend en compte la diversité culturelle.

Multiethnicité
Cohabitation de personnes de diverses origines dans un lieu donné.

N

Nanotechnologie
Technologie qui concerne les objets ou phénomènes à l'échelle du nanomètre, soit un milliardième de mètre.

Nation
Groupe de personnes qui constitue une communauté politique établie sur un territoire défini.

Norme
Exigence morale qui balise un comportement.

O

Objecteur de conscience
Personne qui, en temps de guerre ou de paix, fait appel au respect de la vie humaine pour refuser d'accomplir ses obligations militaires.

Obscurantisme
Opinion, attitude qui s'oppose à la diffusion et à la vulgarisation de l'instruction et de la culture dans les masses populaires.

Œcuménique
Du grec *oikoumenê*, qui signifie « la terre habitée ». Désigne ce qui est général, universel. Dans le christianisme, désigne l'effort pour unir toutes les Églises du monde.

Officier
Célébrer, présider une cérémonie religieuse ; remplir sa charge de manière rituelle.

Oratoire
De la racine latine *orare*, qui signifie « prier ». Lieu, quel qu'il soit, destiné à la prière.

Ordination
Cérémonie par laquelle une personne se voit reçue et reconnue dans des fonctions relevant de la prêtrise.

Ordre religieux
Regroupement de personnes ayant prononcé des vœux solennels et s'étant engagées à observer les règles et à vivre selon les préceptes d'une communauté religieuse.

P

Pluralisme
Système admettant, dans une société, l'existence d'opinions politiques et religieuses, de comportements culturels et sociaux différents.

Posthumain
Concept issu notamment de la science-fiction, de l'art contemporain et de la philosophie désignant l'être humain de demain.

Principe moral
Norme qui définit ce qu'il est nécessaire de faire ou de ne pas faire pour atteindre ce qui est tenu pour le bien.

Procession
Défilé à caractère religieux qui s'effectue en chantant et récitant des prières.

Profane
Désigne ce qui n'est pas religieux.

Prométhéen
Relatif au mythe de Prométhée. Caractérisé par la foi en l'être humain et en son action.

Q

Question éthique
Question portant sur un sujet de réflexion ou un problème à résoudre concernant des valeurs et des normes que se donnent les membres d'une société.

R

Raison d'État
Considération d'intérêt public invoquée pour justifier une action illégale.

Ravissement
Expérience au cours de laquelle une personne a le sentiment de ne plus s'appartenir, d'avoir l'âme saisie par une force supérieure irrésistible.

Référendum
Procédure permettant à l'ensemble des citoyennes et des citoyens de se prononcer sur une proposition.

Règle morale
Norme morale qui précise comment un principe moral devrait s'appliquer dans une situation donnée.

Repère
Ressource de l'environnement social et culturel à laquelle on se réfère pour alimenter et éclairer une réflexion éthique.

S

Schisme
Séparation entre les membres d'une tradition religieuse à la suite de différences de point de vue sur des questions de croyances ou d'autorité.

Sécession
Action par laquelle une personne ou un État se sépare de l'ensemble de la collectivité.

Séculariser
Du latin *sæculares*, qui signifie «du siècle, du peuple». Rendre laïc, faire sortir du domaine religieux ou du contrôle du clergé pour faire passer dans le domaine de l'État.

Singularité
Caractère de ce qui est unique.

Sommation
Ordre, commandement

Spéculatif
Qui concerne la théorie, sans tenir compte de la pratique.

Système de valeurs
Ensemble cohérent et hiérarchisé de valeurs.

T

Tangible
Du latin *tangere*, qui signifie «toucher». Désigne ce qui peut être appréhendé de manière directe et concrète par les sens.

Théocratie
Type de gouvernement dans lequel le pouvoir politique, qu'on prétend découler de l'autorité divine, est exercé par un groupe social qui détient le pouvoir religieux, ou par une personne considérée comme représentante du divin.

Totalitarisme
Régime politique dans lequel un parti unique ne tolère aucune opposition afin de contrôler les pouvoirs dans la vie tant privée que publique.

U

Utopie
Mot inventé par Thomas More en 1516, et qui signifie «en aucun lieu». Ce mot évoque aujourd'hui un idéal politique ou social qui ne tient pas compte de la réalité.

V

Valeur
Caractère attribué à des choses, à des attitudes ou à des comportements qui sont plus ou moins estimés ou désirés par des personnes ou des groupes de personnes.

Vision
Représentation apparaissant aux yeux ou à l'esprit, perçue comme d'origine surnaturelle.

Vision du monde
Regard qu'on porte sur soi et sur son entourage. Ce regard forme les pensées, les sentiments et les comportements de chaque individu et se façonne à partir des expériences de vie, des relations humaines, de valeurs, de normes, de croyances ou de convictions.

Index

Les folios en **bleu gras** renvoient aux pages où ce mot est défini en marge.
Les folios **bleu gras soulignés** renvoient aux notions et concepts prescrits.

C

INDEX DES AUTEURS CITÉS

Sources photographiques

h = haut ; **b** = bas ; **g** = gauche ; **d** = droite

Chapitre 1

p. **6** © Bibliothèque et archives Canada-C-014078 ; p. **7 h** Domaine public ; **d** Domaine public ; p. **9 d** © Maksym Gorpenyuk/Shutterstock Images LLC ; **b** Domaine public ; p. **10** © Jean-Marc Ferré/UN Photo ; p. **11** © Christophe Loviny/CORBIS ; p. **12** © Cyclo Nord-Sud ; p. **13** Domaine public ; p. **14** © Louise Gubb/CORBIS SABA ; p. **15** E10, S44, SS1, D70-140, P25/Bibliothèque et archives nationales du Québec/Fonds Ministère des Communications ; p. **16** © RIA Novosti/Topfoto/PONOPRESSE ; p. **17** Domaine public ; p. **18** © Friedrich Stark/Alamy ; p. **19** © UN Photo/UNHCR.

Chapitre 2

p. **24** © José Miguel Ferreira/Shutterstock Images LLC ; p. **25** © Rhett Butler ; p. **26** © Matthew Jacques/Shutterstock Images LLC ; p. **27** © Bettmann/CORBIS ; p. **28** © The Granger Collection, New York ; p. **29** © Library of Congress/00168r ; p. **30** © Frederic Souloy/Gamma-Eyedea/PONOPRESSE ; p. **31 h** © Jose Miguel Hernandez Leon/Shutterstock Images LLC ; **b** © stephen mulcahey/Shutterstock Images LLC ; p. **32** © Ron Sachs/CNP/CORBIS ; p. **33 g** © Ria Novosti/TopFoto/ PONOPRESSE ; **d** © Barry Lewis/CORBIS ; p. **34** © Scott Weinstein ; p. **35** © jokerpro/Shutterstock Images LLC ; p. **36** © Topham Picturepoint/TopFoto/PONOPRESSE ; p. **37** © kwest/Shutterstock Images LLC.

Chapitre 3

p. **42** © Special collections, Kelvin Smith Library, Digital Case – http://hdl.handle.net/2186/ksl:weledu00 - Welfare Federation of Cleveland. Committee on Cripples, Education and Occupations of Cripples, Juvenile and Adult, New York, Red Cross institute for crippled and disabled men, 918, 227 p. ; p. **43** © Dispersion des Acadiens, Henri Beau, 1900 - Musée de l'Université de Moncton ; p. **44** Domaine public ; p. **45** Domaine public ; p. **46 b** Domaine public ; **h** © Blend Images/Superstock ; p. **47** © AP Photo/Corne van der Stelt, Presse canadienne ; p. **48 h** © Elena Ray/Shutterstock Images LLC ; **c** © Losevsky Pavel/Shutterstock Images LLC ; **b** © Pixtal/ Superstock ; p. **49** © ARTSILENSEcom/Shutterstock Images LLC ; p. **50 h** © Marcin Moryc/Shutterstock Images LLC ; **b** © Quartet Alpha Thiam ; p. **51** © Oscar Elias/ GetStock.com ; p. **52** © Orla/Shutterstock Images LLC ; p. **53** © Deborah Feingold/CORBIS ; p. **54** © I. Quintanilla/Shutterstock Images LLC ; p. **55** © CRB98/Shutterstock Images LLC.

Chapitre 4

p. **60 h** © Pêches et Océans Canada, Martin Blouin ; **c** © MaxFX/Shutterstock Images LLC ; p. **61** © Gilbert Garcin/ Courtesy Stephen Bulger Gallery, Toronto, Canada ; p. **62** © AP Photo/Michel Spingler ; p. **63 h** © Gracieuseté de J. Testart ; **b** © Eddie Gerald/Alamy/GetStock ; p. **64** © Holger Mette/ Shutterstock Images LLC ; p. **65** © 2001 topham Picturepoint/GetStock ; p. **66** © Judex/Shutterstock Images LLC ; p. **67** © Zsolt Nyulaszi/Shutterstock Images LLC ; p. **68** © Chen Xiaowei/Xinhuam Press/CORBIS ; p. **69** © Abid Katib/ Getty Images ; p. **70** © Palto/Shutterstock Images LLC ; p. **71** © Francisco Cruz/SuperStock ; p. **72** © David Hoffman/Alamy/ GetStock ; p. **73 h** © Le Conseil des Canadiens ; **b** © Galyna Andrushko/Shutterstock Images LLC.

Chapitre 5

p. **80** Domaine public ; p. **81 de g à d** © Peter Horree/Alamy ; Domaine public ; © akg-images ; p. **83** 12696737 © 2009 Jupiterimages Corporation ; p. **84 h** © Bibliothèque et archives Canada-C-073422 ; **b** © Pierrette Paule Dézy/photo Alicia Sliwinski ; p. **85** © North Wind Picture Archives/Alamy ; p. **86** Domaine public ; p. **87 h** Domaine public ; **b** © The Granger Collection ; p. **88** Domaine public ; p. **89** © Valery Shanin/Shutterstock Images LLC ; p. **90** Domaine public ; p. **91** © IAN LANGSDON/epa/CORBIS ; p. **92 h** © Elena Ray/ Shutterstock Images LLC ; **b** © John Leung/iStock ; p. **94** Domaine public ; p. **95** © Melissa Schalke/Shutterstock Images LLC.

Chapitre 6

p. **100** © Cheryl Lowman Hunt/Shutterstock Images LLC ; p. **101** © Noam Armonn/Shutterstock Images LLC ; p. **102** © Clint Cearley/Shutterstock Images LLC ; p. **103** Domaine public ; p. **104** Domaine public ; p. **105 g** Domaine public ; **d** *Le cerveau mystique*, Isabelle Raynauld - ONF © 2006, Alain Tremblay, photographe ; p. **106** © 9494275 Paul Prescott/ Shutterstock Images LLC ; p. **107** © Hannamariah/Shutterstock Images LLC ; p. **108 h** © Noam Armonn ; **b** 36944130 © 2009 Jupiterimages Corporation ; p. **109** © Brian Chase/ Shutterstock Images LLC ; p. **111** © Photos 12/Alamy.

Chapitre 7

p. **116 h** © Ron Watts/CORBIS ; **b** © Roland W. Reed, Tribute to the Dead, 1912. Library of Congress, Washington, USA ; p. **117 h** © Hulton Archive/Getty Images ; **b** © zentilia/ Shutterstock Images LLC ; p. **118** Domaine public ; p. **119** © Rungroj Yongrit/epa/CORBIS ; p. **120** © Darla Hallmark/ Shutterstock Images LLC ; p. **121** © Dr. Morley Read / Shutterstock Images LLC ; p. **122 h** © akg-images/ullstein bild ; **b** © Association humaniste du Québec ; p. **123** Gracieuseté d'André Comte-Sponville ; p. **124** © akg-images/ Maurice Babey ; p. **125** Domaine public ; p. **126** © Pierre Maillé, PixAile.com ; p. **127 h** © Eric Preau/CORBIS ; **b** Brent Walker/Shutterstock Images LLC.

Chapitre 8

p. **133 cg** © Keith Dannemiller/GetStock ; **cc** © Dave Rock/ Shutterstock Images LLC ; **cd** © Amy Nichole Harris/ Shutterstock Images LLC ; **bg** © Ian D Walker/Shutterstock Images LLC ; **bc** © Bildarchiv Preussischer Kulturbesitz/Art Ressource, NY ; **bd** © Holger Mette/Shutterstock Images LLC ; p. **134 g** © Carlos E. Santa Maria/Shutterstock Images LLC ; **c** 90817088 © 2010 Photos.com, division de Getty Images ; **hd** © Jack Sullivan/GetStock ; **cd** © Rune Hellestad/CORBIS ; **bd** 4 91738891 © 2010 Photos.com, division de Getty Images ; p. **135 hg** © Nadezhda Bolotina/Shutterstock Images LLC ; **hc** © Ggordon/Dreamstime.com ; **hd** © Mediacolor's/ GetStock ; **bd** © Hannah Gleghorn/Shutterstock Images LLC ; p. **136 hg** With the permission of the Royal Ontario Museum © ROM ; **bg** ME892.10 | Masque © Musée McCord, Montréal ; **bd** 87750058 © 2010 Photos.com, division de Getty Images ; p. **137 hg** © Marilyn Angel Wynn/Nativestock Pictures/ CORBIS ; **bg** © Don B. Stevenson/GetStock ; **hd** © Marilyn Angel Wynn/Nativestock Pictures/CORBIS ; **cd** © NATALE Matt/ Shutterstock Images LLC ; **bd** © Christophe Michot/GetStock ; p. **138** © Robert Perron ; p. **139 hd** Domaine public ; **bg** © Manu Sassoonian/Art Ressource, NY ; **bd** © James Colin/ iStock ; p. **140 hg** © Istvan Csak/Shutterstock Images LLC ; **hd** Domaine public ; **bg** © akg-images/Rainer ; **bd** © Succession Alfred Manessier/SODRAC (2010)/CNAC/MNAM/ Dist. Réunion des Musées Nationaux/Art Ressource, NY ; p. **141 hd** Domaine public ; **bg** Domaine public ; **bd** © Engraving by ANATKH/Roger-Viollet/The Image Works ; p. **142 hg** © Succession Max Ernest/SODRAC (2010)/ akg-images ; **hc** © Successtion Francis Bacon/SODRAC (2010)/Bridgeman-Giraudon/Art Resource, NY ; **hd** Domaine public ; **bg** © Homer W Sykes/GetStock ; p. **143 bg** Domaine public ; **hd** © Topfoto-HIP/GetStock ; **bd** © Photo12/GetStock ; p. **144 g** © Sherwin McGehee/iStock ; **bd** © Smit/Shutterstock Images LLC ; p. **145 hg** © ZTS/Shutterstock Images LLC ; **bg** M999.81.131 | Dessin, caricature | Le calvaire d'Hydro-Québec © Musée McCord, Montréal ; **hd** © Casseurs de pub, 2005 ; p. **146 g** © Succession Paul-Émile Borduas/SODRAC (2010)/Musée des Beaux-Arts de Montréal, Denis Farley ;

b Pierre Longtin/nlc4293 BAC; p. **147 hg** © 2009, artiste Lino pour le Théâtre Autrement Dit; **hd** © Conception affiche, Yvan Adam; **bd** © Marc Quinn, *Sky*, 2006. Human placenta and umbilical cord, stainless steel, perspex and refrigeration equipment. Photo: Stephen White, courtesy White Cube.

Dialogue

p. **156** 8742509 © 2009 Jupiterimages Corporation; p. **158** © Frans Lemmens/zefa/CORBIS; p. **160** © Denise Laferte; p. **162** 8619976 © 2009 Jupiterimages Corporation; p. **164** 9022121 © 2009 Jupiterimages Corporation; p. **166** 10814672 © 2009 Jupiterimages Corporation; p. **168** © Mike Goldwater/Alamy; p. **172** © David Pearson/Alamy; p. **174** © Dallas Events Inc/Shutterstock Images LLC; p. **176** © Johannes Compaan/Shutterstock Images LLC; p. **178** © ollirg/Shutterstock Images LLC; p. **180** © CORBIS; p. **184** 12071879 © 2009 Jupiterimages Corporation; p. **186** © iStockphoto; p. **188** © iStockphoto; p. **190** © iStockphoto; p. **194** © iStockphoto; p. **196** © iStockphoto; p. **198** 11946800 © 2009 Jupiterimages Corporation; p. **200** © Darko Novakovic/Shutterstock Images LLC.

ANNEXE A

p. **210** © Chris Howey/Shutterstock Images LLC; p. **212** © Mike Booth/Alamy; p. **214** © Laszlo Szirtesi/Shutterstock Images LLC; p. **216** © Panos Karapanagiotis/Shutterstock Images LLC; p. **218** © Shai Ginott/CORBIS; p. **220** 10677670 © 2009, Jupiterimages Corporation; p. **222** © akg-images/James Morris; p. **224** © Whitehead Images/Alamy; p. **226** © Dmitry Rukhlenko/Shutterstock Images LLC.

ANNEXE B

p. **228** © Igor Karon/Shutterstock Images LLC.

ANNEXE C

p. **232** © Mary Lane/Shutterstock Images LLC; p. **234** © André St-Louis/Shutterstock Images LLC.

ANNEXE D

p. **240** © Vlad Ghiea/Shutterstock Images LLC; p. **242** © Chad Willis/Shutterstock Images LLC.